清末民初文獻叢刊

無邪堂答問

[清] 朱一新 撰輯

朝華出版社
BLOSSOM PRESS

圖書在版編目（CIP）數據

無邪堂答問 /（清）朱一新撰輯. -- 北京 ： 朝華出版社，2018.4

（清末民初文獻叢刊）

ISBN 978-7-5054-4233-7

Ⅰ. ①無… Ⅱ. ①朱… Ⅲ. ①筆記－中國－清后期－選集 Ⅳ. ①K252.066

中國版本圖書館CIP數據核字(2018)第040713號

無邪堂答問

作　　者 ［清］朱一新

選題策劃 楊麗麗　尚論聰
責任編輯 劉小磊
特約編輯 齊　芳
責任印制 張文東　陸競嬴
封面設計 劉敬偉

出版發行 朝華出版社
社　　址 北京市西城區百萬莊大街24號　　**郵政編碼** 100037
訂購電話 （010）68996618　68996050
傳　　真 （010）88415258（發行部）
聯系版權 j-yn@163.com
網　　址 http://zhcb.cipg.org.cn
印　　刷 藝堂印刷（天津）有限公司
經　　銷 全國新華書店
開　　本 880mm×1230mm　1/32　　**字　　數** 137千字
印　　張 16.25
版　　次 2018年4月第1版　2018年4月第1次印刷
裝　　別 精
書　　號 ISBN 978-7-5054-4233-7
定　　價 130.00元

出版前言

中國自一八四〇年鴉片戰争以來，傳統的農業文明在西方的堅船利炮轟擊之下徹底被顛覆，有擔當的知識分子苦苦追尋，思索社會改革的途徑。從最初的『師夷長技以制夷』到『民主制度，天下之公理』（梁啓超語），他們發現要『强國富民』，首先要『開啓民智』，祇有民衆擁有了獨立思想和批判精神，國家纔能實現真正的强大。在此後一百年的時間裏（一八四〇—一九四九），思想者們從社會變革深入到國民性的改造，用每一部作品見證着中國近代化的遞變歷程。這是一個極其重要的時代，《清末民初文獻叢刊》正是收録了這一時期的作品，大部分書籍都是早期版本，有着極高的文獻研究價值。

清末的中國經歷了『三千年來未有之大變局』（李鴻章語），大清王朝面對西方列强的艦炮，表現得驚慌失措。尤其是鴉片戰争，使『天朝帝國萬世長存的迷信受到了致命的打擊，野蠻的、閉關自守的、與文明世界隔絶的狀態被打破了』（《馬克思恩格斯選集》）。一批士大夫知識分子，尤其是在歐美諸國擔任使臣或者游歷的知識分子最先覺醒，着眼于對西方國家的考察，進而反省本國政治制度的劣勢，可以視作『啓蒙』的端倪。如曾擔任駐英公使（兼任駐法公使）的郭嵩燾在《使西紀程》中以日記的形式記録了自己對歐西諸國的觀感，他在考察了英國的政治制度之後，發現英國政府官員收入超過三百磅者與普通老百姓一樣同等納税，他説：『此法誠善，然非民主之國，則勢有所不行。西洋所以享國長久，君民兼主國政故也。』他明確提出了『民主』，在國家的管理問題上，人民也有參與的權利。他在該書中所披露的西方政治、經濟、文化等領域優于大清帝國這一事實觸動了保守派的神經，立刻遭到保守派群起而攻之，進士何金壽彈劾他『有二心于英國，欲中國臣事之』，他家鄉湖南的民衆對他更是痛加詆毁，以至于滿城揭帖，誣蔑他『溝通洋人』，在這種群情汹汹的情况下，朝廷最後下旨將《使西紀程》毁版，從而使該書成了禁書。然而，書雖被毁版，却不能堵死民衆的傳播與閲讀的途徑，上海的《萬國公報》依舊連載該書，張佩綸曾説：『朝廷禁其書，而新聞紙接續刊刻，中外傳播如故也。』從某種意義上來説，啓蒙是時代的需要，盡管清政府發諭旨禁了該書，民衆乃至一些朝廷大員却依舊在私下閱讀，以便瞭解外部的世界。進步的社會是開放性的，任何企圖『閉關鎖國』的努力都意味着歷史的倒退，衹有開放，與整個世界文明保持同等的步伐，纔能實現真正的强國之夢。當大批知識分子走出閉鎖的國門，親歷了文明的洗禮之後，也就把啓蒙的智識帶回了中華大地。容閎的《西學東漸記》，梁啓超的《新大陸游記》，崔國因的《出使美日秘日記》等一大批作品介紹了海外諸國的政治、經濟、軍事、外交、文化。雖然這些作品在認識上仍然帶有時代的局限性，然而却是那時最爲珍貴的聲音。

另一方面，在學術上，中國文化母體内『經世致用』思想與資産階級思想相結合，也唤起了變革，以康有爲、梁啓超爲首的改良派試圖通過自上而下的革新以實現變革。康有爲的《新學僞經考》《孔子改制考》就是借經學之表論資産階級學説之裏的著作，康有爲的弟子梁啓超更是通過《新民説》一書提出國民性改造。與早期啓蒙者『師夷長技』的器物文明引進不同，梁啓超上升到形而上的精神領域，從文化心理上更加徹底地進行變革。梁氏是清朝末年到民國初年一個橋梁式的人物，被譽爲『輿論之驕子，天縱之文豪』，其影響力不但在學術領域，同時還在文學領域，他所倡導的『詩界革命』得到了譚嗣同、黃遵憲、丘逢甲等人的響應，黃遵憲的《日本雜事詩》，丘逢甲的《嶺雲海日樓詩鈔》都體現了這種主張。這一主張要求反映新的時代和新的思想，用『我手寫我口』（黃遵憲語）的方式直抒胸臆，對長期占詩壇主流的擬古主義、形式主義產生了巨大的衝擊，解放了寫作者的心靈和頭腦。

與社會變革同步的是早期對西方思想著作的翻譯，這裏面影響最大的是嚴復，他翻譯的《天演論》《社會通詮》等書直接孕育了民國一代的知識階層。魯迅、胡適等人在文章中都曾提到《天演論》對他們思想所產生的震撼。與嚴復略有不同的另一位翻譯家是林紓，他的譯作雖然參差不齊，但却在更細膩的心靈層次對讀者産生影響，許壽裳曾回憶，他和魯迅都熱衷于林譯的小説，如《巴黎茶花女遺事》《黑奴籲天録》《迦茵小傳》等作品。

辛亥革命之後，進步社會思潮成爲主流，比之清末思想啓蒙者『求存』的追求，民國以來的知識階層深入到了更加細微的肌理，一方面呼唤社會變革，另一方面進行點滴的建設，革命并不能使所有的一切一蹴而就，在更加深廣的領域，事物的改變是由微觀而宏觀。通俗地説，比之于革命，建設的意義更大。如《中國商業史》《中國教育史》《中國倫理學史》《中國哲學史大綱》《中國小説史略》等一大批作品都是進行系統的梳理與建設的理論作品。其中，以胡適和魯迅二人的影響最大，他們的作品一紙風靡，從而成爲新文化運動的主力人物。

《清末民初文獻叢刊》收録的文獻大致上可以分爲三個階段，其中龔自珍、張之洞、魏源、郭嵩燾、薛福成等人的作品可視爲『早期啓蒙』，康有爲、梁啓超、黄遵憲、嚴復、林紓等人的作品可視爲『中期啓蒙』，胡適、魯迅、蔡元培等人的作品可視爲『晚期啓蒙』。當然，這種劃分并非嚴格意義上的，大部分啓蒙思想者隨着時代的變化，其思想在不斷進步。縱觀整個近現代史，可以發現，要求變革不是在某一個領域，由某一類人發起和完成的，而是全社會的要求。變革，已經成爲全社會的共識。

從清末民初的文獻中，我們能够發現一種豐富性。這些作品涉及政治、經濟、軍事、教育、外交、宗教、心理、情感等方方面面，從内而外地净化着中國兩千年以來的封建積習。它不衹是對社會的改造，更是對人心靈的重塑；它首重國家社會之建設，同時亦重靈魂心智之唤醒；它是宏大的，也是微觀的；它是嚴肅莊重的，也是活潑靈動的；這些作品結構精巧，思想内容深刻，擁有濃厚的人文主義色彩，對推動社會主義建設，實現中國夢有重大意義，是近現代中國一百年來最宏富的智識與情感的寶藏。因此，整理這些文獻作品，無論是出于資料保存的目的，還是爲圖書館提供資料副本，都有不可估量的意義。

特定時代下的文獻，當它一旦形成（既指草擬，創作的完成，也指其成爲一個載體），就不可再複製了，也就意味着它將面對消亡。對于文獻資料而言，越接近歷史事件發生的時代記録，越具有研究價值。文獻本身具有不可再生性，它衹會消亡，而不會增多。盡管文獻本身的文字可以保留下來，并進行傳播，却失去了當時的時代氣息。當時的作品可能在技巧上，文字的成熟度上不及當代，但它所負載的信息，創作者的情感都反映了當時的歷史，也就是説，它具有不可替代的歷史意義。

影印的版本有三個特點，第一是擁有文獻的『原始性』；第二個特點是『未經改動的』；第三個特點是『歷史的原貌』。所謂『原始性』，也就是説，它是第一手資料，而非轉述的，回憶形成的；『未經改動的』，是指未被篡改、删節、挖補的；『歷史的原貌』是指在影印製作過程中，完全依照文獻的原來模樣……這樣製作出版的作品，無异延續了文獻的壽命。

近現代思想史上的一個最重大的思潮就是『開放』，從林則徐的『開眼看世界』到蔡元培的『兼容并包』，都是在倡導一種開放式的胸襟。而《清末民初文獻叢刊》最有魅力的部分就是『開放』這一主題，衹有融入到世界文明發展的進程中，中華文明纔能歷久彌新。

《清末民初文獻叢刊》編委會

二〇一七年四月十四日

凡例

一、《清末民初文獻叢刊》（以下簡稱「叢刊」）爲影印本，舉凡所用之底本，均爲該書之早期版本。有清末刊本，亦有民國印本。

二、《叢刊》均依底本影印，未予删改，僅代表作者個人觀點，不代表官方立場；原刊本有誤，不予校改，以保留文獻之原貌。

三、《叢刊》所用之底本，因時日久遠存在漫漶的情況，均進行了修復；底本闕文、印刷不清，均保留原貌。

四、爲讀者閲讀之便，《叢刊》中之舊底本目録未標記頁碼者，編了目次；原底本有頁碼和目録，未予重複編目。

五、爲保持文獻的原始風貌，影印本保留了原書書影（原書爲多册，則保留第一册書影）、扉頁等信息。所用底本無相應信息者，則不予妄添，以免錯訛。

目録

無邪堂答問五卷

光緒二十一年春二月廣雅書局刊

無邪堂答問卷一

勞植楠字贊臣南海人問文中子眞僞　答中說非僞書周秦諸子無不有自相牴牾之說蓋多爲後人所雜亂也中說之雜亂正與此同特其書牴牾尤甚又句摹字倣儼欲以聖自居人所駭怪遂幷其書而僞之耳攷唐人言文中子者皮日休陸龜蒙司空圖三家之書昔人已多援據新舊唐書雖無通傳而事蹟著述散見於王績王勃傳及經籍志中但皆五代後人之詞不具引舊書王績傳末有兄通字仲淹隋大業中名儒自有傳云云而今隋唐書皆無之豈劉昫誤記耶然猶出於唐末若李習之劉夢得劉去華裴延翰杜樊川集序　四庫提要已引之則中唐人王無功楊盈川陳叔達則唐初人也績詩續書元經

之作皆見盈川所爲王子安集序叔達荅無功書亦有賢兄文中子興元經以定眞統之語復言辥記室因元經著春秋與盈川序中辥收爲元經傳者相合又云因霑善誘頗識大方則叔達之爲仲淹弟子無疑與世家亦合無功文中屢及其兄之事今東皋子集三卷綴輯而成非足本困學紀聞曾引數條今文皆具在其遊北山賦云察俗刪詩依經正史山似尼邱泉疑洙泗紀聞引作泗涘是也自注有吾兄仲淹續孔子六經近百餘卷門人弟子相趨成市故溪今號王孔子之溪又王子安集有倬彼我系詩云伊我祖德思濟九埏其位則屈其言則傳爰述帝制大蒐王道曰天曰人是祖是考禮樂咸若詩書具草是遒當日有疑聖之名固是實事劉夢得作王質墓誌舊唐書多采

入質傳中決非僞作其言文中子家世行事甚詳並云當時偉人咸出其門則世家所云房杜李魏皆門人之說亦非盡屬子虛特夸飾在所不免耳北山賦自注亦云門人多至公輔其所舉諸弟子惟無李靖竇威房玄齡魏徵陳叔達之名餘七人皆與世家同然叔達之爲弟子其荅無功書中嘗自言之則此注所舉或未備也據無功所撰負苓者傳荅馮子華書亦以薛收姚義程元皆爲通之弟子詳書中語意似房李二公非弟子也又有吾家魏學士之語未知即指鄭公否薛收撰有文中子碣銘見文苑英華此或由後人僞造然其文亦略具初唐風格中說非通自著蓋爲其徒姚義薛收等所綴輯本書後序固明言之後儒致疑者惟晁公武讀書志葉大慶攷古質疑辨李德林

關子明辥道衡三事年歲相懸必非事實晁氏引隋唐通錄謂通有穢行爲史臣所削雜書不足據若太極殿之名諸弟子纂輯時由後改前事所常有遊太樂署諸節小小牴牾亦無足異惟通既以聖自居諸弟子遂以聖尊之唐以前又不知僭經之爲非自子雲法言後規橅沿襲動輒成風中說之摹擬亦猶是也知尊其師而不知所以尊龍川陳氏所謂適足爲是書之累耳通書之僭在唐時已爲劉蕡所斥見文苑英華亦見南部新書洪氏容齋隨筆王氏揮麈後錄皆疑阮逸僞作逸他書今猶可攷安能爲此其所僞者乃元經非中說也焦弱侯筆乘謂今所傳中說阮龔二本時有異同或阮逸不無增損於其間說當近是案釋契嵩鐔津文集有文中子碑書文中子傳後二篇契

當宋仁宗時人與阮逸同時其集收入釋藏中亦非後人所能作僞而其言如是則中說之非出於阮逸明矣朱竹垞謂爲子虛亡是之流經義攷指爲黎邱之鬼詩集蓋爲宋咸之說所誤咸作過文中子駁中說見山堂肆攷至王西莊姚立方輩肆口漫罵更無足論矣姚氏古今僞書攷多出臆斷古來僞書惟子部最多經部作僞不易漢魏六朝經師一字之殊斷斷攷辨若張霸劉炫之僞造者終不能售其奸近人動輒疑經唐以前無

皇清經解中頗有此弊大率以己之意見治經有不合

是也

者則鍛鍊周內以證古書之僞而後可伸其私說若推此不已其禍殆烈於焚書自法言後若馬融忠經鄭氏女孝經之類亦皆僭擬聖經雖陳因可厭古人自有此體忠經世以爲僞丁儉卿論語孔注證僞謂崇文總目有馬融絳囊經一卷融乃唐居士忠經序有臣融巖野之臣云云馬季長貴戚豪家安得稱巖野是唐馬融所作明矣今案忠經廣至理章有邦國平康之語漢人諱邦邦國未有連文者足見丁氏之言信而有徵

四庫提要謂玉海引宋兩朝志載有海鵬忠經疑此書爲鵬所作然書中諱民字治字似當以丁說爲正後人誤題南郡太守耳

國朝學案小識書後　評曰是書分門別類蓋沿理學宗傳之例所立名目似未盡善熊文端作學統亦分正統翼統附統雜學異學五門退張邵二子於翼統中雜學則荀楊諸子異學則釋老也其書主張過甚進退聖門人材九無謂其本旨在辨別王學而近世漢學家亦類及之實則漢學家所當辨者固無幾也有百世之箸述有一時之箸述囿於一時風尚者風尚既移則徒供後人指摘矣漢學家略涉宋學藩籬而以之攻宋儒者惟戴東原乾嘉諸儒東原竹汀爲巨擘一精於經一精於史竹汀博洽過東原湛深不逮而弊亦較少其言名物制度厤算

音韻固足津逮來學然戴氏之孟子字義疏證原善緒言三書則謬甚東原集中有繫辭論性孟子論性兩篇乃字義疏證之根柢自以爲揭孔孟之精蘊不知宋儒固先言之矣其論告子之學亦不出李文貞榕村語錄範圍文貞論告子甚精似足補章句之所未及惟東原誤以人欲爲天理宗旨一差全書皆謬古書凡言欲者有善有惡程朱語錄亦然其教人遏欲存理特恐欲之易縱故專舉惡者言之烏可以辭害意東原乃以欲爲本然中正動靜胥得見本集讀孟子論性篇無論古書多不可通率天下而禍仁義者必此言矣且既知義理與氣質有別而又執氣質以爲義理自相矛盾何也惠定宇爲漢學大宗東原等羣相應和惠氏經學雖深未免寡識其言易麗雜無緒未得漢儒家法家法不宜太拘獨治漢易則不能不拘守一家之學漢易若卦氣納甲爻辰皆陰陽災變

之說陰陽消息不可見以日法月象分野明之卦變互體之說猶有可相通者此三家則師說不同用法亦異李資州易解博采兼收雖多存古義實未明易理然其意主荀虞取納甲而不取爻辰尚有抉擇惠氏乃混舉以言易非也古人重卜筮故易有象數其學與律歷相出入不明馮相保章之術者不足言象數爻辰分野即保章之遺法費鄭以之言易雖有所本但易象多取日月罕取星辰寒暑往來皆由日月所致易乃明陰陽之書日月爲陰陽之宗故上經首乾坤而終坎離坎離者所以妙陰陽之用也恆星距地太遠無與於陰陽發斂之數爻辰乃取以傅合易象故其說多鑿枘卦氣之法見稽覽圖漢人篤信緯書流傳獨廣范史所載諸儒多明六日七分之學而陰陽厤算張蔡尤精平子本傳稱其術數窮天地制作侔神明卜筮尚占制器尚象易之爲用如此若如近人之空言象數何關易義漢魏明此者多高才碩學後世則不然蓋其學易流於禨祥小數理可知而數難知儒者治易窮理以盡性可矣多談象數復不得其本原瑣屑穿鑿甚無謂也

九經古義摭拾前人棄置不用之說其所推衍亦罕精要與臧氏拜經日記略同史通補注篇謂劉昭注後漢書如人有吐果之核棄藥之滓愚者重加捃拾潔以登薦惠臧之書殆亦類此能窺漢儒學術

後若陽湖莊氏之流亦復僂指可數其他可言學問不可言學術古人於此二者多合今人多分亦學不逮古之徵也至如瑣碎穿鑿自謂能振漢儒之墜緒不知此特漢博士之所為班孟堅所訶為祿利之路然者若董江都之傳經劉更生之校書曷嘗不重師承不求實是而能遠紹微言兼通大義夫豈如漢學家所云乎然役一世之心思才力於訓詁名物校勘之中其傑出者足以補苴罅漏便後人之取攜不可廢也漢學家之言曰訓詁名物治經之涂徑未有入室而不由徑者其言良有功於經學第終身徘徊門徑之間而不一進窺宮牆之美富揆諸古人小學大學之敎夫豈其然古之儒者明體所以達用盍使世不用吾言勿使吾言之不足用於世故閉門造車出門合轍其

有不合則弗得弗措弗明弗措以求之周公夜以繼日仲尼鐵撾三折聖人且然況學者乎聖賢垂訓莫非脩己治人之理降而九流之言百家之說亦無不以明體達用為歸所學有淺深斯所言有純駁識之限於天者無如何學之成於人者宜自勉矣古未有不躬行實踐而可為學者亦未有不坐言起行而可謂之學者故班史譏不學無術學術之發於心術者至微其關於天下者甚鉅漢學家乃分窮經致用為二事淺學所未聞也故欲為學案則當仿　國史儒林傳之例漢學宋學各以類從無論習齋恕谷不當遺棄即臺山尺木亦可附存涂徑既分得失自見也大率　國初多承王學三大儒夏峯梨洲二曲皆宗姚江其徒若沈求如潘用徵等流衍甚廣自陸楊諸儒辨正後

乃漸衰息乾嘉而後獨漢學盛行耳確愼之輯此書具有微指其宗旨固甚正惜乎其體例未盡善也

讀漢書蓺文志曰王西莊譏王伯厚蓺文志攷證於易未能舉孟喜京房爲宗非也班意殆以費氏爲重故云劉向以中古文易校施孟梁邱經或脫去无咎悔亡唯費氏經與古文同其意可見　評曰漢儒自以施孟爲易大宗此以費氏當之意謂費易爲鄭王所自出耳費傳古文西漢言易皆今文之學故費易至東京始行劉班皆推尊古文其重費氏固亦有之要非西漢諸儒家法王易用費氏本而師法與漢儒大異費鄭易今皆不可見遺說亦不詳鄭之爻辰雖本天象而於義爲短故李氏集解不取其說羅泌路史餘論謂費直書十二篇以易卦配地域

觀晉天文志及開元占經所引乃分野之法蓋鄭爻辰所自出隋蕭吉五行大義謂爻辰本於分野是也漢儒言易多爲占驗而設宋儒之言先天亦然龜筴既廢衆說乃興皆非易所本有然易本卜筮之書故諸說卒不能廢分野之學失傳爻辰亦無可攷漢志及五行大義雖詳分野之法而列宿分配之意不可曉若近儒之所推衍費鄭斷無此死法也張皋文惠定宇等言漢易甚詳而於爻辰仍不得其要領錢溉亭謂爻辰本律呂王伯申焦理堂謂出乾鑿度律呂雖可相通而爻辰本九宮非本律呂乾鑿度言九宮則分野之法所自出也（詳見後）經義述聞疑天府天弁等星非殷周時所有不知古人言易凡爲占驗而設者皆依易以立義並非謂易由此作漢宋諸儒類然後人自誤

會耳焦王所駁多不合何願船申鄭義以難之是也

又曰揚雄擬易班氏入之儒家鄭樵譏爲不類然此正班氏特識不予雄以僭經也　評曰太玄自爲一書其數並非易數易數自一而二二而四四而八以逮於六十四皆偶數太玄自一而三三而九以逮於八十一皆奇數老子謂一生二二生三三生萬物子雲好黃老本以作玄困學紀聞引葉石林之言是也

一生二二生三三生萬算數如是積算至三則可生萬大戴禮易本命篇曰天一地二人三三三而九九九八十一孔顨軒補注以太乙主客算明之是也九九八十一爲變之極可引之而至於無窮故黃鐘以八十一分立數十二律皆由此生子雲精算術依太初以作太玄與老氏之言適合其用數則漢律志詳言之易明陰陽陰陽一奇一耦故以二起數與老氏不同也程子謂先天是加一倍法蓋兩儀生四象四象生八卦康節本此爲推非有他異其於天地人物皆以四事分配亦此意也但頗近割湊非盡出於自然　三爲生物之數太玄用之五爲天地中數潛虛用

之惟皇極經世用偶數乃易之本數耳要之言易者雖不廢象數不若王注程傳專明人事之無弊然其旨固不悖於理班氏入之儒家位置最當鄭略以擬易爲一類附於易後雖非大失究不若班志之善後世目錄或入之術數家則未知古人學術且亦未爲知易也若云不予其僭經班志似無此意此說名爲尊經其實不然子雲以是寓依歸聖人之意耳謂之吳楚僭王過矣子雲依太初術以作玄而用氣不用朔用日星不用月與今西法正同豈古時渾蓋家本有其說流入外夷耶

又曰詩六家班謂與不得已魯詩爲近是諸家固非班所許也詩故訓傳始未立學故此微示其意猶易之推許費氏　評曰此亦成說意在主張故訓傳然三家今不可見何從知其優劣

零章賸句豈遂爲大義之所存正不必是毋非素韓說較詳亦多由後人附會如鄭君先通韓詩則凡箋與傳異文異義者動輒歸之於韓殊屬武斷多聞而不闕疑近人之通病也近人蒐輯佚書固是好古盛心但讀者當精爲抉擇未可盡據今習故訓傳且通其義三家果有精於傳者采之若據一二遺說卽欲定其優劣恐無是理

明代風俗論曰東林雖多清操實則薰蕕莫辨故講學愈衆風俗愈澆　評曰東林講徒盛於東南厥後殉國難爲逸民者亦惟東南最盛蓋耳濡目染使然非東南人性獨善也由此言之講學何負於人國東林聲氣太盛遙執朝權昧於壯罔用晦之戒亦非思不出位之義後人當以爲殷鑒若其身在江湖心存

廣雅書局栞

魏闕非獨君臣之義當爾亦士大夫憂國之忱不容自已者也使并此而無之將君臣一倫汎乎若萍梗之偶相值石隱者流且不可況嘗有位於朝者乎薰蕕莫辨諸賢固不得辭其責而其中有別具苦心者未可概論　國初正學之盛實自諸賢有以啟之謂風俗愈澆乃後人矯誣之言尤不足據矣元祐黨籍諸人非皆講學建中靖國以後羣小欲陷正人則託元祐學術以誣之明季攻東林者亦必借題三案此蔡京輩之故智崇禎初年倪文正嘗上疏痛陳之矣慶元黨禁因朱子糾韓侂胄而起是時南軒東萊象山諸公雖已前沒而講徒遍天下侂胄未嘗仇之使朱子在朝稍示和同雖日日講學何害然身爲侍從奸人在側國勢阽危此時結舌不言何以爲朱子酬侂胄以節鎮之議處置

最當失此不圖噬臍無及趙忠定乃易視之葢與唐之五王後先一轍也

明自王學盛行士大夫多喜講學東林之先有首善首善之先有靈濟宮都門非會講之地鄒馮諸公誠不善自為謀要其人皆能有所樹立未嘗敢負所學也東林之失在橫議不在講學但此惟顧端文為然高宗憲已不盡然而忠憲亦不免於難

忠憲遺表有君恩未報願結來生之語大臣戀闕之忱立言固當如是陸清獻荅李子喬書幷此而議之過矣吳氏聞見續錄謂宜興諸生潘凝亦駮忠憲此語皆不免門戶之見也葢明至嘉靖而元氣大傷至萬麻而禍機盡伏

明之亡國由於神熹二帝而實基於嘉靖人主之失莫大乎愎諫自用莊烈襲嘉靖之餘風遂至身受其禍劉念臺嘗抗疏諍之莊烈終以不悛惡有猜忌如此而不為人所煬蔽者乎唐德宗以此播遷明莊烈以此失國嘉靖亦幸承孝宗深仁厚澤之餘僅而獲免耳自分宜當國傾陷貴溪內閣之風為之一變華亭新鄭內江江陵繼之門戶搆爭恩讐報復垂九十年極諸烏程韓城莫不傳分宜之衣鉢明之亡徵肇啟禎之際諸毒齊發故三案中人非盡講學之徒卽於此矣

前後六七君子者亦非盡東林之黨徒以芳蘭當門不得不鋤諸賢卽匿迹銷聲亦無倖免之理也清流既盡國步隨之明自促其亡耳於諸賢乎何尤後人不究事之曲折設淫辭而助之攻至謂明不亡於流寇而亡於東林是何言歟明史於此持論最詳慎　國初修史諸臣學識非後來所及也　胡石莊讀書說毀譽篇人物凋盡之時賢士大夫無論在朝在野皆宜彼此互相成就如輔車之相依不宜更相詆訾如冰炭之不相容斯言也其有感於明季之事乎

又曰如汪文言之輩聲氣且及宵人爲東林之辱　評曰汪文言固非純正之士目爲宵人亦非其時羣小欲陷東林假文言以發難耳文言恃通聲氣頗納賄賂爲世所詬東林諸賢使效奔走而卒不勝固是失策然明中葉後慣用此策徐文貞陰用

張江陵以逐高拱張天如起用周宜興以抒社禍其術正同特彼用之幸而成此用之不幸而敗耳大抵明季諸賢多作用繆文貞黃忠端皆以智數為羣小所忌而羣小之悍毒視東漢季年尤有甚焉亦可以覘世變矣明季政在閹豎內閣權重光熹之際福清當國閣部多正人王安亦閹中之錚錚者諸賢見其時可為遂欲藉文言以通消息冀挽大局然齊楚浙三黨文言雖以計破之而朝端風氣久壞羣小狙伏伺隙諸賢又恃有奧援操之過蹙難端猝發於阮大鋮搢紳之禍遂不可解故大鋮者不獨關南渡之興亡亦光熹否泰之樞細畱都防亂揭所由作也防亂揭亦殊好事當時名士風氣如此楊維斗之逐顧秉謙亦然文言知進而不知止卒至身敗名裂以是知君子立身不可不慎然文言功名之士跡

弛之才固不能盡以繩尺拘之身塡犴狴意氣不撓與澒澒者亦異故明史楊左魏周諸傳於文言無貶詞亭林之言非通論

問漢書地理志序似乎論古太繁　荅班書多補史記之缺史記無地理志故孟堅詳述古制以補之非繁也

藩鎮論曰玄宗急於備邊亦當分建眾置以爲屏藩　評曰分建眾置爲内地言可也若邊方以資捍禦者則無益於事

南宋論曰論形勢南宋較東晉爲强　評曰雖是如此然南宋之敵亦比東晉爲强自宋以前入寇者無如金源之强悍也建炎之時儘有將材十六國僭僞之主惟苻堅慕容垂有大志劉石雖强要是草竊之資故東晉得以宴然江左使當金源時勢如破竹矣

新疆形勢論曰土魯番南近戈壁然氣候煖燠土田肥美可爲糧餉之助　評曰林文忠興伊拉克水利即在吐魯番託克遜之間文忠自記其事甚詳漢時屯田於車師前國即今吐魯番也自此以西若庫爾勒玉古爾諸回莊皆漢屯田之地庫爾勒在哈喇沙爾西二百餘里即漢之渠犂玉古爾在庫車東三百二十里即漢之輪臺哈喇沙爾漢之焉耆庫車漢之龜茲也漢都護治所在烏壘城據班書西域傳云南三百三十里至渠犂

國朝舊制哈喇沙爾烏什等處亦皆有屯哈喇沙爾共三屯六千餘畝烏什亦有寶興充裕豐盈三屯今回疆兵燹後土曠人稀可屯之地尚多而氣候土宜與伊犁稍別回疆全境大山三面環之南雪山北天山西葱嶺其地恆暖又有塔里失河灌

注其閒上下流支河頗多溉田亦便地肥美而宜麥有風則長多雨則萎回疆雨亦罕見全恃雪水故易豐收承平時南路屯田未廣兵食多仰給稻米其實因地制宜北八未嘗不恃麥爲命也沈子惇落颿樓文集有新疆私議言屯田事甚詳

又曰宜興屯田浚溝洫以限戎馬之足而屯田之興邊臣屢以爲難　評曰新疆屯墾湘淮退卒居多流民亦有之據左文襄奏稾續編光緒六年徵糧二十六萬一千九百餘石土魯番及南八城除沙磧外荒地漸闢矣若欲移民以實其地則陝甘同經兵燹山西自大祲後民數亦耗自不願行非官之不欲其行也承平時伊犂有兵屯回屯旗屯民屯遣屯旗屯在惠遠惠寧兩城人給田百畝民屯嘉慶時有三百餘戶戶給田三十畝遣

屯乃遣犯屯墾者人給地十二畝見新疆識略徐星伯新疆賦
注至回疆之地溝洫無所用之今之戎馬亦非溝洫所能限與
三代時固異與宋何承矩興塘濼以限契丹戎馬者亦異
又曰與屯田不特可限戎馬亦且以伏地雷倉猝可免掘塹
評曰屯田爲足食計耳若伏地雷何必屯田平地不可埋乎且
地雷亦非果制勝之具道光鎮海之役咸豐北塘之役皆曾用
之皆爲奸民所告發夷人以通商傳敎蠹中國內奸防不勝防
欲淸內奸在興團練新疆則無團練之可言幸其地尚少傳教
者耳
吉林黑龍江邊防攷曰喀倫皆脩築堅固參以戚南塘守薊門
分設邊臺之法　評曰卡倫本以譏察出入猶內地之有汛兵

也通商以後彼已直窺堂奧無所用其譏察礮火之利堅城尚不能禦西人故多築礮臺以當城郭區區卡倫烏足禦之沿邊萬里安能處處設防所當先事預籌者只要害數處耳西人用兵專注一二路或多方誤我則有之矣若枝枝節節而爲之彼亦無此兵力南塘舊法可制髮賊不可禦外夷若其束伍之方練膽之說則古今不易之兵法也

涵養用敬說曰後人不達以拘謹爲敬　評曰敬必自拘謹始太拘則非所宜程朱於此亦屢辨之謂必有樂易之意不可過矜持也然此亦由性生能知天質之偏而學以變化之則無弊

傅維森字誌冉番禺人問鄭君亦遭禁錮漢書何以不入黨錮傳　荅人才者國家之元氣人之云亡郭林宗所以致慨也漢

亡於黨錮鄭君雖亦遭禁而獨不與於俊及顧廚之列蓋眞儒弗鶩聲華故能如是是時稍有名德者咸丁斯厄使鄭君而不遭禁則亦闇然一媚世之夫雖學爲儒宗曾何足貴觀其荅應劭之言極露圭角第擇人而施與淺露者異耳括囊大典固宜別立專傳而立傳之意蔚宗則於荀爽傳論發之爽名節不終鄭君獨脩然物外著書自娛貞不絶俗非學有深得烏能及此世徒以訓詁名物推之淺矣古之眞儒無不可爲世用鄭君朱子漢宋儒宗朱子登朝日淺鄭君并未登朝皆不能得君行政故其言論風旨多於著述發之蓋天下道理無窮學問亦無窮古人不肯一日閒過恥以處士盜虛聲耳古人絶大事業莫非由恥心所發子貢問士子荅以行己有恥此其體也使於四方

不辱君命乃其用也物恥足以振之國恥足以興之知恥則近乎勇矣孟子譏不恥不若人不恥不若人而恥惡衣惡食士風所由日靡也　士不固窮何以爲士素位而行貧賤無可恥也以此爲恥則忮求之心勝求而得之婢膝奴顏羞惡已泯求而不得擠排傾軋忌克旋生千古誤國之小人莫非此忮求一念誤之而已　漢昭烈謂吾嘗周旋鄭康成陳元方間爲政之道頗見啟誨朱子浙東荒政後人亦多以爲法儒者無無用之學苟不如此雖著書滿家腐儒而已司馬德操譏儒生俗吏不識時務正謂此也

陳慶龢字公睦番禺人劉元城學術論曰據曾茶山黃東發之言則元城雜入禪學可知　評曰學術偶雜古名儒多有之第不可以是立教貽誤後學目元城立身自有本末白璧微瑕正以見其眞實否則碔玞求售孔孟所以惡鄉愿也

又曰元城以新唐書好簡略事多鬱而不明其進表謂事多於前文省於舊病正在此可云通論　評曰新書實遠過舊書子京之文雖未追蹤馬班亦足淩跨六代宋人多議之貴遠忽近之見耳王西莊商榷自謂持新舊書之平實未盡然范陳而後自歐五代李北史與隋書外未有及新書者然歐公過求簡嚴多所刊略歐史疏漏誠有之而近人吹垢索瘢殊多苛論即如養新錄譏契丹立晉之文謂襲春秋衛人立晉而誤不知歐意謂晉恃契丹以立國甚其詞以醜敬瑭耳晉紀徐注甚明曾謂歐公不悟春秋之晉爲人名乎昔人言以字字有來歷求杜詩而杜詩反晦漢學家亦往往有此此書有彭劉補注用意甚善然煩複冗雜殊乏翦裁乃知裴世期之才識固非後人所及也

但此非彭文勤本意序例中已自言之（補注乃俞理初所輯見嚴氏鐵橋漫稾及理初自作癸巳存稾言此書之始末甚詳理初著書援引極博而抉擇未精以此注史則非體也）新書則無此失雖用字閒有生竄此學古而未純熟然亦不至軋茁以爲古劉辪以下諸史文詞尤沓正當以此救之未有不簡奧而可爲古文者也初無所爲事鬱不明也近儒喜爲新論或推魏收之史或稱沈約之書乃至世系蟬聯絕無事蹟濫厠傳中有類家譜者亦以爲史法應爾甚矣人心之好異也（唐書宰相世系表識者已譏繁冗然唐初重門第猶有六朝餘習故作表以存六朝氏族之學魏收之爲此以明氏族則不足以言史法則無當況既有官氏志創例亦善而彼轉言之不詳此則徒爲疣贅兩無所處也）（北史本傳楊愔嘗謂收曰魏書論及諸家枝葉親姻過爲繁碎與舊史體例不同收曰往因中原喪亂人士譜

牒略盡是以具書其枝派望公觀過知仁　宋書之志符瑞不知何所取義史公傳龜策以三代聖王重卜筮也然且爲史遁所疑若東漢而後圖讖之學直是妖言篝火狐鳴帛書牛腹自昔覬覦非分者莫不造爲符命以搖惑人心休文乃欲以此挽力征逐鹿之風何異揚湯而止沸也南齊書亦分祥瑞於五行之外子顯特欲侈其先世受命之符以掩其篡奪之迹耳休文志此胡爲乎

明儒學案質疑曰明儒各立宗旨互相辨駁其實靜中養出端倪固善隨處體認天理亦善致良知固善慎獨亦善但實言之而實行之豈有不善者　評曰乾嘉以來學者多持此論實非也天下無有兩是之理正當別黑白而定一尊苟徒假聖賢一二言以佐其說則何者不可附會析理未精姑爲此調人之言

乃鄉愿學問耳古未有不實行而可爲學者謂明儒務立宗旨不務實行此近人矯誣之說明儒果如是乎明惟隆萬時士習多空疏恣肆豈可以賅前後宋學之有宗旨猶漢學之有家法拘於家法者非然不知家法不可以治經好立宗旨者非然不知宗旨不可與言學術學術者心術之見端差之毫釐謬以千里聖賢無不於此致愼焉論語一書多言仁仁卽聖門之宗旨孟子七篇言性善言仁義仁義性善卽孟子之宗旨其他諸子百家亦皆有之惟其有心得而後有宗旨故學雖極博必有一至約者以爲之主千變萬化不離其宗六經無一無宗旨也苟徒支離曼衍以爲博捃摭瑣碎以爲工斯渺不知其宗旨之所在耳夫樂之旨在和禮之旨在敬禮記開卷卽言敬大小戴之

所述者莫不以是爲宗此禮經之大義漢儒謂之大義宋儒謂之宗旨其揆一也故不合於六經大義者不可以之爲宗旨謂明儒宗旨有善有不善則可謂無不善則不可儒者特患宗旨稍差將以學術誤天下後世而不自知故必慎思明辨以求其至當豈得漫云無宗旨乎有學問有學術學問之壞不過弇陋而已於人無與也學術之壞小者貽誤後生大者禍及天下故聖賢必斤斤於此吾輩幸生漢宋諸儒而後六經大義已明儒先之宗旨卽可取以爲我之宗旨由是而進窺聖賢之門逕庶幾不誤歧趨近人以訓詁爲門逕此特文字之門逕耳聖賢道寓於文不通訓詁不可以治經卽不可以明道然因文以求道則訓詁皆博文之資畔道以言文則訓詁乃誤人之具朱子語類上蔡

言無窮者要當會之以神是說得過當只是於訓詁處尋繹踐履去自然下學上達案朱子之教人如此惟能尋繹踐履故訓詁爲有用並非說堯典二字三萬言而後謂之訓詁也故必博攷宋元明 國初儒者之說證以漢儒所傳之微言大義而無不合始可望見聖賢之門庭漢儒所謂實事求是者蓋亦於微言大義求之非如近人之所謂實事求是也然此皆求知之事知之而不能力行雖望見其門猶不得入而可以訓詁自畫耶訓詁本易明其不明者人自鑿而晦之卽間有難明之處於道之大端固無害也乃借聖人正名之言以自張其說天下後世其可欺乎夫訓詁者文字之門逕家法者專經之門逕宗旨者求道之門逕學者苟有志於斯闕一不可而其輕重淺深則固有別也宋以後大義雖明然好立宗旨之徒往往執似是而非之言以害道學者正須善

擇若云漫無宗旨則吾不知之矣

太史公先黃老後六經辨曰曹參尚黃老而惠帝之世舉孝弟力田除挾書律厚風俗重文敎固仍用儒家言也　評曰黃老言清淨第不欲擾民耳非廢弛簡陋之謂也老氏書多智數較儒術爲刻深故一變而爲申韓若其厚風俗重文敎豈能外儒者之道以爲治老氏言失德後仁絕聖棄智乃故爲過高之論謂末俗文勝非返之於純悶無爲則不治耳棘子成之質子桑伯子之簡皆此意故聖門亟辨之仁義禮智不可棄老氏曷嘗不必知之彼嘗言以正治國果棄仁義禮智又安得謂之正乎言老氏之言者莫著於莊周楊朱莊與老皆以自然爲宗其實多矯揉造作兩書中名言甚多而宗旨既差則誤人不淺楊朱

尤加縱肆三子者皆好為過情之論其誤天下則同凡立言取快一時其後必多流弊故聖賢之言平易近情從容不迫而使人常有餘思

明夷待訪錄書後曰置相篇云明之無善治自罷丞相始後來入閣辦事者職在批荅猶開府之書記也夫宰相亦貴有其實耳使徒有相之名而無其實則雖有如無　評曰明代雖廢丞相而中葉以後丞相之實仍未廢也謝遷劉健之徒固進退以禮矣焦芳嚴嵩魏廣微輩倒行逆施獨非大學士乎崇禎五十宰相完名者有幾莊烈倚溫烏程為腹心待周宜興以殊禮此梨洲所目擊者尚得謂其權之不重耶國家不可無重臣要不可有權臣權臣者重臣之所積漸而致也此中駕馭全在主德

淸明徒於法制求之抑末矣梨洲之言意固甚盛然必人皆皋夔稷契而後可皋夔稷契不世出而宰相則不可一日懸缺以待賢奸雜進知人其難乃欲使世主寄國命於一二柄臣之手措置安能悉當也總之治天下當務實政不在此等虛文因時制宜亦無成迹可泥君不失道則置丞相可罷丞相亦可不然無一而可

又曰兵制自明以來日見其壞　評曰兵制之壞不自明始此歷代無善策者明衞所之制實參用唐府兵之制府兵之制後世所推爲善策者也而亦不能歷久無弊大抵治兵與治歷同久則當革自古無一成不變之兵法亦無百年不壞之兵制在隨時整飭以適於用而已

又曰近數百年來貧富太不均者用金銀故也至今日而通商專以金銀中國之財愈耗如梨洲言專用粟帛粟帛所不能通者用錢以濟之錢所不能通者用鈔以濟之如是民焉有不足者乎　評曰惟通商專用金銀故中國不可用鈔中國之鈔非外國所通行彼以貨來易銀而去我自用鈔而彼則廣收中國之金銀一旦有事銀根既竭用鈔者紛紛罷市外夷乃得操吾中國之利權而事益不可爲矣大抵重農者必貴粟帛重商者必貴錢幣錢幣之事由繁而日趨於簡今時銀貴他日又當金貴主國計者設法以使銀之流通則可欲廢銀而別籌重滯之物以易之物且益滯銀且益昂無裨於貧民而富民亦將變爲貧民是自困之道也

周世宗宋太祖用兵次第論　評曰全謝山論周世宗之用兵固有卓識但世宗未嘗不用朴言朴意在先取江北以固根本世宗累次出師卒如其策蓋汴京與契丹南唐之界相去皆不及千里而北尚阻河爲固南則平衍無險可扼非取江北諸州不能固汴京後路朴與世宗之欲圖江北固急於燕雲十六州也至秦階成三州本爲晉地晉已降蜀蜀得是地可以北窺關陝句結太原故世宗亦亟取之既得志於吳蜀乃用兵於契丹此正與朴策同特宋人欲急取江南世宗則得江北後遂欲取燕爲不同耳然此惟世宗能之古未有結怨於兩大之閒而能善全其後者宋祖自審神武不及世宗故朴之策遂全用之趙普亦贊成之當宋祖時蜀屢約北漢攻宋勢不得不先取蜀蜀

與荆湖舉則吴在掌握中故取吴未嘗大費兵力以西北門戶
早撤也南漢之取非太祖本意因劉鋹虐民已甚遂先伐之亦
未大費兵力蓋諸國中為大敵者在南惟吴在北惟燕吴經世
宗削弱宋承周後自當先取以蕆其功不得聽其收合餘燼坐
致強大也至契丹與北漢素相句結非披其黨與不能制勝世
宗乘高平之聲威當遼與北漢匿不敢出之時急攻南唐遂取
江北後路既固乃返旆而攻契丹此先後一定之次序未嘗與
朴說背馳也周即取燕而兩國戰爭方始非世宗之戰勝攻取
亦不敢為是謀其平關南尚未値契丹大軍也以世宗平日用
兵論之此舉自有把握太祖即不敢輕用其鋒此正善於自審
處世宗用兵魏武帝唐太宗彷彿似之宋祖迥不及何論太宗

若論強弱則舉幷易而舉燕難朴顧先其難者以幷與周世仇乃必死之寇先破燕則幷失其援亦難自立故姑置幷爲緩圖又審世宗之能辦此也宋之情形與周異自當先從事其易者且太原澤潞常足爲河洛輕重視十六州尤要劉崇據太原不得澤潞故不能出而爭勝世宗亦嘗圍晉陽又乘兵威略取汾遼等七州未嘗不以是爲先務所不能即取者他國未平懼太原之致死於我挫銳氣而損威重耳史稱宋祖置封樁庫以備用其心曷嘗一日忘燕要必拓地聚財厚集其力乃可與強敵相追逐南中諸國爲財賦所自出先舉之則吾勢日盛而不致挫吾兵鋒此用兵之正道世宗霆擊飆舉其英武固勝宋祖然使宋祖不死開寶八年平吳次年即晏駕燕雲十六州仍未嘗

不可取也契丹立國日久又屢得志於中國自當以全力制之欲取其地必先破其軍否則雖取之仍不能守世宗之取關南亦仍恃高平之餘威也竇建德救王世充秦王一舉而兩斃之契丹之救北漢亦屢破軍殺將此太宗致人而不致於人之策先幷後幽非失算也故平漢之後遂欲乘戰勝之威以舉契丹不思聲威雖振兵力已疲既取一國則將驕卒惰不堪復用與秦王之破建德情形迥不侔矣其敗也宜哉太宗平太原後遽欲乘勝取燕諸將諫而不聽卒敗於高梁河厥後復有岐溝陳家谷之敗遂不敢復言戰事岐溝之敗諸將違節度所致高粱河之敗則太宗不量力而輕進之咎也兵豈可易言乎近儒徒以靑城之辱歸咎於十六州以爲禍始不知宋與契丹通好幾

二百年或戰或和初無大失徽宗不思輔車脣齒之義輕率乖謬自速其亡此時雖有十六州何濟於事攻遼之後山前六州未嘗不歸版圖而轉以召禍蓋人謀之不臧不盡關乎地利也若以地利論則宋之失策在都汴而不在燕雲汴本非可都之地雖無敵警猶將遷之是皆太祖所已計及者使遵其成算蓄力養銳不以疲兵嘗敵安見燕雲不可復卽終不能復而遷都關洛亦何至遽有靑城之辱宋有西夏之患卽都關中猶須顧後路太祖時西夏未盛故欲都之惜爲太宗所阻耳然以徽宗事事顚倒雖遷都雖取燕雲亦未見其終免此辱也南宋之初將材可觀而開國武功不競其取吳與北漢皆藉世宗之餘威曹潘名將一遇耶律休哥而輒敗當太祖時遼雖有機可乘而

我之力亦未足古未有不削平內亂而後與夷狄從事者諸國既平乃與遼戰雖不勝猶有退步否則一蹶不振晉出帝卽其前車也又其開國純樸之風未散國勢仍强太祖欲聚財蓄兵以與之角此知彼知己萬全之策不得以怯懦咎之至急罷藩鎭乃治安之至計其備邊者仍未盡罷斟酌固已盡善使必待平燕而後罷恐事未可知患且視燕十倍幸則爲唐之方鎭不幸則爲五季諸君之續而已

平遠字蘊山滿洲人吉林黑龍江邊防攷曰額爾古訥河通入黑龍江口俄若闌入進踞呼倫貝爾則江省與蒙古消息中斷引姚氏說　評曰東省所重不僅在江防若論江防自以松花江口爲最要額爾古訥次之蒙古積弱之餘欲使捍我牧圉正

未易言昔日之蒙古求其弱而不能今日之蒙古欲其強而不得宗喀巴之教行今昔情形頓異矣凡事利害相乘除信哉

又曰籌邊以屯墾爲要　評曰屯墾之利人所共知近日琿春一帶開墾者皆登萊兩府游民旣無家室亦無工本夏間種穫秋冬仍回故里其無家可歸者始散伏山谷以度殘冬餘皆鳥獸散矣安能生聚更安能訓練非變通辦理亦未易見效耳吉省精華在伯都訥黑省精華在呼蘭伯都訥商販通行久稱富庶呼蘭之所以繁盛者則地脈膏腴墾民轤集之故其地以晌計報墾者多山左之民繳價於官承墾若干晌數年後乃令升科東省籌款甚難此則官民兩利而當事每以有礙旗民生計阻之然所慮者乃數十百年後之事目前固無礙且勢之所趨

終難禁止封禁本是舊制有深意存焉但近日情形不同將來私墾漸多奸民易匿恐徒飽吏胥之囊橐也

胡仕榜字芳甫南海人問董膠西明春秋乃惑於改正朔而云王魯歐陽永叔惜其拘牽師說不能高論以明聖人之道似中其失　荅漢儒以改建正朔損益質文爲王者治定功成制禮作樂之事聖人之道莫大乎此故恆言之不獨董生爲然蓋謂推言其極至則其治具畢張可見也此卽漢儒至高之論永叔所言未觀其通公羊爲漢儒專家之學與宋儒之說絕異此所引未明家法至其所云王魯者謂假十二公之事以示百王大法猶之寄王法於魯云耳成元年傳王者無敵莫敢當也昭二十五年傳昭公曰吾何僭哉子家駒曰設兩觀乘大路朱干玉

戚以舞大夏八佾以舞大武此皆天子之禮也以周爲王者而斥魯人僭用天子之禮則魯之爲託王可見矣公羊家之說以爲周道既微明王不作夫子知漢室將興因損益百王之法作春秋以貽來世以春秋爲漢興而作此尤緯說之無理者蓋自處士橫議秦人焚書漢高溺儒冠文景喜黃老儒術久遏而不行自武帝罷黜百家諸儒乃一旦欲興其學竄附緯說以冀歆動時君猶左傳之增其處者爲劉氏也此在立學之初諸儒具有苦心後人若復沿襲其說則愚甚矣俗語不實流爲丹青光武好言圖讖東漢諸儒從風而靡何邵公遂以春秋演孔圖之說解獲麟可云寡識桓三年正月何注亦云非主假周以爲漢制第載之空言不如見之行事魯史具存即借其事以寓褒貶故曰加吾王心焉夏尚

忠殷尚質三王之道若循環周末文勝夫子欲變之以殷質而其褒貶誅絕之法不敢自專寄之於魯此以春秋當新王之義非謂眞以魯爲新王也公羊家言如以祭仲爲行權乃假祭仲以明經權之義非眞許祭仲傳言殺人以自生亡人以自存君子不爲也祭仲正與相反其非許祭仲可知何注蓋失公羊本意繁露玉英篇權雖反經亦必在可以然之域不在可以然之域故雖死亡終弗爲也公子目夷是也漢儒謂反經合道爲權是不合於道者仍不得謂之權權所以衡輕重未能守經而侈語達權則如無星之稱將恃何道以衡之子臧言聖達節蓋必有節而後可達也以齊襄爲復九世之讐乃假齊襄以明復讐之義非眞許齊襄公羊子深惡魯莊忘親事讐故發此傳而於伍子胥之復讐過當者亦深許之蓋皆有爲而言也父母之讐不共戴天況於國君受繼體之重無論齊魯勢均力敵本有可勝之道卽使戰而敗北亦當收合餘燼枕戈泣血以爲後圖人子不復讐何以爲人國君不復讐何以立國後人有謂南宋明復讐之義爲不量力者莠言邪說宜爲春秋所誅絕也此類頗多皆文與而實不與但此惟公羊爲然近儒

乃推此意以說羣經遂至典章制度輿地人物之灼然可據者亦視爲莊列寓言恣意顛倒殆同戲劇從古無此治經之法麟爲王者之瑞夫子論次十二公之事爲萬世法王道浹人事備西狩獲麟於周爲異春秋則託以爲瑞故曰所聞世著治升平所見世文致太平此張三世之義曰文致者明其非眞太平也不然定哀爲衰世獲麟非美事漢儒豈不知之而顧爲是瞶瞶耶公羊家多非常可怪之論西漢大師自有所受要非心知其意鮮不以爲悖理傷教故爲此學者稍不謹愼流弊滋多近儒惟陳卓人深明家法亦不過爲穿鑿若劉申受宋于庭龔定庵戴子高之徒蔓衍支離不可究詰凡羣經略與公羊相類者無不旁通而曲暢之卽絕不相類者亦無不鍛鍊而傅合之舍康

莊大道而盤旋於蟻封之上憑臆妄造以誣聖人二千年來經學之厄蓋未有甚於此者也國朝公羊之學始於陽湖莊氏華路藍縷倜儻未純卓人學出淩曉樓曉樓言禮制已頗穿鑿而尙未甚至劉宋戴諸家牽合公羊論語而爲一于庭復作大學古義說以牽合之但逞私臆不顧上下文義定庵專以張三世穿鑿羣經實則公羊家言惟張三世最無意義何注恩王父之說亦復不詞定庵以此爲宗烏足自名其學凡此云云皆所謂以艱深文淺陋也道咸以來說經專重微言而大義置之不講其所謂微言者又多強六經以就我流弊無窮卽如魏默深詩古微之攻故訓傳書古微以杜林漆書誣馬鄭遂欲廢斥古文[illegible]氏史學名家其經學實足誤人良由漢學家瑣碎而鮮心得高明者亦悟其非而又炫於時尙宋儒義理之學深所諱言於是求之漢儒惟董生之言最精求之

六經惟春秋改制之說最易附會且西漢今文之學久絕近儒雖多綴輯而零篇墜簡無以自張其軍獨公羊全書幸存繁露白虎通諸書又多與何注相出入其學派甚古其陳義甚高足以壓倒東漢以下儒者遂旛然變計而爲此夫公羊大義在通三統通三統故建三正當周之時夏正周正列國並用本非異事不待張皇也春秋時晉用夏正近儒久有定論逸周書周月篇夏數得天百王所同其在商湯用師於夏順天革命改正朔變服殊號一文一質示不相沿以建丑之月爲正亦越我周致伐於商改正異械以垂三統至於敬授民時巡狩祭享猶自夏焉古人所以重三正者以其合於天運天運三微而成著故王者必法天以出治五始之義公羊子言之備矣詩書所陳六藝

所述往往言天象以明人事謂夫日鑒在茲不可褻越也漢人親見秦之縱恣以速其亡每遇天變動色相戒日食脩德月食脩刑元成失馭猶明比義故漢之末造朝綱解紐而獨無厲民之政上畏天命下畏民嵒其所以固國脈者端在於是董子謂王者舉事宜求其端於天又謂正朝廷以正百官正百官以正萬民比物此志也今乃舍其敬天勤民之大者而專舉改制以爲言夫春秋重義不重制義則百世所同制則一王所獨惟王者受命於天改正朔易器械別服色殊徽號以新天下之耳目而累朝舊制沿用已久仍復並行此古今之通義周時本兼有四代之制六經無不錯舉其說非獨春秋爲然孔子殷人雜用殷禮見於戴記者甚多安得以爲改制之證公羊文十三年傳

周公用白牡魯公用騂犅何注白牡殷牲也此乃成王所賜豈亦孔子所改明堂位兼用四代禮樂若非經有賜魯明文則近儒亦將援爲孔子改制之證矣且託王於魯猶可言也帝制自爲不可言也聖人有其位則義見於制無其位則義寓於事是故孟子之論春秋也曰其事其義不曰其制曰天子之事不曰天子之制衮褒鉞貶者正天子之所有事孔子自言竊取其義竊取云者取諸文王也公羊傳曰王者孰謂謂文王也開宗明義卽示人以遵王之旨左氏傳亦言王周正月觀此可無夏時冠周月之疑矣近人頗以左氏晚出爲疑案戴記哀公問疏引五經異義曰高祖時皇大子納妃叔孫通制禮以爲天子無親迎從左氏義然則秦末漢初左傳固行於民閒通儒多見之也聖人作春秋以文王之法正諸侯而不以空言說經故其義悉寓於諸侯之事若夫典

章文物一仍其舊曾何改焉其有不合非經師之失傳卽周衰之變禮夫子錄之以著世變檀弓諸篇類此者甚多漢儒惑於緯書乃有爲漢赤制諸謬說蓋其陋也制與事判然不同改正朔易服色殊徽號異器械是之謂制制者一成而不可易非天子不制度是也若工虞水火若兵刑錢穀是之謂事事者臣工所條奏儒生所講求先民有言詢於芻蕘是也制所以定民志事所以達民情今有人焉作通攷作罪言講明其義以備采擇苟無紕謬聖王所弗禁也有人焉改會典改律例變禮易樂非悖逆卽病狂王法所不容春秋所必誅也漢人語言簡質往往混事於制又欲立春秋於學官而故神其說端門受命素王改制此蓋神道設教之遺意豈可據爲事實漢儒亦但竄之於緯

未嘗敢著之於經也近人信緯而不信經抑知鄭君注中庸以祖述堯舜憲章文武為仲尼作春秋之事而必引公羊繼文王之體守文王之法度以明之且謂作禮樂者必聖人在天子之位而曉一孔之人不知今王之新政可從孔疏申鄭意亦謂孔子身無其位不敢制作二代之禮鄭君固信緯書者而其言如此曷嘗有如近人無忌憚之說聖人自云從周說經者必欲與之相反可乎近儒因王制兼有殷制遂傅合於公羊夫王制乃漢文集博士所作盧侍中明言之侍中漢代大儒出入禁闥豈有本朝大掌故懵然不知之理近人深斥其說以此為衛經之苦心固無不可若乃託王制以穿鑿二傳顛倒五經則侍中之遺說不得不亟與申明也已當孝文時今學萌芽老師猶在博

采四代典禮以成是篇乃王制摭及公羊非公羊本於王制周尺東田明是漢人常語與月令之有太尉大戴記之有孝昭冠辭略同太尉與冠辭猶可云偶贅及之周尺東田乃王制一篇節目豈亦贅文耶王制月令雖觕於後人而所言仍是三代之制故戴記取之無庸曲說今文家言禮制每與古文不同三代遺制紛繁儒者各述所聞致多歧異即今文之與今文亦間有不同非獨古學家爲然也遭秦焚書民間私相傳述今文特先立學故顯於西漢古文至東漢而始顯此乃傳述之歧互非關制作之異同今學古學之名漢儒所立秦以前安有此分派文有今古豈制有今古耶王制果爲公羊而作則師說具存繁露何以不引其文漢儒何以不述其例直待千餘年後始煩諸儒爲之鑿空乎王制公侯田方百里

伯七十里子男五十里鄭注此殷所因夏爵三等之制也殷有鬼侯梅伯春秋變周文從殷質合伯子男以爲一則殷爵三等者公侯伯也案王制此言本於孟子孟子明言周制而鄭君以爲殷制顯與孟子不合蓋鄭欲溝通周官之說致多膠葛近人復因鄭此言而歧之又歧然鄭君特舉此以明王制之兼有殷制曷嘗謂王制爲素王改制之書正義引鄭目錄云王制作在秦漢之際又引鄭荅臨碩云孟子蓋赧王之際王制之作復在其後其說雖與盧侍中不同要未嘗以王制爲春秋改制而作也王制首篇即述孟子之言故鄭以爲在孟子之後王制分天下以爲左右曰二伯鄭注亦引春秋傳周召分陝之事爲證周召分陝正是周制烏得以爲孔子之制乃近人因王制未足徵信復援孟子以爲助孟

子明云周室班爵祿周制也非殷制也孟子言天子一位子男同一位凡五等王制言公侯伯子男凡五等公羊言伯子男同位凡三等三書說各不同烏可強爲溝合孟子公侯百里伯七十里子男五十里與武成分土惟三義同近人黜僞古文尚書棄置弗道然漢書地理志已言周爵五等而土三等豈班志亦僞乎殷制既以公侯伯爲三等則公侯必不能同爲百里書缺有閒但當闕疑烏可鑿空妄造近儒致疑於孟子者徒以班爵祿之說與周官不合夫周官不合羣經者多矣何獨執此而定百里爲素王之制且周制公侯百里非但見於孟子亦先見於論語有千乘之國焉有百乘之家焉千乘之國集解引包咸馬融二說包據孟子王制馬據周官司馬法如馬說則開方僅得

三百一十六里有奇仍與周官四百里不合若謂舉成數而言亦當云三百里不得云四百里周官之三百里固非大國也蓋司馬法是出軍之數孟子王制乃賦民之數當出軍時必不能埽境以行但十抽其一耳王制疏引五經異義賦法積四十五井除山川坑岸三十六井定出賦者九井則千里之畿地方百萬井除山川坑岸三十六萬井定出賦者六十四萬井長轂萬乘以許君之言差次之則諸侯百里長轂千乘乃賦法非出軍之法明矣由此言之司馬法亦百里非四百里也當從包義爲長豈節用愛人之語必出於聖人晚年定論而一人之私制顧舉以告魯大夫魯大夫將茫然何從索解乎魯齊稱大國者蓋以其附庸之多其實封非必有加於百里魯頌言土田附庸復言公車千乘與論語孟子皆合附庸若任宿顓臾之類猶時見於左傳歷世既久諸侯多滅附庸以自廣其甚者且滅

大國如晉滅虞虢之類故孟子曰今魯方百里者五魯之疆域見於左傳者已不止百里非侵滅小國烏能若是明堂位復云方七百里則夸飾之辭或幷附庸計之未可知也孟子十一月徒杠成十二月輿梁成卽國語引夏令十月成梁之制周十二月夏之十月孟子所用周正也非夏正也近人謂孟荀皆用孔子改制之說案荀子有王制篇所言序官之法大致與周禮同又云田野什一關市幾而不征山林澤梁以時禁發而不稅說亦同於孟子孟子明云文王治岐之制豈得以爲殷制荀子言王者之制道不過三代法不貳後王道過三代謂之蕩法貳後王謂之不雅荀子意在法後王乃後人反誣以改制之說此正荀子所斥爲不雅者也公羊家言以王二月王三月爲存三統然則聖

人固從周正特兼存夏殷正朔以明三代聖王皆奉天以出治耳必謂春秋改正朔而用夏正則第書王三月可矣曷爲書王二月而可牽合顏淵爲邦之問强以公羊羼入論語乎董子繁露今存八十二篇言陰陽五行仁義禮智性情者十六七言他事者十三四其言改制者惟三代質文符瑞玉杯楚莊王諸篇閒及之並非春秋要義楚莊王篇王者徙居處更稱號易服色者無他焉不敢不順天志而明自顯也若夫大綱人倫道理政治教化習俗文義盡如故亦何改哉近儒輒以大學論孟之言牽涉於素王改制觀此可憬然矣董子謂天積衆精以自剛當置陰空處稍取之以爲助其言陰陽五行皆明此義陽爲德陰爲刑親陽而疏陰任德而不任刑其說深有契乎洙泗言仁之

旨董子之稱大儒者以此所言喜怒哀樂中和諸說皆可為中庸義疏至若正朔三而改文質再而復特聖王受命承天之一事今舍全書大義而專言此豈董子之意乎近儒惟孫淵如喜言陰陽五行其所摭古義皆術數家言與董子伏生之學渺不相涉也漢初張蒼最明陰陽而遺說罕聞其據以推五運者乃本孔子之論五帝德見大戴記五行或以相生為義或以相克為義迄無定論張蒼謂漢為水德後因黃龍見成紀從公孫臣言改為土德其說本不足據蓋漢儒惡秦特甚不欲漢承秦後因春秋有託王之義遂奪秦黑統而歸之素王因素王黑統而遂有紛紛改制之說西狩獲麟或以為麟者木精一角赤目為火候漢將受命之瑞或以為中央土軒轅大角之獸春秋禮書

修母而致子或以爲西方金精之獸春秋立言西方兌兌爲口故麟來聚訟紛紜皆讆言也庸足信乎公羊之學盛行西漢班史所載臣工諸條奏本春秋褒貶災異以立說者甚多初未及素王制作之事惟梅福傳福據此以求立孔子世爲殷後成帝推迹古文以左氏穀梁世本禮記相明遂立孔子後爲殷紹嘉公當時據以立二王後者乃用古文及左氏穀梁並非據公羊劉申受欲明三統之義而反黜左氏亦傎甚矣緯書多漢儒附益故戰國諸子從未一及是言公穀至漢時始著竹帛後師諸說多存其中亦未嘗一及是言豈非言不雅馴爲搢紳先生所難言者乎陸賈新語術事篇春秋上不及五帝下不及三王述齊桓晉文之小善魯之十二公至今之爲政足以知成敗之效

何必於三王此可見秦漢之際言春秋者尚無改制之謬說漢儒泥於陰陽推迹五運乃始以是羼入公羊耳新語或以爲僞作實非也嚴鐵橋漫稾已詳辨之漢中葉後儒者篤信緯說逐末忘本於是緯候之學流爲術數術數之學流爲圖讖怪說繁興新莽因之遂移國祚魏晉六朝篡奪相仍莫不師莽之故智此正後儒所當黜絕安可更揚其波況五運之學失傳已久公羊大義甚多繁露名言不少豈舍此遂無可尋繹耶亦徒見其好異而已矣子張問十世子荅以因革損益所因謂三綱五常所損益謂質文三統質文三統非有德有位者孰能損益之儒者講明其理可也擅改其制不可也若夫三綱五常則吾儒與有責焉耳矣文王既沒文不在茲文武之道未墜於地聖賢之於道也未嘗不以之自

任文在茲則道在茲文者何詩書禮樂是也采之風謠載在方策東遷而後禮壞樂崩聖無常師識大識小暮年删定述而不作故夫詩書禮樂者三代帝王治世之大經非洙泗間一家之言也夫子脩春秋以垂教萬世託始於文託王於魯定哀多微辭上以諱尊隆恩下以避害容身慎之至也漢藝文志春秋所貶損大人皆當世君臣有威權勢力其事實皆形於傳是以隱其書而不宣所以免時難也聖人憲章文武方以生今反古戒人豈有躬自蹈之之理素王者後人所尊稱並非聖人自名其學聖道之太安在乎王與不王近儒喜以素王說春秋世俗之見淺之乎測聖人矣太平御覽引孝經援神契子曰吾作孝經以素王無爵祿之賞斧鉞之誅故稱明王之道謂素王爲夫子

自稱者始見於此鄭何諸人皆同此說鄭說見左傳序疏引六藝論緯書固不足信即以其說徵之亦可見聖人於誅賞之空言且謙讓不敢自專而敢肆改一王之定制耶春秋雖著諸侯之行事實仍託之空文素之爲言空也若紛紛制作則眞王矣何素王之有公羊家言變周文從殷質文王殷人其所用者殷制即從緯書之說以爲受命改元亦是殷末周初之制夫子用此與從先進義同豈敢緣隙奮筆儼以王者自居春秋即爲聖人制作之書度亦不過一二微文以見意豈有昌言於衆以自取大戾者且亦惟公羊爲然於二傳何與於詩書禮易論語又何與乃欲割裂經文以就己意舉六經微言大義盡以歸諸公羊然則聖門傳經獨一公羊耳安用商瞿子夏諸賢之紛紛也哉繁露所引

論語如敬事而信管仲之器棠棣之華內省不疚當仁不讓苟志於仁大德不踰閑禮云禮云政逮於大夫名不正則言不順之類皆引聖言以爲證要非牽合公羊以說論語也諸說皆與質文改制無涉董子謂春秋大元故謹於正名其非正文字之誤可知乃宋于庭論語說義於此獨不從董子而從鄭君且引老子有名無名以立說異哉莊生有言春秋以道名分假天子衮鉞之權以誅亂臣賊子者聖人爲萬世綱常計不得已也周室雖微名分具在鼎之輕重不可問制之質文可輕改乎何氏解詁例已煩碎何注如法其生不法其死恩王父不恩高曾之類義皆難通半亦由屬辭之拙僿又如傳言隱賢而注泛及連帥傳稱單伯而注泛及貢士皆未必公羊本意單氏不見魯史而周卿士有

單襄公穆公之類見內外傳及漢食貨志可知公羊之義爲短至春秋錄內略外微者不書逢丑父自無見經之例何注乃以爲絕頃公何義蓋本繁露竹林篇而微有不同皆曲說也今乃於三科九旨而外傍言邵公所不敢言且混合六經而爲一是聖人晚年刪述但以改制爲事平日雅言復以改制爲教洙泗之間自爲風氣師弟子所齗齗講習者莫非干犯名義之言爲下不悖之謂何不至於邪說誣民不止此惟外夷無父無君之教乃有之而可以誣吾夫子乎公羊三科一曰張三世二曰存三統三曰異外內內其國而外諸夏內諸夏而外戎狄是故稱於越者未能以其名通也稱越者能以其名通也吳獲陳夏齧則少進之有憂中國之心則又進之進之者何謂其寖知中國之禮義也

若楚王之妻媦固無時焉可也自羲畫八卦契敷五教千聖百王相嬗相維以成此中國中國之所以爲中國者無他焉以所因之三綱五常耳公羊子曰公追戎于濟西此未有言伐者其言追何大其爲中國追也聖人之惡戎如此非以其無君臣上下無禮義廉恥猾夏之風漸不可長歟於越句吳同爲明德之後旣廣魯於天下則漸被中夏之教化春秋猶屢進之若夫宗楊墨無父無君之教以傲擾我中夏有心世道者宜何如嚴外内之防而徒侈言張三世通三統之義不思異外内之義吾恐猖狂恣肆之言陷溺其心者旣久且將援儒入墨用夷變夏而不自知嗚呼是亦不可以已乎窮經所以致用封建之制不行夏時之制久定自漢以來垂二千年未之有改乃猶喋喋言三

統固哉高叟之爲詩也夫心之所同然者何也謂理也義也天以五常之理賦人故樂記謂之天理義之用多端而莫大於君臣故天澤之分必不可踰義理之學宋儒以之爲教孔孟曷嘗不以爲教漢學家惟惡言理故與宋儒爲仇理義之悅我心猶芻豢之悅我口豈苦人以所難哉先王本理以制禮以禁慝也有禮斯有樂以導和也古樂既亡禮亦爲文飾之具宋儒因亟以理明之又恐人矜持拘苦而屢以從容樂易導之今讀其遺書以理爲教實多以禮爲教見於文集語錄者多不勝舉所不同於三代者特其沿革耳此與聖門教人之方有何不合而戴東原則曰程朱憑在己之意見而執之曰理以禍斯民且謂聖人以體民情遂民欲爲得理見東原文集孟子字義疏證夫聖賢正恐人之誤於意見故

有窮理之功東原乃認意見爲理何其言理之粗體民情固也遂民欲而亦謂之理何其言理之悖欲仁欲也欲利亦欲也使徒求遂其欲而不以理義爲閑將人皆縱其欲而滔滔不返不幾於率獸食人乎白虎通情性篇引孝經鉤命決曰情生於陰欲以時念也性生於陽以就理也陽氣者仁陰氣者貪故情有利欲性有仁也其言與樂記若合符節古書之言性情理欲者明白若此漢學家好據古義獨不從之何耶乃謂宋儒以理殺人死矣更無可救矣亦東原集中語疾首蹙額若不可一朝居而必求自放於禮法之外者茍以此爲教恐五季之禍其不復見於今者幾希誠不意儒者日治三禮而竟不求諸制禮之本原也故曰學而不思則罔近人知理之不可惡宋儒之不可仇而必不肯言同然之理獨言聖人罕言之理高則高矣夫理而可以高言也邪今夫義之實莫大乎君臣仁之實莫

大乎父子世衰道微臣弑其君者有之子弑其父者有之孔子懼作春秋春秋天子之事乃正名定分以誅亂賊之事非干名犯義以改制度之事也公羊家言改正朔易服色蓋王者治定功成制禮作樂所以告成功於天而其先節目甚多故六經言治法者甚備六經大義戴記經解篇莊子天下篇皆言之周人之言經義初未嘗通六經爲一也董生古矣莊生及七十子之徒不尤古耶繁露玉杯篇詩書序其志禮樂純其養易春秋明其知六學皆大而各有所長詩道志故長於質禮制節故長於文樂詠德故長於風書著功故長於事易本天地故長於數春秋正是非故長於治人董生之言如是曷嘗通六經爲一乎今以六經之言一切歸之改制其鉅綱細目散見於六經者轉以爲粗迹而略置之夫日以制作爲事而不顧天理民彝之大以塗飾天下耳目者惟王莽之愚則然耳曾謂聖人而有

是乎故曰以思無益不如學也

問公羊哀八年吳伐我案繁露奉本篇云遠夷之君內而不外當此之時魯無鄙疆諸侯之伐哀者皆言我據此則遠夷且內之化及天下之象也如是而見伐其說自相違戾　荅所謂魯無鄙疆者卽前所云王道浹人事備廣魯於天下之意非謂魯之鄙疆果遠鄰國不當見伐也盧校本讀疆爲彊亦誤果如其言上文之條條無疆又當作何解

劉元城學術論曰元城體驗溫公誠始不妄語之教安得議爲禪學　評曰禪學亦自有本領北宋士大夫並不諱此且多有得力於此者元城亦其一也第其終身奉溫公之教得力於誠之一言者尤深此則吾儒之學本末具備初無待兼資於彼教

者也元城精忠大節此固不足爲疵要亦不必曲爲之諱程朱之闢禪學懼學者惑溺於是假異端以汩聖經非徒無益而又害之故大爲之防以戒後學觀於明中葉後學者猖狂恣肆然後知程朱之學術正而慮患深也朱子於元城東坡生平皆極傾倒集中題跋書札之類贊美東坡大節者甚多惟論學術不同此則爲萬世學者計非爲一人發耳

陳錦章字雲裳漢軍人問詩火烈具舉故訓傳烈作列箋云列人持火文選張平子東京賦亦作列李注引傳列人持火釋之或唐以前經傳本作列不作烈歟　答此李氏紬義之說李書本不足據此復云傳作列則誤之又誤矣案傳訓烈爲列如果本文作列傳又何必詞費觀正義云傳轉烈爲列可知唐以前

本作烈不作列東京賦特依傳義而并易其字未足據以疑孔疏也李注引箋誤作傳臧鏞堂謂東京賦所據者是三家詩欲以迴護李注而臆測無確證陳碩甫謂列爲迾之借字訓詁特精但詳鄭箋似無此意陳疏不取鄭箋固不得據箋義以難之但此文箋與傳似無異指

俞恩榮字仁軒番禺人問相人偶爲仁　荅阮文達此言恐是誤讀鄭注鄭注中庸云人也讀如相人偶之人鄭注讀如之例與說文不同說文字書其所舉者制字之本義故讀如之字往往義寓於聲可尋聲以得義鄭注乃訓詁之書凡讀如者皆擬其音非釋其義義則別有訓釋以明之段懋堂周禮鄭讀攷所立三例至確賈氏羣經音辨已分二例乃段說之所本如文達

無邪堂答問卷一　三七　廣雅書局栞

言則鄭注當云仁讀爲不當云人讀如鄭君此注第謂與相人偶之人字同音耳易嘗以相人偶爲仁其下文以人意相存問之言乃仁字正訓仲尼燕居注云仁猶存也取同部字爲訓卽取人意相存問之謂故彼正義以仁恩相存念釋之人意存念者乃兼心與事言非專以事言也鄭君注禮箋詩屢言人偶其所取義皆與仁無涉人偶者漢人恆語孔賈作疏已不能詳文達謂爲爾我親愛之辭或亦可備一解要不得執此以概仁字之義聘禮每門每曲揖注每門輒揖者以相人偶爲敬賈疏以人意相存偶也詩匪風誰能亨魚箋言人偶能割亨者孔疏引論語注人偶同位以釋之人偶同位者蓋爾我對舉之辭非爾我親愛之辭也案朱子荅呂伯恭書曰相人偶不知出於何書

疏中亦不說彼幸以見告所謂人意相存問者卻似說得字義有意思也鄭君之說朱子早取之而近人反執此以攻宋儒可乎說文仁親也亦取同部字爲訓从人从二小徐繫傳从人二聲案此當從繫傳大徐蓋不得其解而誤改許書二與仁雙聲皆日母字說文有以雙聲字爲聲者故仁从二得聲王氏釋例論之詳矣鄭注人也讀如相人偶之人蓋與覲禮匹馬卓上注卓讀如卓王孫之卓周官以利得民注利讀如上思利民之利凡珍異之物有滯者注滯讀如沈滯之滯一例此類今皆無異音而鄭必作注以明之蓋古今音變久而失其讀耳公羊傳伐者爲客伐者爲主亦此例六朝經師多爲異讀近儒譏之不知古法本如此也大小徐釋仁从二爲兼愛必非許君本旨許君

言性宗孟子豈言仁恕宗墨子大小徐之說宜爲王貫山所譏桂氏義證引春秋元命苞曰太平御覽人事部引仁者情志好生愛人故其爲人以仁其立字二人爲仁此似可證相人偶之說然既云情志好生則非專以事言可知矣韓詩外傳引傳曰愛由情出謂之仁韓非子解老篇仁者謂其中心欣然愛人也古之言仁未有不兼心與事言者況古書古文仁作忎又作𡰥制字之初忎本从心安得云仁主事不主心先有忎後有仁古文𡰥从尸郎从人之或體形近而變𡰥本古文夷字仁當从人而古文从尸者說文尸象臥形與在牀曰屍之屍不同故尸部諸字仍多从人取義仁之从尸與从人一也許君兼錄山川鼎彝此當是鼎彝中古文異體當孔孟時小篆未興但有从千从

心之字安有从人从心二之字言仁必以孔孟為歸論語其心三月不違仁孟子仁人心也君子以仁存心皆言心不言事初未嘗以相人偶為仁也表記仁者人也其下文云中心憯怛愛人之仁也中心憯怛專主心言而注謂施以人恩即恩仁則主事言蓋鄭注心與事不甚分別古語簡質往往有此至宋儒乃縷析條分擘窮秒忽故性理之學必以宋儒為歸此固各有家法言漢學者自昧之文從於鄭注所不分者強生分別亦非也仁也者當合內外動靜言之專求諸內近於釋氏專求諸外不近於墨氏乎文達恐人以墨氏相詰故并墨氏詆之不知其宗旨及流弊實與墨氏無殊必待人偶而後仁將獨居之時仁理滅絕乎謂仁因人偶而見則可謂非人偶無以見仁則不可為仁由

已我欲仁斯仁至矣何人偶之有心中無仁何以能發見心旣
有仁安可不存善如文達言是仁乃外來之物告子以義爲外
今更欲以仁爲外乎但知與宋儒立異不恤與聖言相悖漢學
家類此者頗多矣皆自豐其蔀者也揅經室集論性理諸篇支
離已甚其書精處不在此學者毋爲所惑

梁致祥字仲符二水人西遼疆域攷曰邱長春西遊記之邪迷
思干卽天祚紀之尋思干今納林河之北塔什干卽其地也
評曰李氏西域圖攷謂魏書之悉萬斤唐書之颯末建與辥迷
思干賽馬爾堪皆一聲之轉近人轉爲霍罕其說近是據翻譯
名義集颯末建譯言康國然則隋唐之康國卽今之霍罕矣明
史西域傳謂撒馬兒罕卽漢之罽賓漢罽賓或云今之克什米

爾或云阿富汗或云阿剌伯以爲克什米爾者近之一切經音義迦葉彌羅國舊名罽賓在山北印度境案迦葉彌羅卽克什米爾之聲轉元奘西域記謂其國四境負山卽雪山也明時撒馬兒罕之地甚廣罽賓亦在其疆域中若霍罕乃漢之大宛非罽賓也耶迷思干元史作薜迷思干明史作撒馬兒罕卽賽馬爾堪之對音前明時元駙馬賽因帖木兒建牙於此威鎭西域地在塔什干之西南回語謂兎爲塔什干由答什干踰錫林河又逾納林河始抵其地或云卽西遼之河中府也見西遊記案耶律文正西遊錄河中府亦曰尋思干文正曾親守其地所言當必不誤則以薜迷思干爲河中府者恐非元史太祖紀十五年夏克尋思干乾隆間譯改作塔什干案遼史部族表已有尋思干之名十六年春攻薜迷思干元經世大典地理圖海國圖志

從永樂大典轉引有散麻耳干卽賽馬爾堪又有塔里干卽塔什干明史西域傳達失干卽塔什干西去撒馬兒罕七百餘里皆分爲二地然則邪迷思干非尋思干也塔什干本霍罕西北小部與哈薩克右部毘連徐星伯西域水道記乾隆初霍罕伯克額爾德呢取塔什干城哈薩克左部汗阿布賚與右部王阿布勒必斯攻霍罕復塔什干城三十二年阿布賚奉表至伊犁乞師二萬并假大礮將大舉伐霍罕將軍不許其後霍罕仍取塔什干焉賽馬爾堪則在霍罕境內近年皆役屬於俄與我之回疆爲鄰

又曰元改龜茲爲別失八里改于闐爲玉蘭哈失改疏勒爲合失合兒有三國之地而脫史無滅三國之明文則何也豈非以

三國既歸西遼滅西遼卽滅三國故不著其名哉　評曰元史郭寶玉傳從帝討契丹遺族卽西遼歷古徐鬼國訛彝朵等城元遺山集大丞相劉氏先塋碑作古續兒國元史鬼是誤字當從遺山集作兒北音續與徐近錢竹汀養新錄謂西遼主世襲菊兒汗之號續菊音近訛彝朵疑卽遼史之斡耳朵其說是也案菊兒汗卽遼史天祚紀之葛兒罕元親征錄亦謂之菊律可汗元祕史謂之古兒罕遼史天祚紀西遼耶律大石建都於虎思斡耳朵卽長春西遊記晚至南山下卽大石林牙遼稱翰林學士為林牙大石曾為學士故云其國王遼後也自金師破遼大石林牙領衆數千走西北移徙十餘年方至此地長春所言蓋卽虎思斡耳朵長春自此西行又帀月方至薛迷思干近人或以邪迷思干為西遼建都之地非也記又言劉仲祿自乃滿

國兀里朵得旨乃滿郎乃蠻兀里朵郎譌彛朵西遼末年地爲乃蠻屈出律所襲據故以兀里朵屬諸乃蠻實郎古續兒國之舊壤耳記有云泊窩里朵之東窩里朵漢語行宮也遼史語解斡耳朵官帳也其義略同或稱窩里朵或稱譌彛朵或稱兀里朵皆斡耳朵之轉音收別失八里等城又太祖本紀西域殺使者帝率師親征十六年攻卜哈兒郎今之布哈爾元史或作孛合里又作不花剌薛迷思干等城命皇子分攻玉龍傑赤等城下之曷思麥里傳攻乃蠻克之斬其主屈出律持屈出律首往徇其地若可失哈兒詳下文押兒牽世祖紀作鴉兒看皆葉爾羌之音轉漢時莎車國地今設莎車直隸州回語謂地爲葉爾謂寬廣爲羌言其地寬廣也鄂端諸城望風降附鄂端或作斡

端卽漢之于闐今設和闐直隸州唐元奘西域記于闐匈奴謂之于遁諸胡謂之豁旦豁旦音與斡端音最近皆和闐之音轉也元時爲宗王阿魯忽封地又嘗立宣慰司元帥府於此至元十一年四月詔安慰斡端鴉兒看合失合兒等城十八年八月又詔諭三城蓋是時其地皆爲西北叛王所據事見世祖本紀元時別失八里在今烏魯木齊之濟木薩西距烏垣迪化府城三百里卽唐金滿縣地北庭都護治所也其故城在今保惠城西二十里地名護堡子耶律文正西遊錄金山南有回鶻城名別石把有唐碑案今殘碑尚在邱長春西遊記謂之鼈思馬皆別失八里之對音耶律鑄雙溪醉隱集云漢車師王故庭有五城俗號五城之地今其俗謂之什伯巴里蓋突厥語也什伯華言

五也巴里華言城也玉龍傑赤卽玉蘭哈失亦卽玉隴哈什之對音今和闐有玉隴哈什河卽北史之首拔河魏書之樹枝水一名計式水回語哈什玉也玉隴往取也可失哈兒卽合失合兒亦卽喀什噶爾之對音今設疏勒直隸州回語喀什各色也噶爾磚屋也元史世祖紀作可失合兒耶律希亮傳作可失哈里拜延八都魯傳作乞失哈里明史西域傳作哈實哈兒譯音無定字此三地均西遼所屬歷八十餘年而爲乃蠻所併又十餘年乃蠻見滅於元元史皆有明文其事亦見元親征錄元祕史元祕史之兀龍格赤城卽玉龍傑赤城也惟今謂元改龜茲爲別失八里則似沿明史之譌明史西域傳云別失八里或曰焉耆今哈喇沙爾或曰龜茲今庫車唐元奘西域記作屈茨魏

默深以明史之言爲大誤案元史地理志西北地附錄至元十五年授八撒察里虎符掌別失八里畏兀城子軍站事十八年從諸王阿只吉請自太和嶺在今山西大同府至別失八里置新站三十二年立別失八里和州等處宣慰司亦見世祖本紀和州即火州元史地理志作合剌火者阿术傳作哈剌霍州今土魯番城東六十里曰喀喇和卓爲元火州治其西二十里即漢之交河城也元時爲亦都護所居詳見下二十三年遣侍衞新附兵千人世祖紀作四百人屯田別失八里置元帥府憲宗紀元年以訥懷塔海麻速忽等充別失八里等處行尚書省事世祖紀十七年正月命萬戶綦公直戍別失八里十二月置鎭北庭都護府於畏兀兒境成宗紀元貞元年正月立北庭都元帥

府皆同此一地也其地皆當在今濟木薩非焉耆與龜茲也李氏西域圖攷因元史巴而朮阿而忒的斤傳云其先世遷於火州統別失八里之地案阿而忒的斤本畏兀國主稱亦都護卽唐書所稱葉護也畏兀兒卽唐宋時之回鶻回鶻建牙於和林和林所在其說不一沈子惇落颿樓文集謂當在今外蒙古賽音諾顏部右翼中左旗之東北額魯特旗之西北察罕池西南百餘里是也元始都於此後遷北庭復遷火州火州本高昌國唐時回鶻亦建牙於此地自回鶻居此始有畏吾兒之名元之初與亦都護先歸附故得仍居舊地傳其子爲西北叛王所殺回鶻遂亡元祕史云委吾種亦都兀差使臣來成吉思處願做第五子委吾卽畏兀兒亦都兀卽亦都護其言與元史本傳正合阿而忒的斤以太祖四年來降而郭寶玉之取別失八里乃在太祖九年又憲宗二

年以別失八里封太宗六子合丹亦作哈丹或作格丹憲宗二年以諸王欲立實勒們者多後言乃遷格丹於巴實伯里即別失八里之對音六年七月始命諸王各還所部事見憲宗本紀是合丹之在別失八里乃遷謫非分封也世祖朝改封察合台之孫阿只吉案元史宗室諸王表阿只吉爲太祖曾孫封威遠王其分地在別失八里至治三年其子忽都鐵木兒襲封仍威遠王之號至孫禿剌以功封越王其分地則在紹興路因疑阿只吉所封者在焉耆龜茲阿而忒的斤所統者在北庭分爲二地以合明史之說然攷明史所敘諸事皆在今烏魯木齊非在焉耆龜茲明史言別失八里嘗南與哈密北與瓦剌構爭瓦剌即衛拉特之聲轉凡四部準噶爾其一也喀密瓦剌皆烏魯木齊之鄰境復言別失八里無城郭

宮室隨水草畜牧案天山北路本游牧之國乾隆以前準夷之俗猶然若焉耆龜茲自漢以來皆城郭之國安得云隨水草畜牧乎明史自是駁文未足據以難元史至亦都護建國本在火州所云統別失八里者乃其先世之事歷唐至元已數百年時移勢易地理志附錄自哥疾寧以下三十餘處皆爲畏兀兒舊地其中如巴達哈傷即今之巴達克山可失哈耳即今之喀什噶爾阿力麻里即今之伊犂別失八里即今之烏魯木齊撒麻耳干即今之浩罕是畏兀兒盛時西域全土皆爲所有自非回鶻之强不足以當之至阿而忒的斤時久已衰替惟保有火州而已明史別失八里傳謂撒馬兒罕本其先世所有亦據舊壤言之若族姓則已早改明時西域諸王大抵皆元後裔非回鶻之後也當郭寶玉攻取時地爲乃蠻所據並非取自亦都護故

宣慰司元帥府之建置阿只吉之分封皆在其地於焉者龜茲無與也歐陽圭齋集高昌偰氏家傳云偉兀者即畏兀回鶻之轉聲也其地本在和林即今之和寧路後徙居北庭北庭者今之別失八里城也會高昌國微乃幷取高昌而有之高昌者今哈喇和綽也和綽本漢言高昌高之音近和綽之音近昌遂爲和綽也哈喇黑也其地有黑山也今偉兀稱高昌地則高昌人則回鶻也案圭齋所言與元史亦都護傳悉合別失八里之爲北庭甚明當海都諸王叛時其地最居衝要因置元帥府以資控扼地理志附錄諸王海都行營於阿力麻里等處蓋其分地也西域水道記謂阿力麻里初爲定宗子宗王火忽分地見耶律希亮傳並非海都分地案徐氏之說是也元史又作葉密立或作葉密里西遊記及湛然居士集皆稱阿里馬即阿力麻里之對音徐星伯謂今伊犂拱宸城北

有阿里馬圖河當即其地自上都西行六千里至回鶻五城唐號北庭置都護府又西北行四五千里案此里數皆未確至阿力麻里至元五年海都鉄舉兵南來世祖逆敗之於北庭又追至阿力麻里是時阿只吉業已受封故請置新站又請還察帶二城事見地理志附錄皆因封地與海都迫近之故世祖時屢給阿只吉銀米牛羊諸物見本紀亦因其地居衝要而屢被兵之故元史不爲西北諸叛王立傳然海都篤哇等事海都太宗五子合失之子篤哇太祖長子朮赤之孫或作都哇亦作土哇散見各紀傳者頗詳其用兵之路今猶可攷李氏之說殆非也朔方備乘亦謂別失八里在哈喇沙爾恐皆未確

吳萃英字星薈南海人問墨子服役者百八十人皆可使蹈刃

赴火死不還踵是推其弊必致率天下而同出於忍　荅兼愛則未有不忍者勢蓋不能不如此觀今日之外夷固其明效大驗矣昔賢豈欺我哉

趙宗壇字嶧山新寍人涵養用敬進學在致知說曰朱子荅林擇之云程子言敬必以整齊嚴肅正衣冠尊瞻視爲先又曰未有箕踞而心不慢者然則敬者執禮之謂也故禮學卽理學禮經一書自應對進退以至祭祀賓客儀節最詳其大旨曰毋不敬知執禮者涵養之方也　評曰固是如此但執禮多著於事物宋儒之所謂主敬則多指存心而言此引程子之言只是舉其一說其他言則不盡爾然理實一貫未有心存抑畏而威儀不攝者故言禮可言理亦可特微顯之別耳近儒遽執此以攻

宋儒謂主敬非聖學之旨誤矣禮少儀篇注恭在貌也而敬又在心書無逸篇嚴恭寅畏正義引鄭注云恭在貌敬在心然則嚴是威恭是貌敬是心三者各異故累言之此鄭孔言敬之確詁以敬屬心並不自宋儒始近人以說文敬訓肅肅訓持事振敬遂謂敬在事不在心然卽以說文證之恭亦訓肅恭與敬對文則別散文則通故許君並以肅釋之如近儒之所疑則戴記明言手容恭洪範明言貌曰恭而恭乃从心將毋以爲造字之誤耶況說文心部自有憼字與恭字相次釋名恭拱也自拱持也敬警也恆自肅警也拱持肅警義亦顯分內外如謂敬在事不在心天下有心不敬而可以臨事者乎至錢竹汀養新錄惠定宇周易述皆謂主一無適語出文子其謬更不待辨程子語錄主一

之謂敬無適之謂一朱子語類析言其義語至顯明奚煩曲說何文定北山集曰所謂主一者靜固要一動亦要一朱子所謂身在是則心在是而無一息之離此靜中之主一也所謂事在是則心在是而無一念之離此動中之主一也無適二字又爲主一二字下注腳主一自然無適無適方爲主一此兩語只是展轉相解耳

讀漢書蓺文志曰伊尹太公皆古聖賢何以列爲道家　評曰道家託始於黃帝亦古聖也三代以上政教未分故昔人言道術必推本於古帝王儒家稱堯舜道家稱黃帝墨家稱禹而許行亦自託於神農自孔子出而儒之名乃有專屬儒字始見周禮天官然不見於周初他籍東塾讀書記謂是時儒尚未自爲一家之學是也六蓺未經孔子刪定以前言儒之言者亦多以道稱之道本天下所共由非黃老所得私伊尹太公之爲道家無足異荀子引道經人心之危道心之微所云道經亦此類非

後世之道書也伊尹對湯問呂氏春秋先己篇說苑臣術篇皆引之大戴禮言太公陳丹書丹書固純乎儒家言湯問則近於道家之旨兵家尤多出於道家然太公六韜乃僞書不足據四庫提要已論之其他如舉賢篇有將相分職之語兵徵篇有屠城之語皆非周初所宜有全書詞旨淺陋王翼篇尤類腐儒之談逸周書王會解有伊尹朝獻事呂氏春秋本味篇有尹說湯以至味事史記殷本紀有尹從湯言素王及九主事其言駁雜類戰國諸子所爲當出於小說家之二十七篇也戰國諸子多本黃老道德五千言立說過高遂流爲異端若後世之道家乃出於漢志之神仙家本非九流之一也老氏書所賅者廣名法楊墨莊列兵家莫不本之故老子爲異端之宗其谷神元牝專氣嬰兒諸言則神仙家所自出而本旨與神僊絕異班志故條

爲兩家隋志二家亦分敘通志校讐略尤詳言之西漢時若文成欒大之徒皆別稱方士未嘗託諸黃老也漢書郊祀志谷永諫成帝好方術之失亦無一言及於黃老自桓帝好祠黃老乃漸混淆厥後遂有張魯于吉之徒妖言惑衆依神僊始混於黃老貽患至今棼棼未已故九流中惟道家之書淆亂最甚眞誥符籙之類多是陶宏景寇謙之杜光庭輩所爲與道家之旨渺不相涉

又曰鄭漁仲焦弱侯於歷代之通例蓋詳博矣　評曰鄭焦未嘗無一得可取漁仲尤有必得特其以後世之例詆訶古人故格不相入耳　國朝儒者斥漁仲甚力然學識終在諸儒之上近時史學惟錢竹汀爲超絕其精審視漁仲固遠勝之而孤懷

閎識亦不逮漁仲遠甚二家途徑雖不甚同要皆史學也以是知古人何可輕議況班氏乎

趙天錫字魯菴新寧人問吉林邊界有白稜河在何地　答據和約言在興凱湖之西湖布圖河之東北即中圖之胡卜土河其水北流入綏芬河去白稜河尚遠洋文稱土爾必拉必拉者蒙古語河也土爾必拉在興凱湖之西奎屯必拉之右距穆稜河不及百里中圖不載俄圖有之其地有圖里羅格距大烏薩赤河二三十里當即中圖之烏札胡河今俄人喀字頭界牌立於白稜河口界牌自烏蘇里河口至圖們江口共八處而我之卡倫亦即在穆稜河東岸邊防偶述謂俄欲由松阿察河掘通穆稜河故造此白稜之名以圖影射其說蓋本於當時定界使

臣之奏疏見續東華錄咸豐十一年六月之事俄人狡猾事或有之也

問奇勒爾赫哲奇雅喀爾及庫葉島愛琿雅克薩等地似俱在界外　荅今惟愛琿尚爲我屬卽黑龍江城雍正以前黑龍江將軍駐此咸豐八年定約後左岸劃歸於俄其西七十里曰大黑河屯今爲互市之所其他皆在界外但此須分析言之愛琿雅克薩城郭之地也奇勒爾等三種皆部族也庫葉島則地名也奇勒爾卽使鹿鄂倫春距齊齊哈爾城千餘里赫哲卽赫眞居松花江混同江兩岸柳邊紀略所謂剃髮黑金喀喇也又有不剃髮黑金喀喇居烏蘇里混同黑龍三江滙流左右卽使犬部亦赫哲之種類去寍古塔約二千里滿洲源流攷謂自寍古塔水路至其部東北共

四千五百餘里奇雅喀即飛牙喀居混同江北庫葉島居民亦奇雅喀種族舊制每歲六月遣官至離甯古塔三千里之普祿鄉收貢頒賜而以荒遠之故兼爲日本所私屬同治初年俄强以地與日本易得之而俄遂與日本北海道之蝦夷爲鄰倭之邊患亦日亟矣蓋其地障黑龍江口猶大江之有崇明黑龍江雖只許兩國行船而自烏蘇里江入黑江之下流皆已割隸於俄彼有海口我則無之俄人高掌遠蹠欲得此島一以控扼蝦夷一以遏我輪船入江口之路彼雖目前未暇經營而他日有事於東方此地固要區也

問吉黑兩省所防者似不在興安嶺而仍恃黑龍江　荅內興安嶺今最扼要黑省諸城惟愛琿在是嶺之外南距嶺百五十

餘里餘如齊齊哈爾墨爾根布特哈皆依嶺以爲固其山皆內興安嶺之支麓新設興安城則在嶺中間不甚得地勢若江防不足恃也海口已爲所割彼之輪船來往自如我所有者則上流之松花江并未有輪船黑龍江岸亦未築礮臺不能阨其行輪之路黑地最寒八月卽凍冰可隱人三月後始漸融解又無煤可購輪船皆燒薪木諸形不便故俄人決計造鐵路將來防務在陸而不在水也

水經注漸江水篇刊誤　評曰浙江或作漸江或作制江漸制浙一聲之轉此郝蘭皋注山海經之說案漸爲俗毋字制浙皆照毋字齒頭正齒古音不分史記山海經作浙漢書說文作漸其實一也其下流古時與南江通則并被南江以浙江之名乃

岷江分流入浙非浙入南江故不能奪其主名班志有漸無浙此據汲古閣本若監本作浙不作漸益可證山海經非誤字漸江卽浙江也惟酈君知之故開宗明義曰山海經謂之浙江後皆稱浙而不稱漸明乎浙江之卽漸江也亦惟許君知之故云漸水出丹陽黟南蠻中與班志合以明漸之本名復云江水東至會稽山陰爲浙江與班志不合而合以備三江之數其不曰入浙江而曰爲浙江者兩江勢敵不可言入也阮文達以說文漸浙二篆相隔四十餘字明其非浙江若然則漸江幷不可與南江通何於其下流又以爲互受通稱也不曰會浙江而曰爲浙江者此文爲浙篆而作若云江水至山陰會浙江則疑於不詞故用互受通稱之例而浙江爲三江之一已不煩言而解此

正古人屬辭之精史記始皇本紀引晉灼注亦用許說至闞駰十三州志則直曰江水至會稽與浙江合見酈注河水篇闞義卽許義特善會許意耳義更炳然明白蓋南江改流之道彼時猶未盡湮唐以前人多能舉其說並無謂漸江非浙江者至阮文達乃爲異論卽如文達所言而漸江至餘杭僅合南江枝流至臨平湖始合正流浙江之折乃在未合正流之前其正流自臨平湖至嘉興皆直流而非折流安得以浙江之名歸之所謂折者漸江之折非南江之折南江自有正流安得以枝流之偶折者當之況古書本無是說乎古書或稱漸或稱浙正以本爲一江故可隨舉其名他水亦多此例郭景純言三江與漢志合其所云松江卽中江漸江卽南江漢志存古義景純徵實蹟無

異指也今松江未聞以下流合中江之故而奪其本名浙江獨可以下流合南江之故而奪其本名乎有禹貢之三江有國語之三江漢志景純所言禹貢之三江也韋昭注國語以浦陽江易松江蓋因毘陵去越甚遠若以此爲三江之一則國語中吳與越三江環之一語可通越與吳爭三江五湖之利一語不可通故以浦陽易之正古人注書精審處後人强爲合之非也若職方三江與禹貢初不見其異程易疇三江攷因欲伸其私說强爲分之亦非也至庾仲初注揚都賦則本顧夷吳地記之說以松江婁江東江爲三江所謂吳地揚都者皆指吳中一隅言之故不復遠及岷浙二汀言各有當也此本非禹貢之三江酈注已明言之蔡仲默誤取以注禹貢胡朏明破蔡傳之說阮文

達又破朏明誤取僞鄭注之說皆是也庾氏此賦是揚都非吳都見本傳蓋自爲注如謝靈運山居賦之比蔡傳誤作吳都酈注不誤錢氏養新錄曾言之酈注詳於南江枝流而於正流轉不能詳蓋由水道變遷之故其謂臨平湖上通浦陽江下通浙江全謝山謂浦陽當作南江案如全氏之說則浙江自餘杭至臨平湖臨平湖在今臨平鎮西河集中以爲臨浦者非酈注不應先敘明聖湖復逆流至臨浦也已成大折而合南江南江由柴辟逕欒兒至此以合浙江復折而東南逕固陵山陰餘姚以入海與中江之入具區復出而合松江者同例南江出具區後歷今嘉興石門錢唐入臨平湖復出而與浙江會柴辟欒兒皆今嘉興府屬地酈注與許書晉灼之說既可通卽吳越春秋兩言浙江其說亦合越之臣民餞送越王越王返國渡浙江

皆在臨平湖左右故論衡書虛篇謂吳越以錢唐爲界餘暨以南屬越錢唐以北屬吳餘暨今蕭山固陵在焉與臨平湖南北差相直皆浙江折流之地禦兒乃越臣吳後吳人增封句踐者蓋隨南江遷流之地而予之非句踐所本有也秦始皇欲渡浙江畏波惡亦卽是地當折流處兩江所滙波濤險惡故始皇改從陿中渡則已泝江而上至富陽分水之間矣南江自合流後互受通稱不必奪浙江之名浙江亦不必遷禦兒至柴辟始合南江致下流無所歸宿說最精審然酈君之意不如是者蓋班志南江在吳南入海吳與山陰相去數百里班許兩說必不能通故先敘浙江至柴辟合南江以應班志之文後人謂酈注竟以松江當南江者亦非酈意而以諸書所言江至山陰合浙江

者盡歸之南江枝流其彌縫委曲具有苦心但浙江在柴辟今嘉興地合南江後見漸水篇復折而至固陵今蕭山西興其故瀆既不可攷酈注故無明文谷水之出澉浦者水勢太小又不足當南江之目見沔水篇酈意以是當南江而未敢質言故僅引吳地記之說以當三江之一故皆隱約其詞深致闕疑之意則以南江正流既湮無從徵信此謂故道非改道其改道未盡湮也故酈注得據以敍之又不肯鑿空武斷自爲新說蓋其慎也近儒乃謂許書卽用班志之義不思一在山陰會浙江一在吳南入海南江既入海矣安能東南逆行數百里而至山陰蓋班志是古義許書是漢時見行之道班志多釋禹貢且多古文家言故引禹貢及職方全文爲序後人譏之未達其意也說文

雖爲釋經而作但水部多舉漢時水道與班志時有異義班志固亦以漢水道爲主者其兼存古義乃通史之例所以補史記之未逮也班志言南江在吳南東入海又言分江水東至餘姚入海一正流一枝流其分江水首受江六字二流所同以著南江之源程易疇謂班志分江水首受江六字不關南江以詆酈注鹵莽已甚中江分自蕪湖南江分自石城班志皆明著之使無此一語則吳縣下南江在南四字將何所承天下豈有無源之水班志又有此疏略之文乎自出具區後二流分道則著入海之文以詳經委酈君敘此謂爲枝分正善會班志之意亦善通班許之郵者也胡朏明疑此注之餘杭當爲餘姚非也下文方引闞駰江水至會稽與浙江合之文以明其指豈宜預言下

流乎班志但言至餘姚入海不云至餘姚合流旣入海矣尚何合流之有近儒又謂班志此文互詳源委實爲一水果爾則石城下不當有入海之文但著其源與吳南江互見可矣何爲有此衍文乎酈注言浙江逕餘杭新縣南故縣北文達謂在今富陽之西是也其謂酈誤以苕溪當浙江則非南江枝流蓋亦合於富陽酈言南江枝分歷烏程縣南通餘杭縣與浙江合又言諸書多以江水至山陰爲浙江然江水安能越錢塘而至山陰故酈爲合於餘杭之說以通之下文但引闞駰至會稽之說不引諸書至山陰之說以會稽歷兩漢六朝皆爲郡名餘杭在漢時亦爲所屬言山陰則南江不能飛渡錢江故盡舍諸書而從闞駰也文達亦知山陰之說不可通故爲西指錢唐南指山陰

之說以通之然錢塘直蕭山不直山陰其說仍不能通則何如用酈君舊說之爲愈乎南江正流自吳南入海枝流合浙江自餘姚入海此古義也三代以後水道變遷其正流亦合於浙江則說文諸書之所記酈注之所通是也江由柴辟禦兒以達臨平湖須出湖而至山陰與浙江會二江既合可以互受通稱故酈注禦兒以北皆歸之浙江實南江也惟古瀆湮塞已久求合於班志而不得故以谷水當之但以未經目驗歷著疑詞曰水名已殊非班固所謂南江則已明言諸儒之所謂南江者非古南江矣又引吳記曰一江東南行入小湖自湖東南出謂之谷水此所謂一江者以上文證之非南江而何其出澉浦以入海蓋古南江正流之道班志明著之曰在吳南東入海其枝流則

明著之曰至餘姚入海不言合漸江而漸江自在其中由餘姚入海者舍漸江孰能當之特後世正流已改故道已湮酈注未敢質言略存其迹其矜愼也如是文達乃以乍浦無通海之水疑之不知陵谷變遷海濵斥鹵之地潮汐日至尤易淤積海鹽地勢即高於嘉興亦祇尋丈間耳酈注所言谷水入海者今已不能指其海口所在況二千餘年以上之事可必其不由此乎文達嘗以此斥程泰之而自蹈之誤矣如以酈注爲不可信則當以松江爲班志之南江婁江爲班志之中江雖非古義說尚可通而文達一切抹殺之豈班志亦不足信耶班志固有傳寫譌脫者若三江旦濵又自注爲揚州川安得謂之誤文至漢時水道已殊故酈注謂作者述誌多言江水至山陰爲浙江可知

漢魏六朝諸儒持此說者固多得之目驗者亦必不少不獨許書爲然也惟其浙江卽漸江故班志於漸江南江分江水各著入海之文明乎分江水之至餘姚入海者爲南江之枝流不可與正流混南江雖與浙江通而正流之在吳南入海者自有主名不可冒浙江之名浙江雖與南江通而力自足以達海他水亦不得冒其名蓋岷江旣自有由毘陵入海者爲之主名故南中二江不復奪浙江松江之本稱以三江皆巨流未可以他名亂之也否則班志入海二字悉成衍文而班氏著於此復著於彼何若是不憚煩乎酈注所言固自云未必得實良以水道變遷南江尤甚當酈君時南北區分已久儒者不能詳其說其正流復漸湮塞故博稽舊籍於可信者信之其他皆作疑詞不失

謹愼之意雖未盡詳而大致已具轉寫譌誤則有之盡以爲酈君之誤未必然也穀水見存至今無大遷改故酈注之誤易見富陽以上皆山國錢唐以下皆澤國猶河自洛陽以上無大變遷滎澤以下始改流也浦陽江已滋聚訟猶有目驗可憑古籍可徵南江則舊說既已不詳故道又久湮沒酈君作注時尚未盡湮其言之矜愼復如此不此之信而將誰信文達於酈注所不敢言者毅然言之其說無可質證姑不具論若浙江之名卽文達所自引諸書證之已多不合如史記莊子山海經越絕書吳越春秋皆在說文之前皆作浙江其四書猶可云冒南江之名山海經則自發源處言之豈亦冒名耶卽云傳寫之誤豈酈君所見本適與今本同耶文達此篇惟以胡朏明所引初學記

鄭注爲僞其說甚精有功經學其攷穀水審訂頗確而以漸江非浙江之說羼之轉失其眞蓋天下水多東流獨西流至三百餘里鄺君未至其地疑於西流之說故其敘吳寍烏傷諸水皆作東流至使穀水無入江之路乃強以至錢唐入浙江一語綴之文達明知其致誤之由而橫坐以誤認漸江爲浙江之失則誣矣

讀漢書藝文志　評曰此攷證兼議論題欲以覘諸生之學識攷證須字字有來歷議論不必如此而仍須有根據所謂根據者平日博攷經史覃思義理訓詁名物典章制度無不講求傾羣言之瀝液以出之而其文亦皆琅然可誦並非鑿空武斷以爲議論也此其功視攷證之難倍蓰而學者必不可無此學識

攷證須學識論須識合之乃善識生於天而成於人是以君子貴學學以愈愚學而無識則愈學愈愚雖攷據精博顓門名家仍無益也識何以長在乎平心靜氣以讀書一卷之書終身紬繹不盡返之於身驗之於事而學識由此精焉學者固於凡近固不可騖於新奇尤不可聖賢所言莫非人情物理訓詁名物豈足以盡六經即進而窺微言大義亦當於切近者求之必欲騖乎古人之上斯近名之習中之而鑿空武斷之病紛紛起矣治經者當以經解經不當以經注我以經注我縱極精深亦未必聖賢本意況易入於歧趨乎學問之道愈平常則愈精實愈精實則愈繁難人情畏難而就易厭故而喜新故新奇之說易行尤易誤聰明子弟周秦諸子理昭趣淺可謂新奇之至而其

言多倚於一偏不善讀之則易壞人心術仁人心也生理所以不絕於終古者賴有此仁心也以仁存心宜莫過於墨氏乃孟子斥之如是其嚴非以其學識之偏歟是故求仁者博學篤志必以切問近思聖門博約之教蓋如是也六經之言至切至近何新奇之有尤不可無此胸襟隨人腳跟學人語言志趣已卑烏足自立論語卽孔門之語錄李二曲四書反身錄有此說惟仲弓游夏諸賢乃能爲之宋儒語錄門人信筆所記期不失當時語意故多俚詞若宋五子自著之書曷嘗有此卽書札閒有此體亦信筆爲之本不欲編集者也鄭志多樸僿之辭而鄭君注經則殊不爾言簡意賅古大儒其不如是序跋書後之類原不必盡用攷證近人則無不以攷證當之而文法絕不講求或率意寫一兩行亦以入諸文集此風

沿自宋人近今爲甚不知昔賢牽率應酬之作編集者重其人乃摭入之今不待後人之掇拾而自編於集可乎言之旣不成文何以名爲文集此等本有說部可歸奚必濫厠集中也

無邪堂荅問卷一

無邪堂荅問卷二

黎佩蘭字詠陔高要人景教流行中國碑考　評曰景教流行之事見通典兩京新記酉陽雜俎長安志西溪叢語墨莊漫錄諸書景教卽火教丙丁屬火文言之則曰丙教避唐諱則曰景教唐時夷教入中國者有三故唐文粹載舒元輿重巖寺碑云雜夷而來者有摩尼焉大秦焉祆神焉此據明建武刻本錢竹汀景教考引作秋神狄與秋皆祆字之譌大秦則火教也摩尼則回教也祆神則婆羅門教也據唐元奘西域記印度所奉天神有婆藪天祠那羅延天祠毗摩羅天祠稀那天祠尼乾天祠其人露形袒上高柱一手足執柱端旁杙一手一足虛懸向外覩日影求出生死佛書所云梵志或事日月翹脚向之是也詳見據記所言與佛教皆佛書所謂九十六種外道也後白衣天祠相近似卽摩尼

此皆來自西方在釋教之外而皆與天主教無涉舊說以景教爲天主非也通典職官門視流內有正五品薩寶從七品薩寶符祆正又視流外有勳品薩寶府祓祝四品薩寶府率薩寶府史杜氏自注云祆者西域天神佛經所謂摩醯首羅也武德四年置祆祠及官韋述兩京新記北門十字街東北隅右金吾衛西南有胡祆祠自注與通典同常有羣胡奉事取火呪詛貞觀三年置波斯寺天寶四年七月敕波斯經教出自大秦傳習而來久行中國爰初建寺因以爲名將欲示人必循其本其兩京波斯寺宜改爲大秦寺案此敕唐會要冊府元龜均載之開元二十年七月敕末摩尼法本是邪見妄稱佛教誑惑黎元宜嚴加禁斷宋敏求長安志布政坊西南隅有胡祆祠自注與通典

同醴泉坊普寧坊靖恭坊皆有祆祠醴泉坊又有舊波斯胡寺自注云波斯王畢路斯奏置又見兩京新記景龍中移於布政坊祆祠之西義寧坊有波斯寺又見兩京新記貞觀十二年太宗爲大秦國胡僧阿羅本立本誤作斯今據碑正碑所載貞觀十二年七月之敕亦見唐會要段成式酉陽雜俎孝億國事祆不識佛法有祆祠三千餘所又銅馬俱德建國烏滸河灘流中有火祆祠相傳本自波斯國乘神通來此有銅馬國人言自天下近有大食人不信入祆祠將毁之忽有火燒其兵遂不敢毁姚寬西溪叢語火祆胡神佛經所謂摩醯首羅本起大波斯國號蘇魯支即摩醯之對音有弟子名玄真習師之法居波斯國大總長如火山後行化中國宋次道東京記寧遠坊祆神廟注

云四夷朝貢圖康國有神名祆畢國有火祆祠疑因此建廟或傳晉戎亂華時立此據杜預左傳注睢水次有祆神其來蓋久唐貞觀五年有傳法穆護何祿將經教詣闕敕令長安崇化坊立祆寺號大秦寺又名波斯寺案穆護者其傳教人之稱猶釋教之稱桑門天主教之稱神甫也何祿即阿羅本長安志崇化坊不載此寺當是義寧坊之譌武宗毀浮屠籍僧爲民會昌五年敕大秦穆護火祆等六十餘人並還俗張邦基墨莊漫錄東京城北有祆廟自注呼煙切祆神本出西域與大秦穆護同入中國俗以火神祠之京師人畏其威靈甚重之鎮江府朱方門之東城上亦有祆神祠案諸書所言與此碑年月小有牴牾而大致皆合唐以薩寶名官者隋書西域傳康國都薩寶水上有

胡律置祆祠康國在今浩罕哈薩克之地顧野王玉篇已收祆字自注阿憐切魏書靈太后傳廢諸淫祀而胡天神不在列是其教早入中國姚寬謂當始於晉戎亂華時固或有之漢武破匈奴得休屠王祭天金人疑即此也隋書西域傳曹國有得悉神自西海以東諸國並敬事之其神有金人焉每日以駝五頭馬十疋羊百口祭之匈奴金人當亦類此舊說以爲佛像案佛教是時尚未行於匈奴漢書西域傳可證也惟寬引杜注睢水次之祆神以爲證稽諸左傳祆本作妖釋文不出妖字與阿憐切之音似異通典自注祆音呼朝反案說文地反物爲祆古書多假妖爲之說文祆字大徐新附蓋其教初入中國中國人以妖呼之後乃以事天神之故訛从天而造祆字耳祆神之教見

於史傳者隋書漕國在葱嶺之北漢時罽賓國也其俗淫祠葱嶺山有順天神者制極華金銀鍱爲屋以銀爲地祠者日有千餘人北史高昌國俗事天神兼信佛法唐書于闐國好事祆神崇佛教通典引韋節西番記曰康國事天神崇敬甚重云神兒七月死失骸骨事神之人每至其月著黑疊衣徒跣撫胸號哭丈夫婦女三五百人散在草野求天兒骸骨七日便止此自胡祆之俗何願船朔方備乘以天兒爲天主非也詳見後舊書泥婆羅傳祀五天神鐫石爲像日浴之通典謂泥婆羅事阿修羅神隋書言女國事阿修羅神阿修羅見佛書此又別是一派亦九十六種外道之一 新唐書西域傳于闐國事祆神浮屠法又康國尚浮屠法事祆神舊書則謂有婆羅門爲之占星候氣周

書異域傳亦言焉耆國文字與婆羅門同俗事天神並奉佛法于闐今新疆之和闐焉耆今新疆之哈喇沙爾皆在天山南然則祆教即婆羅門觀元奘西域記亦可見也四裔年表虞舜四十三年印度始拜婆羅門造梵字著肥大司比乎書比乎或譯作此土使德日記德國書庫有婆羅門教之里格飛荅經乃四千年物印度即身毒天竺之音轉漢時稱身毒魏晉以後稱天竺隋唐以來稱印度其言雖未足信要之婆羅門在西教中爲最古其流衍亦甚廣魏默深何願船皆以婆羅門爲舊回教非也回教本於耶穌亦本於猶太詳見後惟以猶太爲出自婆羅門則可耳婆羅門者種族之稱梵言淨行也其人種類自云從梵天口中生故爲貴族至今猶然黃氏印度劄記印度之民分爲四等其上品曰婆羅門凡各部

酋長職官皆此族爲之以下爲兵爲商爲工役各世其業不相婚姻婆羅門雖極貧窶而下品富者見之必加尊敬甚至取其濯足之水而飲之且不與賤者同坐同飲食沈存中夢溪筆談天竺以刹利婆羅門二姓爲貴種自餘皆爲庶姓如毗舍首陁是也其下又有貧四姓如工巧純陁是也西域記謂其學有四吠陀論一曰壽謂繕生養性二曰祠謂享祭祈禱三曰平謂禮儀占卜兵法軍陣四曰術謂異能技數禁呪醫方餘詳釋典不具引其書入中國者甚多天文算法尤多蓋皆九執術之遺也唐書西域傳天竺善步厤學悉曇章云是梵天法又厤志九執術法梵天所造五通仙人承習傳授隋經籍志天文類有婆羅門謁伽仙人天文說三十卷捨仙人所說天文經二十一卷婆

羅門天文一卷麻數類有婆羅門筭法三卷算經三卷陰陽麻算一卷又小學類有婆羅門書一卷地理類有婆羅門法師外國傳五卷五行類有調伽仙人占夢書一卷醫方類有婆羅門藥方五卷諸仙藥方二十卷唐書藝文志麻算類有都利聿斯經二卷云傳自西天竺晁氏郡齋讀書志五行類有秤星經三卷云以十二曜演十二宮宿度以推人貴賤壽夭休咎不知其術之所起或云天竺梵學也摩尼之教見於史傳者唐書回鶻傳元和初以摩尼至其法日晏食飲水茹葷屏湩酪可汗常與其國摩尼至京師歲往來西市商賈頗與囊橐爲奸武宗初年命有司收摩尼書若象燒於道產貲入之官舊書憲宗紀元和六年正月回紇請於河南府太原府置摩尼寺許之八年十二月二日宴歸國回鶻摩尼八人長慶元年五月回鶻宰相都督公主摩尼等五百七十三人入朝唐會要貞元十五年四月以久旱令摩尼祈雨宋史外國傳于闐國摩

尼師貢琉璃瓶二胡錦一段大食國遣使婆羅欽三摩尼等來貢方物摩尼等對於崇政殿又高昌國有摩尼寺波斯僧各持其教佛經所謂外道者也錢竹汀景教考引志磐統紀梁貞明六年陳州末尼反立毋乙爲天子案毋乙事見五代史不云末尼明史西域傳隋開皇中撒哈八撒阿的斡葛思始傳回教入中國回教創於摩哈默德回回厤亦爲所創元史明史厤志王寅旭梅勿庵李尙之諸人皆詳其法而明史及李氏回回厤元考尤詳回厤有宮分年有月分年宮分年以三百六十五日爲一歲歲十二宮宮有閏日凡百二十八年而宮閏三十一日所謂不動之月也月分年以三百五十四日爲一周周十二月一大一小相閒月有閏日凡三十年而月閏十一日所謂動之月

也回教最後出故其厤法〃兼采中西月分年用中法宮分年用西法不用閏月而分十二宮與今西厤正同至西厤本於天竺之九執厤疇人傳已言之摩哈默德創教在隋開皇十九年己未故宮分年以己未爲厤元其卽王位在唐武德五年壬午故月分年以壬午爲厤元明史謂摩氏建國在開皇己未壬寅地謂厤元在武德不在開皇皆誤也李尙之阮氏疇人傳均已論及惟謂其巧藏根數以惑人則非當隋之時摩氏尙未建國而其教已入中土殆由隋勤遠略之故歟杭大宗續景教考以摩尼爲回教其說良是又以回鶻爲回回回鶻卽回紇後魏之鐵勒唐初之特勤元之畏吾兒皆回紇音轉案陶南邨輟耕錄載色目三十二種有畏吾兀卽回紇又有回回元史亦分爲二族回鶻在今外蒙古科布多塔爾巴哈臺諸地高昌在今土魯番距天方皆

甚遠顧亭林謂回鶻卽回回錢竹汀曾辨之杭氏之說王蘭泉亦辨之然邱長春西遊記劉郁西使記於回回種類多稱回紇元史姦臣傳阿合馬回紇人也而世祖嘗言回回人中阿合馬才任宰相又耶律文正作回回麻名麻荅把麻而輟耕錄以爲回鶻麻名元遺山集恆州刺史馬君神道碑云出於花門貴族花門卽回回而篇中又言回鶻梵唄之所是皆稱回鶻爲回回蓋其部落酋長雖回鶻種人而其俗自唐以後已從回教故二名混稱元時已然顧氏杭氏之言未爲盡誤也天方爲回教祖國今之阿剌伯唐之白衣大食也默德那卽麥地拿乃阿剌伯之屬地摩哈默德曾避難於此卒後因葬焉明史分天方默德那爲二國蓋承舊文之誤黃省曾西洋朝貢典錄已疑之新舊書皆

云有摩訶末者勇而智衆立爲白衣大食之主闢地三千里摩訶末卽摩哈默德之對音明史天方傳作馬哈麻默德那傳作謨罕驀德實一人也明史言謨罕驀德生而神靈西域諸國尊爲別諳拔爾猶言天使案元史賽典赤瞻思丁傳云回回人別菴伯爾之裔劉郁西使記云報達鄉波斯之西馬行二十日有天房內有天使神胡之祖葬所也師名癖顏八兒經文甚多皆癖顏八兒所作別菴伯爾癖顏八兒皆別諳拔爾之對音也回教書亦謂之派噶木巴爾其經最大者名甫爾加尼凡六千六百六十六章其敘由收人起兵之事亦皆與回教書合通典邊防門言大食敬事天神又引杜環經行記曰環爲杜君卿族子隨高仙芝西征天寶十載至西海寶應初因賈舶自廣州而回著經行記大食俗一日五時禮天有禮堂容數萬人每七日王出禮拜登高座爲衆說法曰人生甚難天道不易姦非劫竊細行謾言安己危人欺貧虐賤有一於此罪莫大焉凡有征戰爲敵所戮必得生天殺其敵人獲福無量又云西國凡用大食法者不食

豬狗驢馬等肉不拜國王父母之尊不信鬼神祀天而已七日一假不買賣不出納惟飲酒謔浪終日其大秦善醫眼及痢或未病先見或開腦出蟲唐書亦言大秦人開腦出蟲以愈目眚此蓋西土舊俗不得卽以此為天主教之證也回教有二派摩哈默德之派曰色底特士教今阿剌伯諸國奉之摩氏傳其壻比阿釐別為比阿釐教今土耳其波斯諸國奉之今回疆亦奉之比阿釐傳二十五世至馬木特額敵其季子曰馬木特玉素遷喀什噶爾至乾隆時之大小和卓木又四世矣唐書西域傳永徽二年大食王徽密莫末膩遣使朝貢自言王大食氏有國三十四年傳二世徽密莫末膩卽比阿釐之對音也摩哈默德以唐高祖五年登王位為後妻愛沙所毒後妻之父亞虎巴比結為大教師回俗之大教師卽其王也巴比結傳阿馬為波斯拜火教徒剌死阿馬傳阿多曼亦被殺乃傳比阿釐比阿釐者摩哈默德之從子而娶摩哈默德之女執教權摩氏卒時欲當嗣位為愛

沙所嶺不得立後屢與愛沙戰勝乃立之回教至是已四傳矣唐書謂傳二世蓋不數巴比結阿呂阿多曼也通典云初王已死矣傳第一摩首者今王即是第三其說近是阿裔年表比阿蠻之立在永徽六年以唐書核之亦當有誤　俞理初謂佛經達綠品恆河邊有摩尼跋羅天祠引以爲摩尼之證佛在回教未興前千有餘年所云摩尼跋羅別是一人理初誤也

大秦之教見於史傳者梁書諸夷傳滑國事天神火神每日則出戶祀神而後食南史同魏書波斯國俗事火神天神周書同舊唐書波斯俗事天地日月水火諸神西域諸胡事火祆者皆詣波斯受法其事神以麝香和蘇塗鬚點額及於口鼻用以爲敬以六月一日爲歲首新書略同宋史外國傳天竺婆羅門僧與波斯外道阿里煙同到京師亦見回鶻傳僧徒稱他教爲外道此即波斯火教亦即大秦教也摩醯首羅者譯

云大自在天一切經音義翻譯名義案文苑英華有顧況虎邱西寺經藏碑引作謨呼羅摩海醯首羅大自在天見大般涅槃經及四分律其神三目八臂騎白牛執白拂有大威力能知大千世界雨滴之數釋典多寓言其事不足深論要必實有其人元奘西域記波羅痆斯國有天祠百餘所外道萬餘人並多宗事大自在天或斷髮或椎髻露形無服塗身以灰精勤苦行求出生死阿點婆翅羅國有大自在天祠祠宇彫飾天像靈鑒塗灰外道遊舍其中其他如劫比羅伐窣堵國堊醯掣呾邏國劫比他國狠揭羅國跋虜沙城皆有自在天祠跋虜沙幷有自在天婦像謂之毗摩天女又烏鐸迦漢荼城有波爾尼仙欲刪定字書道遇自在天遂伸述作之意自在天曰盛矣哉吾當祐汝

仙人受教而退捃摭羣言作爲字書是摩醯首羅固彼中道術之士愛重文學者也阿育王經阿恕伽王供養衆僧諸婆羅門外道皆生嫉妒有一善呪婆羅門呪身化作摩醯首羅飛到王門諸婆羅門從之王欲供養摩醯首羅等言我之所食食剃頭禿人王乃召尊者耶奢以試之其七歲沙彌請行將五百婆羅門卽時噉盡王共沙彌到寺見五百婆羅門皆剃除鬚髮披著法衣在衆僧下行末座五百人心生慙愧皈依佛法得須陀洹道原文甚長今約其意佛說須陀洹者七死七生便證阿羅漢果法苑珠林引禪祕要云其身香潔如波羅人中香象龍王力士摩醯首羅所不能及案佛以摩醯爲香潔諸外道又幻摩醯之形以求勝可知其教盛行於印度矣一切經音義引外書云卽外道之書殑伽河卽東恒河本入摩醯

首羅天頂從耳中流在地上以此天化身在雪山頂今亦名興都哥士山興都即印度對音故作是說然則北印度當有摩醯化身也四裔年表周靈王二十一年瑣羅阿司得著經書爲波斯之聖萬國史記日本人著波斯教法之祖曰瑣羅斯的其說有二神以統宇宙一曰和爾摩爲善神或譯作和摩斯大亦作阿日木斯一曰亞利漫爲惡神爭鬬不止至一萬二千歲後和爾摩大捷而天下之惡皆消又曰公道者赴樂土之梯航也雖暴惡者苟能悔過淨刷塵心亦得受無限福報日月星以和爾摩大能力造之碑中鼓元風而生二氣日月運而晝夜作即此不可不敬他如地水火風亦當加敬故太陽以下諸神列於祀典者甚多西書言其教無神像而有祭司築壇高山之上壇中然火晝夜不息謂

此火光爲神所然祭司又有問鬼等邪術觀其教旨略與釋氏相近而和爾摩造日月星卽西教中耶和華造天地之誕說也此碑言三一妙身阿羅訶卽瑣羅阿司得之對音司得二字無音可有可無譯語類然若萬國史記脫去阿字則還音不合矣其三一分身彌施阿卽摩醯首羅之對音錢竹汀元史考異引至元辨僞錄云釋道兩路各不相妨今先生言道門最高秀才人言儒門第一迭屑人奉彌失訶言得生天達失蠻叫空謝天賜與細思根本皆難與佛齊案彌失訶卽彌施阿迭屑乃奉火教者邱長春西遊記云宿輪臺之東迭屑頭目來迎輪臺在今阜康縣西（此唐輪臺縣地長安二年始設非漢之輪臺也）則是新疆之地元時亦有火教矣達失蠻乃回教中修行者元史武宗紀作荅失蠻猶今回

教之稱阿琿也俞理初謂佛本行經之阿羅邏即此碑之阿羅
訶說亦近之據西人紀載佛與阿羅訶年代固相接也四裔年
表周景王二年釋迦卒或云生於景王五年按釋迦之生傳間
不一即彼教亦不能詳西域記曰自佛涅槃諸部異議或云千
二百年或云千三百餘年或云千五百餘年或云已過九百或
云未滿千年今參稽眾說當以生景王年間者近是自景王至
唐貞觀幾及千二百年而達摩爲迦葉二十八傳弟子以梁普
通三年入中國去景王千有餘載計其時代固略相當也釋迦
嘗問法於阿羅邏告以五大之義謂地水火風空也案地水火
風爲四支行今西土偏用其
說惟回教有七行於五行外以氣爲一行風雲雷電之類是也
靈活爲一行飛潛動走之類是也觀此可知回教西教皆出於
釋教回教兼采儒家之義故不廢五
行而釋氏之稱五大實本於此教也又言阿羅邏在邊地作主

皆見佛本行經佛謂天竺爲中土他國爲邊地此之邊地卽指波斯以釋典證諸西書亦無不合或乃謂佛生於周昭王穆王平王莊王惠王襄王之世或且謂生於殷末皆僧徒夸飾未足爲據漢書西域傳匈奴破大月氏大月氏南王大夏而塞王南君罽賓塞種分散往往爲數國自疏勒以西北休循捐毒之屬皆故塞種顔監注塞音先得反卽所稱釋種也此中國言釋教之最古而可信者餘皆不免附會捐毒與史記之身毒音同而地異史記之身毒乃天竺對音卽今五印度此之捐毒在今布哈爾通典謂摩醯首羅爲胡祆神又以取火呪詛之事繫諸祆祠祆神與火神初非一教惟姚寬以摩醯爲火祆者得之通典所云蓋以祆神爲夷教總名故得通稱耳摩醯與摩酉音近碑又有室女誕聖於大秦判十字以定四方二語故天主

教遂攘以爲證然回教亦有十字交線之說十字本無定在安
知波斯火教不亦有是言耶碑稱大秦乃今土耳其東部之地
當夏商時爲巴庇倫所居即外國地理備考之巴必羅尼亞周
景王九年波斯王居魯士即四裔年表之西魯滅巴庇倫而有
其地火教由是西行波斯既兼巴庇倫屬希臘希臘爲羅馬所
滅地入羅馬羅馬後分爲二東羅馬復見滅於土耳其羅馬在
歐洲爲一統之世即班書之犂靬范書之大秦也桓帝延熹九
年其王安敦遣使自日南徼外獻象牙犀角瑇瑁見後漢書桓帝本紀西域
傳是爲歐洲通中國之始四裔年表之安頓尼奴丕我採路記之安棠尼皆安敦對音表言是時羅
馬有兩王其一名亞利利爾非路爲安敦之副羅馬曾爲民主之國其立兩王無足異東晉孝武帝時羅
馬分東西二國東羅馬即隋唐之拂箖徐松龕謂拂𦏁乃耶路

撒冷對音是也當隋唐時教王威權已盛耶穌墓在耶路撒冷今土耳其屬地故拂箖之名特著因以其名被諸海西之大秦魏晉以下諸史多言天竺波斯大食與大秦相接皆指東羅馬而言證諸西書地望悉合西域記亦言波剌斯西北接拂懔國境壤風俗同波剌斯形貌語言稍有乖異唐史以拂箖為大秦語本不誤後人譏之未明彼中分合之故耳元史愛薛傳愛薛西域弗林人封秦國公卒追封拂林王案弗林拂林皆拂箖之異文所封秦國亦取大秦為名世祖紀至元十年改回回愛薛所立京師醫藥院名廣惠司稱愛薛為回回者蓋拂箖之地唐以後為天方所滅久從回教逮憲宗滅天方而有其地故愛薛入仕中朝是時土耳其尚未興也唐書西域傳高昌國獻狗高六寸長尺能曳馬銜燭云出拂箖此即今之洋狗亦以拂箖為大秦晉書四夷傳太康中大秦王遣使貢獻舊書西域傳貞觀十一年拂箖王波多力遣使獻赤玻璃綠金精等物後屢遣使朝貢探路記貞觀十七年郝林國遣使唐朝郝林即今法國此法人自記其國之事當無虛謬而唐史失載

梁書諸夷傳孫權黃武五年大秦賈人字秦倫來交趾交趾太守吳邈遣送詣權時諸葛恪討丹陽獲黝歙短人倫見之曰大秦希見此人權以男女各十人差吏會稽劉咸送倫咸於道物故倫乃徑還本國大秦拂菻自漢以後貢使屢通宋史乃言歷代未嘗朝貢何耶魏志注引魚豢魏略云大秦道既從海北陸通又循海而南與交趾七郡外夷北方又有水道通益州永昌故永昌出異物前世但知有水道不知有陸道案魏略所云陸道乃由安息之安谷城西行至大秦晉唐貢使當由此路其所云水道即安敦始通之道益州永昌爲今雲南永昌府出騰越徼外地屬緬甸今西人輪船溯大金沙江至緬甸之新街亦稱蠻暮去騰越僅五百里大金沙江上流爲雅魯藏布江至新街會檳榔江又南入海西人謂之伊拉瓦底江黃氏

西輶日記云伊拉瓦底江自刷牟以下分爲無數支派左支流經漾貢南行五十餘里而入海正幹則西南經孖散又稱孖散江其摸兒面乃潞江入海之口案西書多言緬甸地與東印度相接故魏默深謂安治士河會大金沙江入海語雖未確而準以地望固不甚遠緬甸卽唐之驃國唐書南蠻傳驃國西接東天竺今緬之麻爾古與東印度孟加臘接界黃氏謂大金沙江距孟加拉五六千里者乃以海道計之故與諸書不同也探路記言潞江至孟加拉近處通於剛治河孟加拉在東印度剛治或譯作安治士卽佛書所稱恒河潞江出後藏流經緬甸入海與東恒河似無相通之理蓋西人於緬甸安南暹羅南掌諸國皆稱爲遠印度故云然耳 漢魏時緬甸未通中國唐書驃國古爲朱波卽今之緬甸然其海口已通夷貨北賈永昌魏書西域傳亦言大秦水道通永昌孫吳之初復有拂箖商人至交趾蓋自周顯王末年印度爲希臘王亞力山德所取拓地至東恒河自時厥後賈舶流通南洋諸國久與互市履霜堅冰其所由來者漸矣魏略又言大秦常利得中國絲解以爲胡綾是中國之絲見重於西土者已久四裔年表晉太始十年

有人以中國絲攜往西國蓋其先惟知與安息互市於陸路自安敦遣使後乃由海道漸得中華之物產後漢書言安息欲以漢繒綵與大秦交市故遮閡不得自達其言固信而有徵也唐書謂拂菻臣役小國數十其以名通者曰澤散曰驢分東渡海二千里案此爲地中海唐書所紀皆歐洲之俗其云拂菻乃舉羅馬全境言之非僅指其東部也故此云東渡不云西渡至驢分國魏略亦云驢分王屬大秦其地去大秦都二千里從驢分城西之大秦渡海飛橋長二百三十里案飛橋數百里范史亦有是言瀛寰志略謂即他大尼里之海峽乃黑海地中海相通之處春秋時波斯王澤耳士伐希臘嘗造浮橋以渡軍相傳古時有石橋圮廢久矣職方外紀度爾格有一海長四百里廣百里命曰死海其西北有那多里末亞西界歐羅巴處中隔一海寬五里許昔有名王曰失爾塞造一跨海石梁通連兩地度爾格即土耳其死海即黑海失爾塞即澤耳士那多里末亞今爲俄國屬地羅馬或譯作羅汶即驢分之對音魏略所稱驢分即今土耳

其之東部所稱去大秦都二千里卽羅馬之東都在君士但丁城此蓋
專以東部地爲驢分不知大秦之在歐洲其本名亦稱驢分也
然則漢魏時固已知有羅馬幷不獨以犂靬大秦之名通於上
國矣犂靬名見班史疑卽希臘之轉音漢時希臘雖倂入羅馬
而其故名至今尙存魏略言澤散王屬大秦在海中央今
英吉利本畢丹舊地畢丹之音頗近澤散在海中而屬大秦似
亦相合然魏畧又言澤散與安息赤谷城相近安息卽今之波
斯則澤散必非英吉利或其
國在黑海東紅海之中歟
舊唐書大食强盛漸淩諸國遣大
將軍摩栧伐拂菻都城四裔年表貞觀十一年沙蘭生破東羅
馬都城王出奔沙蘭生卽白衣大食之別部其事與舊書正合
唐書西域傳沙蘭東距羅利支北怛滿皆二十日行西卽大食
二十五日行天寶六載入貢封沙蘭王卑路斯威日顚禮王
惟表言貞觀二十年希臘人引中國及土耳其攻取埃及之亞
力山德城此城在周時爲希臘王亞力
山德所取故卽以其名名之核諸唐書初無是事秦
埃

及在阿非利加洲阿洲之國見於唐書者惟磨鄰與老勃薩疑即今老勃薩之摩洛各摩鄰無可考今土耳其東部有摩洛鄰然距阿洲尚遠非唐之摩鄰也通典引杜環經行記曰摩鄰國其人黑其俗獷少米麥無草木馬食乾魚人食鶻莽鶻莽波斯棗也瘴癘特甚其說與唐書同與今西人言阿洲風土亦合西洋朝貢典錄忽魯謨斯天方等國皆有萬年棗一名垜沙布當即鶻莽矣

歷史言西洋諸國者莫詳於魏略自澤散驢分以下凡十餘國皆有道里可稽惟云大秦西有河水赤水黑水西王母流沙之屬為與今不同耳古書若穆天子傳人多疑其荒忽而道里風俗證以今之地望大致皆合巨蒐即禹貢之渠搜河宗之國當在積石左右崑崙邱即葱嶺其下多玉石管子輕重篇崑崙之虛不朝請以璆琳琅玕為幣爾雅言西北之美者有崑崙虛之璆琳琅玕即今和闐葉爾羌是也踰崑崙而西人多膜拜乃西戎之舊俗佛書所云南無即膜字之切音西王母國名見爾雅釋地大戴禮少閒篇尚書大傳竹書紀年淮南墬形訓其人虎齒蓬髮戴勝殊形詭服外夷多有之非異事也其以王母名國者當如唐書東女國西女國之比蓋西人重女子之俗彼時已然賈誼新書修政語篇堯教化及雕題蜀越撫交趾身涉流沙地封獨山西見王母訓

及大夏渠搜北中幽都及狗國與人身鳥面及焦僥其言謬非無據也自秦漢方士蠱惑時君始以西王母爲神仙司馬長卿大人賦言其𩕳然白首戴勝以諷諫而武帝不之悟此猶方士稱倭地爲三神山世主方欲甘心而徐市已爲海外虬髯矣穆天子傳云自宗周至河宗三千四百里自河宗至崑崙邱四千里自崑崙邱至西王母三千三百里又北至曠原千九百里自宗周至西北大曠原萬四千里所言道里亦近翔實史記謂條支有西王母地猶可考非齊諧志怪之比也且古時用玉甚多逸周書武王伐商俘舊玉億有百萬語雖閎誕而成湯伐三艘亦俘寳玉已見書序又如春秋之用玉西漢之用金爲數甚多皆後世所罕見復不用錢幣而用貝貝出南海玉出西域皆非中國所有而古人以爲財賄苟使聲教阻隔安能貨物流通由此觀之三代以前幅員甚廣鄒衍之言九州亦有所本非盡臆測也禹貢言西被於流沙朔南暨則北自冰海南自赤道以下皆聲教所迄之地古時人類未蕃爲禹施功所弗及故禹貢不詳其山川物產耳今流沙橫亙蒙古新疆之間其在中國界外者自葱嶺以西直走阿剌伯入阿非利加洲黑水爲今大金沙江弱水爲今青海史漢又有條支弱水之說則尤遠矣禹貢惟雍梁二州地最遼闊雍之璆琳琅玕梁之狐狸織皮

西極藏衞和闐皆在九州之內若遠及要荒更無論也摩醯首羅蓋爲羅馬教宗而蔓延及於印度故釋典屢稱之天寶之敕謂波斯經教本出大秦實則大秦本出波斯東羅馬舊爲波斯屬地唐初波斯滅於大食已改從回教而來唐傳教之阿羅本乃東羅馬人因遂據爲己有目阿羅訶創教在周靈王時摩西遠在其前碑不應轉以爲阿羅訶之分身若即以彌施訶爲耶穌則對音不合至室女誕聖謬託神靈西俗男女無別此無足異摩醯首羅之誕生當亦與耶穌同未可據爲天主教之證七時禮讚七日一薦外夷之教類然尤不得據爲天主教之證也摩西教今謂之猶太教或譯作由斯地理備考謂之人德亞古教即如德亞也如德亞今隸土耳其乃耶穌誕生之地本猶太人所居其種人稱以色列作希或譯

（伯來）初屬巴庇倫繼屬波斯屬埃及屬西里亞後屬羅馬卒爲所滅猶太種人散之四方今在俄地者尤多俄人以異教之故頗虐待之（俄每遞奇四編俄國有猶太教人二百六十一二萬佛教火教人共二十五六萬法國猶太教人四萬九千四百有奇教長皆給以俸）其教行割禮而不食豕肉與回教同蓋此本摩西以前舊俗故摩西用之亞剌伯曾奉猶太教（見萬國史記）故摩哈默德亦用之回教出於天主天主出於猶太而新教既興必欲盡滅舊教黨同伐異殺人如麻斯所以爲夷俗耳天方典禮言凡我中域不容歐若堂不容視虎院歐若堂即天主教視虎院即猶太教俗謂之挑筋教因行割禮故得此名又云所宰殺爲穢物者勿食歐若巴人視虎地人明以主名宰者可食若以耶穌之名或毋撒之名宰者勿食歐若巴即歐羅巴毋撒即摩西（詳見

後海國圖志引華事夷言云中國有由斯教其人甚少只散在鄉間單身修煉地理全志謂挑筋教今河南開封府有之亦未知其何時入中國也摩西成舊約全書四裔年表繫諸商太戊二十三年西人紀載多以爲在耶穌紀元前一千四百九十年則後於太戊百餘年未知孰是瀛寰志略謂在沃丁時或當周又謂在夏后不降時皆誤赧王時埃及國王曾以希臘語譯舊約秦始皇時馬其頓人將舊約譯成希利尼文字希利尼即希臘馬其頓爲希臘十二邦之一周平王末年猶太王哈昔開埃重興耶和華教是其教在商時尚未甚顯至周秦間而大行耶和華者猶太所奉之神彼以上帝稱之猶西頓人之以亞大綠爲上帝耶路巴力人之以巴力比耳爲上帝也均見舊約夫天一而已何上帝如是之紛紛蓋各奉一神卽各自以

爲上帝矯誣上天以布命於下必如是而始便其私計耳佛說
雜寶藏經波羅柰國有梵志在山中住大小便利於石上精氣
隨出雌鹿來吮卽便有身生一女子端正殊妙惟腳似鹿梵志
取之一切經音義梵志譯言淨裔云是梵天之苗裔也養育長
成梵志事火使火不絕此女宿火小不用意使令火滅有餘梵
志離此住處此女往彼乞火案鹿女後爲國王小夫人生千子
卽賢劫千佛小夫人擠乳五百道墮千子口中法顯佛國記曾
及其事酈注水經亦引之佛以鹿女爲前生之母荒誕無稽而
梵志事火則固西土之舊俗也賢愚因緣經優婆鞠提品云梵
志或事日月翹腳向之或復事火朝夕然之此皆波斯火教西
域記摩揭陀國伽耶山東南有二窣堵波則伽耶迦葉波捺提

迦葉波事火之處茂羅三部盧國天祠八所異道雜居有日天祠莊嚴甚麗其日天象鑄以黃金飾以奇寶女樂迎奏明炬繼日鞨若鞠提國有日天祠祠南不遠有大自在天祠各有千戶供其灑埽鼓樂絃歌不舍晝夜伊爛拏鉢伐多國有長者家祠日天每晨朝時東向以拜海國圖志引每月統紀傳云亞剌伯古時崇太陽星辰以爲神西書言周宣王三年巴庇倫王尼希甲尼撒重修巴庇倫城宏敞壯觀南懷仁坤輿圖說宇內七大宏工有巴必鸞城即此城也中有太陽神廟甚高祭司以爲觀象臺又云斐尼西亞人即腓尼基在地中海旁敬拜太陽神名摩洛造大像內生烈火將嬰兒置之像懷烙死以爲免神之震怒摩洛或作密君舊約亦言毋焚爾子女以獻摩洛又云羅馬城內有一廟以古銅造成名扎努廟即瀛寰志略之猶納廟乃太陽神廟

也國有軍事則開廟門軍罷則閉羅馬常有軍旅八百年間只閉廟門三次諸利安（或譯作玉來安）爲西羅馬帝惡耶穌教徒喜古時拜神之禮用牛百隻在太陽神前獻祭西里亞（今土耳其屬地）有巴西阿努者曾爲祭司後爲東羅馬王創修太陽神廟自稱伊拉嘎魯（譯即成神之意）又云皮魯國（即秘魯在南亞墨利加洲明末爲西班牙所併改從天主教至道光初年始自立國）有太陽神廟極華麗皮魯人自言開國首君由太陽而來爲太陽之子又云耶穌前五十年羅馬興師攻畢丹（今英吉利地）畢丹人敬拜諸神其守寺院者曰度以（譯即法術之意）有法術歲令衆人盡滅其家之火盛設供獻以授主持然後得取聖火（英國志謂之德雷的斯教）教士分三等獄訟悉自主持殺人以祭破腹觀其臟腑以覘神之喜怒當羅馬征英時思滅此教有教士詛敵設大火聚聲言執羅馬人盡投於火又謂德雷的斯之祭壇今遺迹猶存蓋其俗與野番略同西土古時多信術士自謂前知復多邪術如紅

教喇嘛之所爲摩西之上山火發耶穌之驅鬼治病皆其類也班史言犂靬有幻人范史注引魏略言大秦俗多奇幻口中出火自縛自解通典言犂靬幻人能額上爲炎燼口中作江湖據舉足而珠玉自墮開口則旛眊亂出其俗固自昔爲然矣

諸書所言火教之傳甚廣耶穌未興以前歐洲大率皆從之民非水火不生活古之火正或食於心或食於咮中國未嘗不有此俗日爲陽精敬拜太陽禮亦宜之至造爲種種怪誕之說民乃翕然信奉而不疑是則西土古時之民亦甚易愚耳四裔年表虞舜四十三年波斯禁民拜日其事之有無不可知然足見西人敬火之風由來已久惡習相沿遂有殺人以爲供者瑣羅阿乃因其舊俗而立教以化導之斯所以爲波斯之聖歟四裔年表周敬王四十四年西地人攻波斯之白得利拜火教師死之西書言東晉末年天主教徒在波斯滅一拜火之廟王召教

師命之重建不從王怒盡滅天主教萬國史記唐貞觀十八年亞剌伯大教師爲波斯火教徒所刺死案此卽阿馬被刺之事已見前蓋是時天方勃興波斯爲所吞併強易其教法故拜火教徒憤而刺之厥後卒改從回教唐會要龍朔中波斯王卑路斯奏頻被大食侵擾請兵救援後使裴行儉將兵送卑路斯還國以路遠至安西碎葉城而還景龍中其國遂滅西部衆猶存然波斯之教雖改而火教至今未滅瀛寰志略乾竺特在回疆之南孟買在西印度二部仍有拜火之俗西書言火教爲回教徒陷害時多徙於孟買惡未與有太陽火神古殿海國圖志引每月統紀傳麥西國卽埃及有旁教或拜日或拜火地球圖說白耳西亞國卽波斯之對音有拜火之教名曰太陽教外國史

略自西亞國喜拜太陽火焰列國歲計政要波斯以希阿教爲宗即比阿蘧回教有猶太拜日兩教人柬縛之使不自由西人名火教爲巴西教巴西亦波斯對音與南亞墨利加洲之巴西名同而地異朔方備乘俄羅斯是爾彎部即外國史略之治耳文城在裏海西本波斯地有火田石漿溢滿地常熱灼波斯之敬火者皆來朝拜外國地理備考亞美里加洲及厄羅斯國即俄國之西卑里亞即與我新疆蒙古接界之地阿非利加洲之亞比西尼亞國在西紅海旁今洋船東來必經其地瀛寰志略謂即元之馬八兒魏默深以馬八兒爲麥西即埃及核諸元史皆無確證然元史之密昔爾即麥西對音與馬八兒自是兩地魏說恐非今其國所奉之教參合猶太耶穌兩教並奉耶穌之母

馬利亞皆有從大秦教者則不獨火教尚存并大秦之名亦未改也且備考於大秦特稱古教凡書大秦教諸部或有用公教者或有用修教者皆別自言之備考爲西人所著而大秦之不同於天主自有明徵乃坤輿圖說諸書牽合爲一以張洋教之說此碑崇禎間始出土錢竹汀景教考謂萬厤間出土此從來齋金石考關中金石記云碑在西安府崇聖寺南懷仁輩何從知之蓋中土文士如徐光啟李之藻者流爲之潤色徐李等皆彼教中人亦無足深責耳徐文定從洋教見文秉烈皇小識及利瑪竇幾何原本序蓋彼時非入其教不能得其厤算之學也

案公教即羅馬天主教亦曰加特力教爲耶穌大弟子比得所傳或譯作比愛即職方外紀之伯多祿二百年間傳二十世其十九人皆見殺晉

明帝時羅馬王甘站丁乃弛其禁康帝時各教士會議凡教事皆受命於教王自是勢遂張唐宋以來威權日盛至路得創新教後而漸衰近日則益替矣今法蘭西諸國奉之修教即耶穌新教亦曰波羅特士頓教譯即抗拒辨論之義起於明武宗時其中又分路得東盈黎甲爾文三派甲爾文即地理備考之加爾威諾今英吉利諸國奉之此外尚有希臘教亦曰厄肋西教希臘種人稱厄肋西即希利尼之對音或譯作額力西爲耶穌私淑弟子保羅所傳或譯作巴爾即職方外紀之寶祿今俄羅斯諸國奉之修教乃後出者以改正羅馬教爲名故百餘年間爲教王焚斃者甚衆路得之先四百餘年有瓦敦士會亦斥羅馬教後又別爲老拉會教王立苛察會以禁之被殺者亦衆其先惟比得保羅二派二派之徒積不相能至唐懿宗時東羅馬遂別爲厄肋西教耶穌之有二人猶宗喀巴之有達賴

班禪也耶穌未出之前希臘已有瑣格底彼都即西學考略之布拉多諸人開其先聲他如猶太之撒士該會希律會衣士尼會迦來底會皆本摩西舊約而小變之以自異於衆迨耶穌與後教會尤多其所爭辨皆極可笑夷俗之陋固無足異也至希臘舊時本奉神教其說以爲混沌初分生一神曰太灘後有一神曰猶皮特與太灘戰而獲勝遂立天王位於歐林普山掌地上事有普魯透神掌陰間事有尼皮圖神掌水中事有阿臭羅神能預定未來事國中有四大祭其二四年一舉其二二年一舉希臘舊分十二邦有急事則羣集法勒斐廟禱阿臭羅神萬國史記之墨爾克利即法勒斐對音蓋誤以廟名爲神名教中大旨謂人生自始至終有神同在感動人之心志約束人之行爲死後按善惡獲報極善者至以利西

恩島受快樂極惡者至他他魯受苦難常人則至非明非暗之地如在夢中按其教法與張魯之祀三官略同天堂地獄之說則又爲釋回耶穌諸教所襲用（當猶太屬西里亞時將耶路撒冷城中耶和華廟改爲猶皮特廟勒令百姓以豕肉祀神蓋西里亞未從火教以前其所奉神教與希臘同）希臘自漢景帝時爲羅馬所滅羅馬初奉神教傳自希臘後乃改從天主至周世宗時俄王后哦噶親至君士但丁城受厄肋西教而其子弗從宋端拱元年俄王弗拉得莫爾欲革舊俗從洋教（舊俗祀武神名比魯尼大有戰事則以人爲牲禱之）又不屑至希臘受洗禮遂興師攻東羅馬之格兒生城半載弗克將去之而教徒爲內應城遂陷并脅娶羅馬王妹受洗而歸至明萬麻間始自立教長（案俄以其王爲總教長與同俗同與西俗異）蓋是時東羅馬已爲土耳其所滅故也（俄史輯譯萬國史記參各西書）俄與希臘同

教故希臘雖久屬土耳其而近時藉西人之力得復立國俄屢藉口於此以攻土耳其一以同教之故一欲多樹土耳其之敵以披其勢耳今自葱嶺以西至地中海有浩罕布哈爾機窪印度阿富汗波斯阿剌伯土耳其諸回部印度本數十國見於佛國記西域記者甚詳今十九為英所併浩罕布哈爾機窪亦為俄所併隋唐之時土耳其未興地屬拂菻阿剌伯方盛兼併波斯而中國兵力遠及葱嶺以西故摩尼自天方來即阿剌伯祆神自印度來大秦自拂菻來三者皆非天主教唐以後天主轉盛而火教神教並微差足與之頡頏者惟摩尼回教耳天主出於摩西實則本諸釋氏天堂地獄固摭釋氏之唾餘釋氏亦有所本天堂生於人心亦釋氏明心之淺說其十誡所云我外無

神者卽釋氏惟我獨尊之旨釋迦生時行七步而自言曰天上地下惟我獨尊耶穌死後見形告門徒曰天上地下一切之權盡以予我其沿襲之迹尤顯然釋氏第託諸空談耶穌乃見諸實事遂以禁拜偶像爲教中大節目而祖宗父母且有所不恤焉尊心之弊乃至於斯亦釋氏所不及料也摩西耶穌同以上帝惑人摩西自稱上帝之僕耶穌則稱上帝之子遂不認其父母事見新約兼愛無父豈虛語哉考但支人始拜偶像適在摩西創教之時見四裔年表摩西安能預爲禁絕萬國史記謂羅馬拜衆像神而東羅馬王阿勒第三及其子深惡之以爲回人侵掠諸國皆教徒拜像之惡風所致是其始禁猶未甚嚴也後乃一切絕之蓋釋氏像設最盛耶穌旣陰用釋教之旨而於此獨設爲厲

禁以滅其迹并以是言託諸摩西可謂作僞心勞矣歐洲政教傳自希臘希臘本諸埃及埃及本諸印度當周末時埃及佛教盛行今猶奉佛見每月統紀傳蓋回釋二教並用也外國史略埃及民工藝術奉僧如神周顯王時白西國來攻毁佛菩薩像希臘王隨之遂降全國自西即波斯對音而希臘與波斯尚奉火教自亞力山德兼并埃及才俊並興比多里爾士等遂爲西方藝事之祖其先立國雖久榛狉未啟亞力山德既取埃及復攻印度東方之化漸被歐洲是時釋教當已西行故耶穌多襲其說而西人則諱莫如深也十誡之後六誡與釋氏五戒同回教又本耶穌而小變其說天方典禮阿丹傳施師師傳努海海傳依卜剌欣欣傳易司馬儀儀傳母撒撒傳達五德德傳爾撒爾撒去世六百餘年而後摩哈默德生俞氏癸巳存稿夏氏中西紀事皆謂爾撒

即耶穌是也

俞理初引回回幹爾塞經云爾撒亦阿丹之後立教敬天爲主傳徒繁盛戰勝攻克或通其妻訊求異術爾撒告妻畏人縛髮妻於是夜暗繫其髮仇至遭擒便被殺害其徒憤恨天不垂佑乃奉天主不復事天案耶穌爲其門徒與妻所賣然情節略殊又無戰勝攻克之事惟西書言參孫縛髮事與此同而遠在耶穌之前亦非立教敬天之人蓋回教故爲此錯互之詞以掩其剽襲西教之迹耳

天方典禮所稱阿丹即創世記之亞當依卜剌欣即創世記之亞伯拉罕母撒即摩西明史西域傳天方有禮拜寺分四方每方九十間堂左有司馬儀墓其國稱爲聖人案司馬儀疑即創世記之約瑟又阿剌伯初本埃及之屬部也阿丹之后好娃氏即創世記之夏娃其避洪水之挪亞或作諾威即天方典禮之努海亦稱挪娃譯音小異耳近有謂亞當二字譯即軒轅乃指黃帝者恐未足信回教最重眞主即洋教之天主故七日禮拜二教相同回教禮拜之期在耶穌教後五日摩哈默德之制度半皆本於摩西禮祀篇民常篇文亦全摹舊約至其以五功治耳目口鼻身即釋氏六賊六塵之說也不言意

者以眞宰篇已詳言之也其言眞宰猶釋氏之明心見性其教人念摩哈默德猶釋氏之教人念佛也其始同同出一源後乃以爭教之故互相殘殺十字軍之役伏尸百萬流血千里所爲救世者何在大抵我外無神一語誤之耳然釋氏慈悲耶穌救世之說其源出於墨氏墨與楊雖異趣要皆老氏之支流餘裔也老氏之學一曰慈二曰儉墨氏以之三曰不敢爲天下先楊氏以之墨氏兼愛節用節葬皆慈儉之旨其服役者百八十人可使赴火蹈刃見淮南泰族訓所謂慈故能勇也老氏言以道佐人主者不以兵強天下墨氏非攻之旨也人多技巧奇物滋起墨氏經說之旨也經上經下篇蓋古疇人之遺說考工之祕記墨氏獨精其術乃取以入其書如管子之有弟子職呂覽之有月令皆非其所自著故有經說上下篇以釋之畢校本謂墨氏自著因稱爲經非也老氏欲棄義而

墨氏有貴義之篇老氏欲絕巧而墨氏有公輸之篇老氏欲不尙賢而墨氏有尙賢之篇其立言雖異其用意則同所謂正言若反也韓非解老篇言此甚明後人自誤會耳文子道德篇述老氏之說曰君子無德則下怨無仁則下爭無義則下暴無禮則下亂四經不立謂之無道此則老氏之正言也胡應麟少室山房筆叢云柳河東謂文子乃後人聚斂而成蓋書本秦漢人撰而六朝唐人如李暹徐靈府等皆稍益之雜取經子諸家語以解道德經其稱老子皆假借之詞案胡氏所言近是然其解老子之意則不誤義不可棄賢不可不尙三尺童子知之豈老氏而不知彼惟爲是矯激之言欲以高出世儒之上而不復計及流弊之深故聰穎如楊莊者流喜其說之新奇遞相推衍益加縱恣列子書中多楊氏遺說唐以前往往儒墨並稱其說始於莊子並儒於墨乃外之之詞非眞能尊儒也莊生非不識儒書之要義惟其能識之而復姍侮之斯所以爲異端彼蓋自處於智而笑儒者之悲天憫人爲甚愚於一世之人無所不狎侮以抒其憤懣不平之氣其情可悲其學可惜而其言則可誅者也漁父盜跖諸篇後人曲爲解釋不知史公早著之於本傳矣

墨氏獨知其然而出以莊論宜若無惡於天下顧又好選偏見以兼愛爲宗則害尤烈矣釋氏用墨之兼愛以治外用楊之爲我以治內老氏後之分派者釋氏獨能合之故魏晉以來道家混於方士失其本眞而釋氏之言則往往與老相合佛法初入中國亦但言禍福報應蓋愚民無不畏死者王公貴人尤無不貪生者僧徒故以此惑之異端之得行其教大率由此報應之說有時而窮乃爲三世因果之遁辭移甲就乙桃僵李代回與天主知其說之難通遂一切歸諸天堂地獄使人無可究詰則用意尤狡矣佛學不外禪與教二端教出阿難禪出迦葉其行於中土者教有瑜伽南山天台賢首慈恩五宗禪亦有臨濟溈仰雲門法眼曹洞五宗瑜伽南山溈仰雲門皆早亡法眼自延壽後傳入高麗元明以來佛法久衰近則教惟稱天台禪惟稱臨濟彼亦各迷其本宗矣教先行於北禪先行於南皆盛於唐以後而禪尤盛一花五葉頓漸既分南宗之徒遂遍天下楞嚴圓覺諸經多爲唐人所譯其以老莊之義攙入釋氏固或有之要之老固開釋之先聲非盡由文人緣飾其緣飾者特六朝之義學耳佛書莫古於四十二章經言心學者甚多其云淨心守志可會至道譬如磨鏡垢去明來卽菩提明鏡時勤拂拭之義也其云吾

法念無念念行無行行言無言言修無修修卽言語道絕心思路斷之義也掃去一切專寂守虛正是老氏見解二家宗旨本自相通故范書西域傳以釋氏爲道家之流唐書西域傳言天竺王尸鳩摩遣使請老子像亦足見緇流之於玄學固自有深契矣道家旣爲方士所篡末師競勝遂相呰謷造爲老子化胡經以詆釋氏荒誕無稽然范書襄楷傳魏志注引魏略南史顧歡傳隋書西域傳皆著其說當襄楷時五斗米道未興而已有是言流傳頗古亦以二家教旨本同故爲此狡獪耳漢藝文志道家出於史官墨家出於清廟之守古者太史小史兼掌祠祀老明本爲柱下史墨氏亦學於史角見呂氏春秋當染篇史角事亦見竹書紀年此墨學兼出史官之明證而淮南要略訓復謂墨氏學儒者之業受孔子之術案墨書有子夏之徒問於子墨子云云見耕柱篇其初受儒業當亦有之第欲兼攬儒家道家之旨知吾儒之言仁而不知其所以仁遂煦煦焉以兼愛爲仁知老氏之言儉而不知其所以儉遂斤斤焉以節葬爲儉欲自託於古聖王不知

其適以充塞仁義也汪容甫疑老氏非老聃聃惟深於禮而厭末世文勝故矯言棄禮此立說過高之弊耳聃以謙退卑讓爲宗謙退卑讓者禮之精意豈果不知禮哉史遷作老聃傳疑聃即太史儋又疑即老萊子儋乃陰陽家言未足盡老氏之蘊漢藝文志別有老萊子十六篇其非一人可知容甫乃謂關尹子見於列子列子與鄭子陽同時然則劉中壘以列子爲鄭繆公時人又將何說況史遷明言老氏修道養壽二百餘歲其可以是爲疑耶史談宗黃老史遷宗儒術雖各視乎時君之好尚然遷書尊儒獨至故於老子傳歷著疑詞而獨詳其里居世系夫老氏既莫知所終姓氏且不可深考復何里居世系之可言此皆故爲惝恍之辭以著時君好尚之謬微而顯婉而成章良史

故應如是容甫所疑抑何膠柱之甚耶周秦諸子引黃帝書者甚多大抵老氏之徒所附益遷著本紀曾無一語及之且斥爲言不雅馴其微旨可見老氏之學主於事天治人非莊列寓言之比天不言而歲功成因以無爲立說故曰天法道道法自然其所謂道道其所道亦猶釋氏之言心耶穌之言靈性西人名爲耳亞尼瑪老氏之言曰有物混成先天地生寂兮寥兮獨立而不改周行而不殆可以爲天下母吾不知其名字之曰道釋氏之徒亦曰有物先天地無形獨寂寥能爲萬象主不逐四時凋此釋氏心學出於老氏之顯證獨立不改爲天下母卽釋氏一心起滅天地之意而西教淺俚遂衍爲耶和華造天地之寱語創世記亦卽耶穌教徒所增飾非必出於摩西觀回教之臆造耶穌事實可見也改頭換面變幻紛紜實則道德五千言已盡括異端宗旨矣程子言吾儒本天釋氏

本心豈獨釋氏爲然凡異端之學無不本心者信心太堅則凡先王之典章制度不難一切掃滅之必出於師心自用而後快與吾儒之篤信謹守好古敏求正如冰炭鑿枘之不相入而充其量雖天地亦爲吾心所造悍然居之而不疑名爲敬天實則褻天怪說所由紛起也墨子貴義篇謂以其言非吾言者猶以卵投石盡天下之卵石不可毀蓋亦自信甚堅而不肯虛心觀理者三代政教未分禮樂明備異端之說不能行於中土乃流衍於外夷釋氏心學幾欲亂吾儒之眞釋迦能之耶穌不能也其說愈變而愈粗其心愈變而愈狠回與天主皆以堅忍立教亦老墨二氏之緒餘墨氏言藝則精言道則粗正與今之西教相類其書自論兵論藝而外無甚深邃之談尙同兼愛諸篇乃其宗旨所在說甚粗淺他更無論矣乃能風行一時者直以愛人如己足矯末

流自私自利之失而所傳兵法藝事又皆足應當世富強之用故士之務時者翕然趨之莊周稱墨氏爲才士信不虛也然拔巧之弊貽禍無窮已早爲老氏所深斥矣彼教所稱十誡未必果出於摩西蓋耶穌欲倡新說以此託諸上古名人爲蠱惑愚民之計摩西固自有書要非如舊約之所云也舊約紀載古事怪誕不經餘皆西人所行之律法而必以諄諄然命之者故示神奇造作語言蓄謀叵測耶穌作俑於前摩哈默德效其故智遂以竊國特張角張魯之流亞耳（摩西上西奈山受帝命而作）誡又藏在金匱千年至耶穌始以其說示人此作僞之九顯者創世記言挪亞避洪水之事明是剽竊中國載籍爲之十誡之剽佛書意亦猶是（地球圖說眞神始以土塵造人名亞當卽竊摶土爲人之說）其他法制古

事言之綦詳摩西在草昧時著書安得如是之全備其爲贋鼎不問可知近有謂西奈二字譯卽秦字拉丁語稱中國曰西奈佛書稱中國曰支那那奈本一聲之轉西教源出中土此尤可見魏志裴注引魏略曰大秦人長大平正似中國人而胡服自云本中國之别蓋彼時猶未諱言出於中國也英軺日記言希臘人裘裋大袢甚似中國當猶是古制之遺西人藝事多本算術而算術之興遠在中國千餘年後西麻創於羅馬國王羅馬歷以三百零四日爲一歲時在周平王八年至四十五年篤麻王始改爲三百六十五日四分日之一與後漢四分術同此據地理備考萬國史記復云羅馬人先以十月爲一年至努馬本比畱王始改十二月爲一年按其時已在周惠王年至尼色達閒至考王十四年默冬定憲亦從四分術見疇人傳始明地球繞日多祿某始明七政諸輪要與歐几里得之幾何

原本皆爲後人附益非其初遂能如是也地球繞日之理自明中葉歌白尼始闡明之謂本於尼色達者特附會古義以伸其說耳西人言周襄王時畢他固拉遊歷亞洲得聞釋家之論歸而設教禁人食肉復創地球繞日之說畢他固拉卽尼色達之對音案釋氏至達摩僅二十九傳安得襄王時已與釋教且與四裔年表自相牴牾疑畢他固拉非襄王時人也

偉烈氏序幾何原本曰幾何之學不知託始何國或云埃及或云巴庇倫博攷之士稱其造自天竺迄無定論復序算學啓蒙曰古時算學希臘最盛周之時閉他卧拉卽畢他固拉歐几里得亞奇默德卽默冬漢之時多祿某丟番都皆傳希臘之學然猶未明以十而進定位之理也此方算術至唐中衰獨印度自古在昔已審乎十進之理無平不晐自時厥後阿剌伯諸國盛行其術蓋阿剌伯得於印度而歐羅巴人復得之亞剌伯者也彼其自言如此孰謂西厤不本於回回回回不本於九

執乎（明史麻志正德間漏刻博士朱裕請令回回科驗西域九執麻法）十進之理尙淺四分之術甚疏彼猶未之能悟孰謂本均諸輪盡創於多祿某日靜地動果倡於尼色達乎（西人筆算本於天竺阮文達疇人傳論已詳之萬國史記法蘭西王沙立曼在位時阿刺伯王贈以時辰儀歐洲人始見是物莫不讚嘆其事在唐順宗時正可與偉列氏之說相證明）外國地理備考云自羅馬西都陷於夷狄風俗鄙陋獨東都未遭傾覆文字尙存一二數百年後其地復爲市埠天竺之珍奇貨物巧妙工作多往聚售歐洲復習文學考其時已在唐末宋初亦以印度爲開化之祖也至如借根算法出於立天元一制造火藥得於撒馬兒罕希密化學本於方士煉丹羅盤行海起於元成宗時（電學圖說東晉時中國用指南針航海初至印度傳其法後由印度傳至歐洲）鏤板印書始於明正統間（法國人姑布約翰始用聚珍板後易銅板）西人藝事之資於中國者多矣大凡文

字之傳以目治者難而可久以耳治者易而輒變中國文字孳乳寖生形聲兼備然三代時猶多耳治故同聲通假之字最多春秋吳越人名地名三傳殊異猶今之譯語不同也公羊傳云地物從中國邑人名從主人今繙譯法猶如此古人簡策繁重口耳相授久則易湮文獻難徵半由於此外國自古逮今無不以耳治者其法易以行遠難以傳久歐洲開闢在後又經北狄之亂舊聞不盡可稽而其人往往喜言古制揣摩影響言人人殊反不若見於中國史籍者之可據歐洲政俗自范史以下章章可考西人所言亦無大異獨其藝事之溯源於古者多由臆測即以近事徵之如德律風之傳語見於汪灝隨　鑾紀　恩查愼行人海記記謂之順風耳又金鷄勒霜可以治瘧亦見人海記當　國初時西人早

造以進 呈而彼反遂所自始近且如此何論遠代西人於希臘羅馬古文童而習之一以爲文藝所從出一以爲政治所從出此如中國之史學欲以通知古事練習詞章若古之技藝與今固不甚同彼所云實學者大抵起於近數百年耳中國政教由合而之分西國政教由分而之合當希臘羅馬盛時所奉火教神教不過如番人之信鬼禱求禍福於其政治無與自耶穌出而欲帝制自爲身膺重戮教王既立遂于各國政權妄自尊大以愚其民文學因之日絀迨元以後漸被東方之化路得始創新教諸國從之者寖多蓋以政權還之於上其上固無不樂從其民亦各思自奮西人稱近數百年爲文明之世就彼地觀之固亦有然然中國自周以後政教分而治遂衰西國自明以

來政教分而治反進則其教之無益於民亦可見矣如路得者未始非彼中豪傑之士而唯之與阿相去幾何惜乎未聞吾聖人之大道去人倫尙夸詐囿於習俗而不克自振拔也西俗於君臣父子夫婦兄弟一以朋友之道行之凡所謂父子主恩君臣主敬長幼有序夫婦有別者彼皆未之前聞而復以利爲重利盡則交絕父子夫婦邈若途人更何有於朋友禮制雖繁虛文相尙名雖兼愛實則爲我故人人各保權利之說近日愈倡愈行弱者肆其譸張强者奮其牙角幸而未底於亡者各國皆自爲世仇人懷好勝之念互相猜忌而猝莫敢先發百至其政治之可取者莫善於興學校通下情省刑罰然刑罰太寬下情太鬯亦復利害相半學校今盛於昔固爲振起人才之本若下

情之通不一端鄉官議院二事其大要也鄉官惟封建乃能行之西國猶多封建之遺故其法可持而不敝其他政令亦多有因此而類及者若選舉兵制之類皆是也日本去封建之世未遠故事亦易行即如英美賦稅之繁苛甲於天下商賈亦多偷漏見環遊地球新錄而稅司罕聞中飽由其鄉舉里選之法行議員皆由公舉恐爲公議所不容將自絕於仕途也然美國造鐵路而議院各員受賄同治十年事德國掌鐵路者以墨敗事連其宰相互合納爾同治十一年事皆見西報人心日壞淸議亦窮天下安有歷久不敝之法哉西國議院之制肇於昂飛的安在商中葉見地理備考成於梭倫行之至今亦多有名無實而歷代黨禍每由此起其尤甚者如英王査爾斯爲叛黨所弑至聲王罪而肆諸市朝振古所未聞也事詳英志後漢書西域傳大秦有三十六

將會議國事其王無有常人簡立賢者此卽議院與民主之制然大秦由君主而易民主周敬王十四年事自屋大維踐位後卽四裔年表之該撒阿台非乎此漢建始四年事仍爲君主者千有餘年足見共和之治非可垂諸久遠近時法人置君如奕棋民氣愈囂國勢遂弱尤其明證西國如意大利爲教王所駐之地而盜賊最多法郎西爲文學久著之邦而風俗最靡獨德與俄在西土中猶爲儉樸勢乃勃興覘國者可思其故矣至其教入中國之始據西人所撰東游紀略云有波羅馬哥者於宋末元初遍遊燕京蘇杭閩滇曾知揚州行中書省事至元二十五年教王遣約翰來華勸元帝崇奉西教元帝不從而立教堂於京師入教者約六千人教王復遣安得烈爲之輔後爲景教人所嫉幾被戕約翰死於至順

三年嗣之傳教者名尼哥拉其言夸誕類黠夷所僞爲而書中屢稱景教幷云杭州有一景教堂可知景教之非天主彼固分別甚明也外國地理備考謂歐洲自與土耳其戰後遂與蒙古達爾哥斯丹各王結約以拒土耳其宋理宗淳祐六年有數教徒賫教會函往投蒙古國主嗣後往蒙古印度者益多然則馬哥之來中國容亦有之當趙宋中葉回族勢方強盛歐人以爭教故血戰百年十字軍屢出而無如何乃思結蒙古以掣其後正與宋之約元圖金事同一轍憲宗於是命旭烈兀等出師盡平葱嶺以西諸回部極其兵力所至足以囊括歐洲乃渡地中海後僅收富浪一國而還元史言富浪算灘出降算灘乃回教國王之稱元明諸史譯音互殊多不勝舉今譯作蘇爾旦即算

灘對音富浪當是地中海旁小國或謂即法郎西然法非回教之國也當元太祖時已取布哈爾及北中兩印度逮憲宗之世遂盡取地中海以東各國詳見元史本紀旭烈兀郭侃諸傳及蒙古源流元親征錄劉郁西使記據元史及西書所言是時歐洲北部亦盡爲蒙古所制而兵不逾日耳曼奥地利亞者以與教王先有成約不得不留此方隅之地俾西人偷息其間不謂西土文明反因是而漸啟元人所得中國技藝盡流傳於外夷明代以來中國方閉關自治而彼乃講求貿易因貿易而漸肆并吞南洋諸島蠶食殆盡遂以中華之技藝反毒中華天時人事相逆而輒發又豈元人所及料哉世猶有謂通商傳教無與於兼并大計者盍即西南洋之已事而一觀之明史外國傳元

木拂箖人揑古倫入市中國元亡不能歸太祖聞之以洪武四年八月召見命賚詔書還諭其王已而復命使臣普剌等賚勑書綵幣招諭乃遣使入貢蓋東羅馬時尚未亡景泰四年始爲土耳其所滅故其國仍稱拂箖觀此可知明初詔使已抵地中海視鄭和等之下西洋行程更遠矣

讀漢書藝文志　評曰九流之學皆有微言存焉班氏之次於六藝者以此周秦諸子書精理名言紬繹不盡故其言足以惑人惟縱橫家理不足乃多爲傾險之辭然亦未嘗不明於事勢墨家則尤言之成理者周末漢初至以孔墨並稱信乎孟子之功不在禹下也近儒表章墨子至謂親士修身二篇與曾子相表裏曾子與墨子所學絕殊姑不具論乃至今卒有西教之患

殆亦機之先兆者耶

又評曰劉中壘父子成七略一書爲後世校讎之祖班志擷其精要以著於篇後惟鄭漁仲章實齋能窺斯旨商搉學術洞澈源流不獨九流諸子各有精義即詞賦方技亦復小道可觀目錄校讎之學所以可貴非專以審訂文字異同爲校讎也而國朝諸儒則於此獨有偏勝其風盛於乾嘉以後其最精者若高郵王氏父子之於經子者經之緒餘周秦諸子文字訓詁又多與經相出入故王氏並治之其訂國策史漢亦用此例嘉定錢氏兄弟之於史皆淩跨前人竹汀史學絕精即偶有疏誤視西莊輩固遠勝之第此爲讀史之始事史之大端不盡於此也通典通鑑其庶幾乎王文肅文簡之治經亦然其精審無匹視

盧召弓輩亦遠勝之顧往往據類書以改本書則通人之蔽若北堂書鈔太平御覽之類世無善本又其書初非爲經訓而作事出衆手其來歷已不可恃而以改數千年諸儒斷斷考定之本不亦傎乎如胡朏明據初學記引鄭注以定禹貢之三江乾嘉諸儒以其說出於鄭君也翕然從之不知初學記乃誤引與孔疏所引鄭注迥不相侔鄭孔本無異而轉借此以攻孔傳則惑矣何顧船禹貢鄭氏略例謂初學記與孔疏所引者語似相左義實相成恐是迴護鄭注之說顧船撰有三江古義惜已佚一鐙精舍稿中有目無書未知其說若何也然王氏猶必據有數證而後敢改不失慎重之意若徒求異前人單文孤證務爲穿鑿則經學之蠹矣前人說有未盡者或引申或補義豈可力

求新異以誤後人經者常也新異者莊列寓言齊諧志怪之旨非經旨也大抵爲此學者於己甚勞而爲人則甚忠竭畢生之精力皆以供後人之取攜爲惠大矣故此學終古不廢亦不可不從事其間第以此爲登峰造極之事遽欲傚宋元明儒者則所見甚陋漢學家訶佛罵祖不但離文與行而二之直欲離經與道而二之斯其所以爲蔽若舍其短而專取其長庸非三代小學之遺法乎周官保氏以五禮六樂五射五馭六書九數教國子此古人小學之法禮樂所用者大故孔子屢以爲教而射馭書數罕聞焉降及漢世樂經失傳禮經殘缺射馭久廢九數雖存自張蒼許商諸人而外亦非人人可以通曉又其學與天文相出入故班志別爲門類惟六書傳授未絕學僮皆所諷誦

列為小學乃古人小學之一體非謂保氏教冑之法遂止於斯也宋儒以其說未盡乃剌取禮書以端蒙養後世經說日繁雖老師宿儒終身治之而不能盡苟撮其指要通其大義則童蒙可以喻之且可終身行之此三代聖王設立庠序之本意也故論小學必合漢宋儒者之說而其義始備近儒詆朱子小學為淺陋大謬不然弟子職非古人小學之書乎呂氏童蒙訓後生學問且須理會曲禮少儀儀禮等學灑掃應對進退之事及先理會爾雅訓詁等文字然後可以語上不加此則是躐等犯分淩節終不能成就

國朝顏李之學張皇頗甚每謂聖學在六府三物六府之說未知如何顏李亦語焉不詳若司徒之鄉三物聖門不以此設科者蓋其名義已括於五常之中孝友睦婣仁之屬也任卹義之屬也忠則信之屬也聖與知相近和與樂相通言五常不必

復言三物也習齋於射與數略有所得此亦藝事之常而遂欲以此立異毋乃虛憍之氣未除歟至鄭章之詆斥班氏特其識見未到大端既明小疵不掩漁仲之謾罵有乖雅道近儒亦多犯此弊乃中西河氏之毒學者戒之校讐之學此其大者中壘遺法本如是世徒以審訂文字爲校讐而校讐之途隘以甲乙簿爲目錄而目錄之學轉爲無用多識書名辨別板本一書估優爲之何待學者乎若夫舍經史而言義理古來無此讀書之法漢儒固不爾宋儒亦豈其然也

又評曰漢儒本經義以治事見於班史者若釋之決獄平當治河其尤著也易明天道詩治性情書禮春秋皆切當世之用漢時史學未興此指後世史學言之實則書禮春秋皆古史家之

書也太史公書漢著紀之類班志皆附於春秋其經學即其史學而去古未遠制度風俗皆於經義爲近故致用在乎窮經猶今人之言經濟當讀史也史愈近者愈切實用故　國朝掌故必須講求明史亦須熟讀明嘉靖以後之事即稗史皆須博覽其朝局民風邊才軍政無一非取證之資第其書最多亦最雜又皆參以恩怨之私標榜之說非博觀而約取之不見也明史於此持論最詳愼然不博觀野史不知明史抉擇之精漢之視周猶今之視明耳鄭君注經每以漢制況周制本朝掌故之學也注禮謹嚴故所及者祇此實則無事不可通宋儒言讀史令人心粗有爲而言未可藉口朱子以東萊門人尊史漢與六經等故云然程朱非不讀史者也程子玩物喪志之言亦因謝顯

道而發故下文即記程子讀史精細之事胡籍溪跋上蔡語錄云昔見明道先生讀前漢書未嘗蹉過一字至見他人有記問者則曰玩物喪志此可以窺其意旨也朱子文集荅呂伯恭書明道玩物喪志之說蓋是箴上蔡記誦博識而不理會道理之病渠得此語遂一向掃蕩直要得胸中曠蕩無一毫所能則可謂矯枉過正矣史之大綱悉出於經所不同者特其因革損益其義例則經已備能求實用者方爲窮經此非僅事訓詁而已也杜君卿之通典秦文恭之五禮通考通經於史皆振古奇作曾文正論學恒推秦氏通考及高郵王氏之書斯其所以爲文正也與王氏以經學名實即校讐之學而無放言高論之失漢學中較爲無弊盧抱經顧千里亦校讐名家間有武斷擅改者未盡足據不及王氏之精審也

擬柳子厚乞巧文曰蒙氣衍漾時有僭慝無系災祥術士謬言

許曰天之蒼蒼神祇何在災祥何在在乎人之心耳心以爲有則有心以爲無則無合千萬人之心而以爲有是物則眞有是物矣楚人鬼越人禨其理皆作如是觀聖王明知其言之近誕也而人情如是則因其機而利導之使人由是生敬畏心以潛消其邪慝故曰神道設教而天下服愚夫之崇飾土木術士之妄言休咎變本加厲耳然其弊小至外夷之說行則天變不足畏矣可乎哉謹案康熙三十六年二月朔　諭曰日食雖人可預算然自古帝王皆因此而戒懼蓋所以敬天變修人事也大哉　王言洵足垂範百世矣陸氏燿切問齋集有神氣篇論天人感通之理甚精

倣司馬談論六家要指綜論　國朝諸儒學術曰亭林南雷倡

導來學身世郎有可議何至若江甘泉之貶哉　評曰二人身世皆無可議其初受官於唐魯二王也同其後卻聘而不出也亦同一則屢謁明陵一則乞師日本君臣之義皆無所闕亭林雖抱母氏之隱痛而身未入閩南雷當翁洲破時早離行間終身肥遯足報故主論其生平之大節固無可軒輊也至如鄭堂所論意別有在彼不喜二先生之學故假殷頑以陰斥之抑知勝朝殉節諸人乾隆時表章備至鄭堂獨未之聞耶要之夏峯梨洲亭林三人少年時皆近遊俠之爲其才皆足以用世終老山林非其本志究能以名義自持則讀書講學之效也江氏書議論乖謬采摭亦未備有能踵而爲之者仿學案之例兼收漢宋甚盛業也鄭堂論二先生之學謂非眞知灼見昔章惇赴召

人問以新政所先者惇曰司馬光姦邪當首辨之鄭堂之識蓋亦類此故君子愼其所習

問古來精術數者多不得其死非盡由危言以招毀毋亦緣飾經術而不務修德之故歟　荅巧者造物之所忌洩陰陽之祕者必干鬼神之誅古聖仰觀俯察皆所以前民利用非斤斤於禍福也術士事事欲求前知則足以殺其軀而已矣人惟七情具而後可以爲人若事事前知則喜怒哀樂皆無所用仍頑然一物曰何所取乎

問虛無者佛竊儒之似非佛也有若無實若虛此足覘喜怒哀樂未發之時寂滅斯爲佛佛欲使斯世不生不滅而不能使一世無生無滅顧思以道易天下愚矣　荅若無若虛不必如此

牽合一言學問之事一言心性之事不相謀也凡物皆自無而之有自有而仍歸於無物之形可以有無言物之理不可以有無言故貞下起元如環無端生生之理不絕夫子贊易於精氣遊魂往來屈伸之故亦詳言之蓋陽生於陰而陰不可以爲治故聖人扶陽而抑陰有生於無此但以形氣言而無不可以立教故聖人黜無而崇有釋老之謬不在言無謬在一切歸之於無耳老氏非專言無但欲以無爲用則亦與釋氏同病宋書夷蠻傳沙門慧琳著均善論有白學先生訪於黑學道士曰釋氏所論之空與老氏所言之空無同異乎黑曰異釋氏即物爲空空物爲一老氏有無兩行空有爲異安得同乎案宋儒闢佛亦有是說慧琳已先言之近人因釋老之言虛無遂并此而諱言之然則人物能長存於天地間耶抑盈天地皆人物充塞而略無空虛之處耶天地閒莫非氣所充周人物之

生得是氣以成形形敝則氣散人物之氣有時而散天地之氣無時而散故仍分天地之氣以生人物人爲萬物之靈其清氣之所萃也鬼則人之餘氣也神則人與物之精氣也張子正蒙謂氣之聚散於太虛猶冰之凝釋於水誠爲確喻然方其釋也夫固有水而無冰也故中庸言鬼神之德不見不聞不見不聞則謂之無也亦宜無極太極之辨紛如聚訟黃晦木至以方士修煉斥周子晦木淺謬不足論卽朱子荅象山書苦心分明亦爲後學防弊起見實則有無之義吾儒固自有之不必諱言也易言無方無體詩言無聲無臭古之言無者多矣表記殷人尊神鄭注以鬼神虛無釋之鄭君亦未嘗諱言虛無也乾元用九羣龍无首剛而過中則必有咎聖人故以此垂戒老氏乃專明守柔之義遂流爲異端然老氏之柔以柔制剛與選懦畏葸者有別天下惟柔者最狠故黃老流爲申韓禮運我觀殷道得坤乾焉先儒謂歸藏首坤坤至柔而動也剛老氏殆明殷易者歟

陳氏壽熊謂無極之語見於管子逸周書非始道家案逸周書命訓解正人莫如有極道天莫如無極道天有極則不威正人無極則不信周子作太極圖說以道天既明陰陽五行安得不言無極若正人有極卽洪範皇建其有極之謂言固各有當也乾鑿度云易始於一分於二通於三鄭注易本無體氣變而爲一故氣從下生清濁分於兩儀陰陽氣交人生其中故爲三才此卽周子之說所本論語仁者靜集解引孔注云無欲故靜周子特用其言而近人以此攻周子謬矣荀子解蔽篇人何以知道曰心心何以知曰虛壹而靜老氏之學主於收斂退藏斂之至深發之至猛謙卑遜順先自立於不敗之地而以退爲進反爭先著故古來用兵者及處功名之際者得其道往往足以自全然學術陰鷙流弊極大管子心術篇乃其書之最精者而宗旨與

黃老大同其言曰虛無無爲謂之道又曰人主者立於陰陰者靜故曰動則失位陰則能制陽矣靜則能制動矣又曰虛之與人也無閒惟聖人得虛道又曰無爲之道因也因者無益無損也此皆開老氏之先聲內業篇尤近養生之說故漢志列之道家隋唐志皆入法家案史記管晏列傳正義引七略亦入管子於法家要不如漢志之確刑名原於道德班氏其知之矣越絕書枕中篇道生氣氣生陰陰生陽王厚齋以爲先陰後陽即歸藏先坤之義范蠡亦黃老之學故其說相符國語載蠡諫辭亦皆道家言也凡陰謀之書皆祖黃老如陰符經純乎兵家言而絕不及兵事蓋得老氏之精者朱子語類及眞西山胡敬齋集中論老氏之學皆精魏晉人祖述老氏者又遺其精而襲其粗抑知老氏之宗淸淨非竟

忘世也彼惟殷然於斯世而欲以一心運量天下之變乃日以制心爲事返虛守寂湛然不動庶足運量天下而有餘故其言曰以無事取天下取天下而以無事出之其陰鷙可知矣老氏書作用最多乃示人若無所能使人入其牢籠而不自覺開後世權謀變詐之習故爲異端莊出於老而立言又不盡同莊子天下篇卽其書之自序觀其所言未嘗不深知儒術而汪洋恣肆故爲偏宕之詞譏於以儒爲戲蓋依隱玩世發憤著書欲兼攬儒與老氏之旨理旣駁雜不純而加以縱橫博辨之辭矯爲外形骸一死生之說故文士失職者或身當濁世有託而逃者尤喜誦述之其書本是寓言晉人乃推諸實事宜其流毒之甚也原壤亦宗老氏棄禮之教已開晉人先聲登木而歌夫子若

爲弗聞也者蓋諱大惡之意所以全交也此朱子語類之言陳氏禮記集說引之至夷俟小過乃以杖扣脛斥之爲賊聖人詞氣未有若是之厲者其黜異端至矣釋氏蓋莊列一流其言多與列子相出入而於虛無寂滅之說推闡尤精以之自治或可以治天下則悖矣楞嚴華嚴諸書亦以詞勝故文士易爲所溺曹月川謂吾儒之寂寂而感佛氏之寂寂而滅羅整菴謂吾儒以寂感言心佛氏以寂感爲性顧涇陽謂吾儒以理爲性佛氏以覺爲性數語皆直揭其要整菴困知記儒釋之辨尤詳蓋天下事事物物皆自無而之有者也有視聽貌言則有哲謀肅乂之事有父子兄弟則有事親從兄之事既有矣安得謂之無釋氏以四大爲幻身而轉索諸六合之外此其所以與聖賢異趣也然其大旨則老

莊已先言之夫道德爲虛位五常爲實理道德以五常實之而始不病於虛故夫子之言志道據德必兼依仁游藝禮固在六藝中也老氏欲攝有於無攝實於虛遂以道德爲宗旨而卑視仁義然其書中所言致用之術又豈能舍仁義以爲用哉老氏言當其無有車之用是固然矣然苟輪輻不具將并車而無之又安能得其無之用哉儒者之道則不然以有爲教以實爲治故能歷萬世而不敝曰無曰虛惟贊易偶一及之其平日與門弟子雅言以及垂教萬世皆推極人事之常燦著於耳目之前者性與天道且不可聞況敢以虛無倡天下乎夫此人事之常固老氏所斥爲粗迹而以爲忠信之薄者也三代後之天下文明日開機智日鑿正賴有仁義禮之說以維之必以羲皇之俗

律後世此大亂之道也羲皇以前榛榛狉狉人類未蕃政教未立人之異於禽獸者幾希聖王有作乃明人倫以教萬世而道德仁義之名立焉然則太古之俗乃陋也非簡也老氏以此爲宗旨安得不誤中庸爲致精微之書故有喜怒哀樂未發等語似已近於無矣而仍推之於已發與異端之向上一機者殊科宋儒以存養省察釋之理至精密朱子荅呂子約書言已發未發極警切程朱語錄尤於此斤斤致辨焉故學者審端致力不可不慎聖賢心熱釋老心冷聖人以成物爲心雖晦盲否塞之時知其不可而爲之猶天地以生物爲心雖嚴寒肅殺之時生機未嘗絕也故聖人之書尙仁老氏之書尙智道德五千言莫非教人以取巧之術後人得其精意則爲沮溺爲孫吳得其糟

粕則爲清談爲鄉愿凡此皆聰明用事之人其與聖賢之道不啻南轅北轍蓋爲聖賢爲忠孝者皆以愚成其智故曰智可及愚不可及溥之以仁裁之以義斯大智出焉離仁義以言智則有誤以機械變詐爲智者矣（凡事必有其機昧於機者不足以成事老氏專明此義遂覺爲我之意多且易流於權術聖賢安懷爲量不忍言此也近人喜明公羊權學其與老氏之旨相去幾何後世悖於大經大法者多矣經之未立且毋言權）釋氏謂衆生皆含佛性（此即生之謂性之說）而欲以大願力拯之誠有似乎仁矣然清淨寂滅其心死而不活故發不中節勢必終窮由其不知天下之大本斯不知天下之達道耳（宋明諸賢辨之已詳）聖人盡己性以盡人性盡人性以盡物性其參贊化育者仁其條理秩然者仁中之義惟未發時極其中故既發時極其和敬以直內未發之中也義以方外既發之和也聖門言仁多主

敬此宋儒之宗旨卽聖門之微言此存心之要也所謂直內也進以禮退以義乃見聖人時中之道否則心熱者將變而爲熱中矣此制事之要也所謂方外也

異端以虛無立說其弊固不勝言矣近人因攻宋儒之故遂欲去無以言有理既偏而不全且欲去虛以言實幷聖人之言周流六虛亦別爲曲說以隱斥之不知天下惟虛者乃能周流苟實矣則對待耳何周流之有凡物皆有虛有實非實無體非虛無用以實觸實未有不激者也近人以虛靈二字出於道家不可以之狀心體然則心體固當實而蠢乎大戴禮天圓篇陽之精氣曰神陰之精氣曰靈神靈者品物之本而禮樂仁義之祖也詩靈臺篇故訓傳神之精明者稱靈說文靈巫以玉事神此制字之本義引申之則爲神靈之稱安得據許書以糾古

文泰誓禮運四靈以爲畜孔疏謂此四獸皆有神靈異於他物物猶如此可以人而不如乎譬之人身有實處亦有虛處筋骨實也血脈虛也氣血流行乃資以生壅閉爲害不死何待虛羸固死脹懣亦死死之道不同其死一也是故五味養陽五食養陰何爲也哉亦曰以衞吾生焉耳讀書窮理實事求是何爲也哉亦曰以致諸用焉耳讀書實也窮理虛也實事實也求是虛也虛與實相資爲用猶陰與陽相資以生作文然爲學何莫不然近人惟讀書而不窮理實事而不求是故歧之又歧程朱之學所以可貴者以其本末兼盡也小小牴牾豈能盡免後人虛心以訂之可也肆口以詆之不可也明中葉後乃詆爲支離乾嘉以來又詆爲惝怳同一程朱何以相反至於如此亦適見詆

之者之無定識而已孫夏峰言晦翁歿而天下之實病當瀉姚江歿而天下之虛病當補此夏峰述張逢元之言竊謂夏峰之言未盡確若漢學家乃正當瀉者耳

問封禪爲古來受命升中饗帝之文淵如論之甚晰自世主溺長生之術而怪迂之士乃挾運而然自其奸封禪二字遂若爲盛世所諱龍門以封禪名書是舉祀事之大者爲名否孟堅易爲郊祀固是紀實然自晉以下皆不志沈隱矦收入禮志謂禮所包非一郊祀朝饗同之其說允否至元史又有祭祀志何也

荅孫氏所論固當但史公名篇似未必有此意感時事而名其書耳起四語卽揭明此意古人嚴祀事所謂國之大事在祀與戎史旣別志兵事則祀事亦可立專門遷史通紀三代而於

此轉略之獨詳漢世於武帝尤加詳焉其微指可見當時所謂謗書者此與平準爲最著矣後世旣無三代哲王精意享帝之誠又無秦皇漢武方士禱祠之失則倂此於禮志亦其宜耳元史詳載祭儀若倂之恐指大於脛故別自爲卷然臚列靡遺究傷繁冗無當史裁

問地理志取之不足㠯更費應劭注更償也案檀弓請庚之庚訓償疑漢志之更是庚之借字考更字無訓償者　荅更訓償見廣雅釋言周禮司弓矢鄭注公羊襄三十年釋文檀弓借作庚耳列子黃帝篇心庚念是非口庚言利害張湛注庚言作更案庚更同聲通用張注非禮記月令注庚之言更也

問地理志燕地南得涿郡之北新城案北新城屬中山國涿郡

無此縣　荅中山國自景帝時始建其初北新城蓋屬涿郡此當是漢初言天官者舊文班氏承用之未及改耳

問漢刑法志其亡逃及有罪耐㠯上顏注於本罪中又重犯者案耐無重義其罪云何　荅高帝紀注引應劭曰輕罪不至於髡完其耏鬢故曰耏耏本作而說文而頰毛也耐又爲耏之或體應劭云古耏字从彡髮膚之意杜林以爲法度之字皆從寸後改如是案耏已从而又从彡於義無取杜林說是也禮運鄭注耐古能字正義引說文與今本異或以字林爲說文耳　顏注蓋謂耐本罪外又重犯逃亡之罪但詳上文語意疑所謂不用此令者惟指罪人獄已決以下言之與上當黥者至皆棄市一節各不相蒙彼論肉刑重罪此論當完輕罪耏即當完之罪故云其亡逃及有罪耏以上不用

此令謂亡逃及刪以上皆重罪不得用鬼薪白粲等輕罪以相比附也當仍用髡鉗與笞棄市之本律顏注併爲一事似非問大刑用甲兵其次用鈇戉班志故先兵後刑王西莊商榷云刑平時所用兵征討所用二者不可合又錢文子補漢兵志一卷王氏不滿其掇拾於千載之後案班史例舉其大故合兵於刑後世踵事日增原不可以相律錢氏之補類蛇足否王氏糾班於例允否　　荅南北軍之制都肄之制已散見各傳志中錢氏掇拾固亦不能他有所補也刑罰得其平則甲兵可以不用民或翫法或苦法乃始鋌而走險故兵與刑有相因之勢班史合之爲能窺見其本原唐虞命官兵刑不分至周而始分之此卽所云踵事日增之說然司馬與司寇所屬之事猶多相出入

者可見勢本相因王氏商榷云云不足與辨也周禮六官多爲後人所疑然大戴盛德篇已有之西河周禮問引以爲證極確周官之可疑不在此

問漢食貨志募民能入奴婢得以終身復顏注庶人入奴婢則復終身是庶人先犯罪以奴婢作贖否　答謂復其賦役也漢法計口率錢其云終身復者謂終其身不更取賦役以償奴婢之直此入人口以酉抵租賦非贖罪也漢俗富人多畜奴婢如卓王孫程鄭以僮奴千人八百人富於蜀中張安世僮奴數百皆執常業其家富於霍光是也

問古無四聲豈齊梁以前平仄皆混讀乎今韻書與廣韻異畢竟何人所訂常用字所遺尚多如琵字栟字皆遺之何也　答

古詩惟被諸聲歌者乃重音韻餘則不拘說詳鍾嶸詩品故古韻四聲通押然晉宋以後已漸趨於密此天地自然之機也古不分四聲而分陰陽清濁反切字母之學因之以起惟無韻書而雜方音故久則易變魏晉之不同於周秦六朝之不同於漢魏者以此自周陸諸人定韻書後而聲之變易者鮮矣廣韻集韻本皆二百六部今韻一百六部相傳始於平水劉淵然淵是刊韻書之人非定韻之人錢竹汀諸人皆有辨其書上聲尚多一部竹汀謂曾見王文戫刊本分韻已與今同文戫金末時人書未經見昭文張氏書目有之當即黃蕘圃舊藏竹汀所見之本惟元陰時夫韻府羣玉爲與今本同耳古韻書爲小學而作今韻書爲聲律對偶而設用意本殊欲治小學須於廣韻求之

此今韻之祖也周陸之書及唐韻皆久佚紀文達沈氏四聲考以沈休文集所用韻較廣韻分部之同異凡仄韻得七十五部皆與切韻同平韻得四十一部不合切韻者纔一二用意雖勤實則不然陳東塾切韻考已辨之其存者以廣韻爲最古廣韻本唐韻唐韻又本切韻故切韻唐韻雖佚而可即廣韻以推尋其緒集韻出於廣韻而增字甚多且多後世俗字相沿既久亦往往不能廢即如琵琶爲批把之俗推手曰批引手曰把琵琶之原由名也風俗通正作批把釋名則假枇杷字爲之說文本無琵琶二字新附乃有樨爲屖之俗然廣韻集韻均已收之必舍琵樨而用批屖人將不識爲何物矣字體變遷由篆而隸已不能盡合六書學者惟當知正俗之辨使無大悖六書之指必盡執

說文以繩古籍勢不可行也治道當去泰去甚文字亦然顏氏干祿字書已有此說陳長發江艮庭之徒雖古雅不足法至今韻書遺漏之字尙夥試士之書類然無足異也禮部韻略觀韻漏刋字添韻漏尖字爲俞文豹吹劍錄所糾四庫提要已及之

問閒閱古今人詩有出入古樂府者心甚憙之覺爲詩必浸淫古樂府來乃有佳處然否　荅古樂府猶有比興之遺後人以文爲詩而六義微矣李杜所以高出千古者只是樂府熟二公皆得比興遺意特杜顯而李微耳詩有別才嚴滄浪之言誠然專由學力入者多工賦體於比興之義終少妙悟乃學人之詩非詩人之詩也

問桐城派爲古文正宗與南豐之原本經術同否然初學每苦

其沖淡古文辭類纂流別甚精其斥蕭選爲破碎尤否駢體文鈔謂凡文必偶欲引學者由駢以復古有所矯而言否　荅桐城名學八家實則祖歐陽而禰震川高者閒法史記姚郎中梅郎中往往有之但法其雋峭者多雄偉者少歸太僕之家法固如是也宋文惟介甫最高而最難學李安溪謂古文韓公之後惟介甫得其法是也次則南豐源出匡劉淵懿質厚南宋人多效之朱子尤爲具體而稍緩弱葉水心亦工近時龍翰臣多效之震川兼師歐曾然不逮南豐之厚實雖時代爲之亦由經術淺深之異耳桐城沖淡乃其佳處文境惟沖淡最難但未學雄奇專學沖淡易流薄弱若吳仲倫輩多如此桐城之不能爲班馬韓柳者亦以此馬雖不能至而其嚮往恆在斯班則步趨者

廣雅書局栞

寡惟曾文正善蓄氣勢實深於班史者故其文能救桐城末流之失劉霞仙養晦堂集亦可誦　望溪論文之旨曰言有序言有物有序要矣有物尤要非多讀書而明於事理不能也桐城之文有序者多其有物者方姚而外惟劉海峰管異之魯通甫曾文正諸家海峰經術尚淺才氣獨盛卷首論多奇闢而言之太盡古人不欲盡言者蓋有深意存焉海峰未之思耳　其論文則佳管魯文善論事勢頗甫亦主經世而文不工蓋爲公牘所累與藍鹿州略同餘不多得微特不逮古人視國初汪魏二家亦往往瞠乎其後鈍翁湛深經術擬香南豐文自精實三魏文皆有理致如裏言偶書諸編時有見道之言雜記中論文亦造微　叔子筆勢尤雄放其論事敘事之作多得史遷遺意　易堂九子邱邦士彭躬菴亦佳邦士筆力拗折微嫌其辭躬菴眞氣涌溢雖辭多憤激足見性情之厚　國

初三家並稱惟雪苑蚤卒根柢遜於汪魏而識解特超才高固不可及雪苑與任王谷論文書謂文之旨全在裁制當其閒漫纖碎處反宜動色而陳至大議論人人能解者不過數語發揮便當控馭歸於含蓄其言固是然閒漫纖碎處過多易落稗官窠臼邵子湘袁簡齋輩每喜爲之此不善學史記之過也震川固不至此而亦閒有過碎處吳南屏諸人專師一家易犯此弊蓋無大氣以舉之故耳其實則西溟竹垞皆善學北宋餘如尺木惕甫諸人佳者尚不少可依類以求也近時龔定庵魏默深縱橫學國策廉悍學韓非頗足補桐城之所未逮龔勝於魏而僞體尤多定庵才氣一時無兩好爲深湛之思而中周秦諸子之毒有時爲彼教語亦非眞有得於彼教聊以佐其蕩肆而已刻深峭厲既關性情蕩檢踰閑亦傷名教學之頗多流弊魏氏雖不及其精深尚未至如其橫決大抵不由唐宋專摹秦漢者弊每坐此明七子詩可讀而文不盡可讀以詩學眞唐人文學僞秦漢耳王李並稱弇洲讀書多而才雄非李所及滄溟喜爲詰屈而鮮精義明人纖碎之弊多自滄溟開之文不法六經而法諸

子已屬文乘故詞勝不如意勝意勝不如理勝理其榦也意其枝也詞其葉也三者具而後可以成文爲僞體者理不足而欲以奇勝是爲霸才歷代皆有之不如是不足見天地之大也近人爲漢學者好詆八家而文多冗沓惟汪容甫戴東原獨工東原本學八家困於考據未極其才容甫醞釀較深筆斂而不敢縱故雅潔而醲郁但文得蒼莽雄俊之氣者貴專效此體則邊幅易窘或謂由此可上窺魏晉合駢散而爲一是也惟魏晉文氣疏宕容甫如深閨名媛舉止矜貴所乏者林下風耳至其敘事諸作并未改八家面目而故爲大言卑視韓柳此乃英雄欺人學者毋爲所嚇若姚氏斥蕭選爲破碎是固有之蕭選兼綜周秦以下之作體制不同有雄偉者有嘽緩者要莫不有濃郁

之味桐城所短乃正在此亦不必是丹非素也古人本不分駢散東漢以後駢文之體格始成唐以後古文之名目始立流別雖殊波瀾莫二李氏志在復古斯選絕精其自製文亦多上法東京力宗崔蔡駢文境界之最高者養一齋集非自定故甚蕪雜西京之文莫盛於兩司馬史公源出左國長卿源出詩騷皆以氣爲之主氣有毗陽毗陰之分故其文一縱一斂一疏一密一爲散體之宗一爲駢體之宗皆文家之極軌班揚多學相如崔蔡學班揚而氣已漸薄遂成駢偶之體矣第初學先知駢散之分乃能知駢散之合諸生課藝間有不古不今絕無文律者未必非學步邯鄲有以誤之若李氏之言固非矯也有陽則有陰有奇則有偶此自然之理古文參以排偶其氣乃厚馬班韓

穉皆如此今人亦莫不然日由之而不知耳然非駢四儷六之謂凡文必偶意雖是而語稍過若揅經室集諸論則偏矣　國朝古文選本通行者如二十四家文鈔湖海文傳之類均不佳李氏姚氏皆有　國朝文錄李不及姚姚選頗得因文見道之旨論與書取舍尤不苟惟序跋所取未精李選未免學究氣亦未免鄉曲之私然采摭頗富諸集少傳本者藉此可見崖略

問駢文導源漢魏固不規規於聲律對偶百三家時有工拙惜徐庾能華而不靡質而不腐取法貴上似當以風骨爲主駢體正宗多作棘吻語文之古與不古當論氣格雖有拗句亦行乎不得不行何諸家有未盡然耶陳檢討渾成富健尤西堂傾筐倒篋要非儉腹所能洪北江氣極暢茂吳聖徵稍覺婉弱而曾

選乃首西河西河正多棘吻竊昧於從入矣願略舉學駢文之要

荅駢文萌芽於周秦具體於漢魏沿及初唐襲其體製韓柳復古斯道寖微至宋而體格一變矣天地之道有奇必有偶周秦諸子之書駢散互用間多協韻六經亦然西京揚馬諸作多用駢偶皆已開其先聲顧時代遞降體製亦復略殊同一駢偶也魏晉與齊梁異齊梁與初唐異同一初唐齊梁也徐庾與任沈異四傑與燕許異六朝文氣骫骳自是衰世之作但學駢體不能不宗之漢文爲駢儷之祖崔蔡諸公體格已成建安近東漢西晉近建安故魏晉自爲一類東晉與劉宋自爲一類永明以後益趨繁縟至蕭梁諸帝王之作而靡麗極矣文章關乎運會東漢清剛簡質適如東京風尚建安藻繪而雄俊魏武偏

霸才力自與六代不同晉宋力弱特多韻致亦由清談之故其體較疏猶有東漢遺意至永明則變而日密故駢文之有任沈猶詩家之有李杜也李存古意杜開今體任沈亦然任體疏沈體密梁陳尤密遂日趨於綺靡惟北朝文體稍正而不爲南朝所重北人亦自媿弗如蓋是時羣以繁麗相尚也物極必反至徐庾而清氣漸出庾尤清於徐遂爲駢文大宗六朝文如干令升范蔚宗詩如左太沖陶靖節鮑明遠皆不爲風氣所囿故可貴也徐庾清新富麗誠爲駢文正軌然已漸趨便易厥後變而爲四傑再變而爲義山又變而爲宋人故義山者宋人之先聲也宋人章奏多法陸宣公宣公降格以從時源亦出於東漢宋人名駢文曰四六其名亦起於義山見樊南甲乙集自序四字

六字相間成文宋齊以下乃如此其對偶亦但取意義聯貫並不以駢四儷六平仄相間爲工永明以前本無四聲之說要其節奏自然初無所爲鉤棘也六代初唐語雖襞積未有生吞活剝之弊至宋而此風始盛此不可學宋文佳處不在此然宋文之佳者固自不可磨滅飛書馳檄其體最宜彭文勤有宋四六選其自作經進文亦多類此體格雖卑取其易曉　國朝古文不競佳者未及唐荊川宋景濂毋論遺山道園以上賴有桐城一脉正法眼藏猶未盡絕耳荊川爲明文之冠景濂根柢深厚未出山時尤勝近人學史漢八家往往爲其所縛學周秦諸子又往往爲其所溺景濂兼學二者而無二者之弊雖亦有膚沓之詞爲明臺閣體濫觴然精邃處固非後來所及　國朝古文多規撫震川震川潔淨精微荊川則兼雄奇博大才尤高學尤博也而工駢文者獨多胡稚威洪稚存汪容甫孔顨軒邵叔宀董方立諸人其最

也陳吳爲應酬文所累明末四公子以王謝子弟自擬其年濡染家學南史最熟文亦如之其摹仿鄴下諸作雖嫌太似而功力甚深刻全集時乃以此入於古文遂爲程叔恭注本所遺其年古文不入格獨此數篇爲佳曾選取之是也穀人自是淸才體格太弱汪洪並稱洪不逮汪之厚汪不逮洪之奇洪文疏縱汪文狷潔邵文淸簡皆可想見其爲人西堂熟於騷選擬騷及遊戲文獨工雖或有傷大雅以之啟發初學則可袁簡齋才筆縱放勝於荔裳諸人惟根柢不深偶用古語多成贅疣若修千忠肅廟碑之類故是傑作廟碑用辨難之體雖非古法猶或可爲若吳巢松祭吳季子文亦用之則誤甚曾選之佳者尚有劉圖三王芥子孫淵如吳山尊彭甘亭劉芙初吳巢松樂蓮裳諸人甘亭選學最深亦頗爲選所累持擇

太多眞氣不出要是駢文正宗英初巢松諸人婉約峭蒨致足賞心兩文氣已薄孫王才高未竟其所學也文章未論工拙先論雅俗如蓮裳苕王癡山書有云眼與碧疏意將紅斷欲學齊梁乃落俗調凡此皆可類推曾選之首西河蓋以時代爲次西河不以駢文名而頗合六朝矩矱整散兼行並非鉤棘如沈雲英傳入後人手易爲嘔噦惡語此獨無之平滇頌用唐人李元賓呂和叔文體鍛鍊未純而筆力高邁惟才力薄弱者苟欲爲此易至舉鼎絕臏不若效徐庾義山一派可免舉止羞澀也曾選中如郭頻迦諸人故爲拗體筆意似雅邊幅甚窘此外若王仲瞿雖有奇氣乃野狐禪姚復莊欲開生面亦頗犯此弊駢文自當以氣骨爲主其次則詞旨淵雅又當明於向背斷續之法向背之理易顯斷續之理則微語語續而不斷雖悅俗

目終非作家公牘文字如箋奏書啟之類不得不如此其體自義山開之惟其藕斷絲連乃能迴腸蕩氣駢文體格已卑故其理與塡詞相通文與詩異流而同源駢文尤近於詩倚聲亦詩之餘也風雅本性情之事惟深於情者乃可爲詩特用情有邪正之不同溫柔敦厚詩教也緣情綺靡非詩教也至如雍容揄揚之作鏗鏘鏜鞳之詞源出於頌別是一格以駢文論則曾選中劉圃三最工此潛氣內轉上抗下墜其中自有音節多讀六朝文則知之四傑用俳調故與此異燕許尙皆如此至中唐後而始變　國朝精於此者惟稚威叔宀　汪洪諸家亦時有之龔軒以下文雖工而此意則寡矣

無邪堂荅問卷二

無邪堂答問卷三

馮祖禧字季麟高要人問漢書百官表後元二年二月丁卯霍光爲大司馬大將軍案史記將相名臣表丁卯作己巳然武帝紀云己丑立皇子弗陵爲皇太子核諸昭帝紀光爲大司馬當與立太子同日漢表史表似均誤　答昭帝紀霍光受遺詔輔少主明日武帝崩戊辰太子卽皇帝位昭帝既以戊辰卽位則史表作己巳誤也武紀之己丑當作乙丑立太子在乙丑越明日命光爲大司馬又明日太子卽位漢表不誤據汪謝城歷代長術所推是月甲寅朔則丁卯爲月之十四日

問功臣侯表平陽懿侯曹參以假左丞相定齊魏案史表無假字當衍　答猶假守之比也非衍字參傳亦云假左丞相

問天文志鬼哭若謼與人逢遻遻當作迕史記天官書作逢俉索隱俉音五故反亦作迕謼音同呼廣韻一音荒故反與迕爲韻　答遻訓遇者本音五故切與迕同說文有遻無遻有牾無迕遻迕均見玉篇云遇也尒疋釋詁遇遻也遻見也釋文遻音悟遻即遻之形變悟即咢之音變悟咢雙聲廣韻義同玉篇但收遻於鐸韻收遻於暮韻遻遻乃後世省變而廣韻分爲兩字似誤楚辭懷沙重華不可遻漢書賈誼傳作牾即迕之本字廣韻有忤牾無俉俉即牾之省變也玉篇俉五顧反說文訓牾爲逆逆與迎通用亦有遇義

問地理志酒泉郡祿福汪氏遠孫日續志作福祿非也案通典亦作福祿汪說未知何據　答漢郃陽令曹全碑拜酒泉祿福

長錢竹汀金石文跋尾引魏志龐淯傳及皇甫謐列女傳載龐娥事云祿福趙居安之女又云祿福長尹嘉則漢魏閒猶稱祿福晉以後始改福祿也案隋唐諸志皆與續漢志同晉書載記張重華傳云封福祿伯太平寰宇記引闞駰十三州志云福祿城謝艾所築史記五帝本紀趙世家正義引括地志亦皆作福祿錢氏所云晉後改名者信而有徵惟據龐娥事似後漢時尚未改續志當轉寫誤倒耳

問食貨志官益雜置多徒奴婢衆案徒似當依平準書作徙

答徒字不誤徒奴婢即上文所云沒入之奴婢也論衡四諱篇被刑謂之徒下文株送徒與此徒字同義

水經注漸江水篇訂誤曰吳寶鼎中分會稽立東陽郡趙氏曰

東陽上落隸字案太末本兩漢舊縣非自吳始立云分會稽立東陽郡者言吳立東陽郡耳非立太末縣也　評曰太末並非分會稽所立吳寶鼎中立東陽郡則實見於吳志及晉地理志趙氏臆增隸字誤甚文訂之是也但酈注此言不可通疑其下尚有脫文

又評曰　國朝人於校勘之學最精而亦往往喜援他書以改本文不知古人同述一事同引一書字句多有異同非如今之校勘家一字不敢竄易也今人動以此律彼專輙改訂使古書皆失眞面目此甚陋習不可從凡本義可通者卽有他書顯證亦不得輕改古書詞義簡奧又不當以今人文法求之

明夷待訪錄書後曰案棃洲學校篇云郡縣學官或其人稍有

于清議者則諸生得共起而易之又曰郡縣官年少無實學妄自壓老成而上之者則士子譁而退之　評曰士人立身首重名節名節者清議之所從出也人苟不顧清議則何事不可爲然清議名節之立尤在乎厚風俗明代中葉以前化行俗美士敦踐履人勵矩行彼其時何嘗不以時文取士而其教法斠若畫一深有合乎先王一道德同風俗之旨故庠序之盛爲兩漢後所不及近人每斥之曰陋陋固士子所當戒也然與其妄也寧陋迄乎嘉隆而後士習漸漓啟禎之時紛呶噂沓梨洲耳濡目染遂誤以此輩爲能立名節夫三代造士之法散見於王制學記諸篇曷嘗有如此甚囂塵上者梨洲但知清議之出於學校不知橫議之亦出於學校也但知陳東歐陽澈之爲太學生

不知爲賈似道頌功德者亦太學生也學校之習一壞則變亂是非之說多出乎其中故三代時但以六德六行六藝敎士而未嘗使之遊鄉校以議執政明之季年臺諫譁於朝士譁於野雖其中非無一二賢哲爲之倡而聲氣黨援士習之囂古所未有黎洲乃溺其中而不悟習俗之移人甚矣哉

馬呈圖字西鈞高要人論語義疏眞僞考曰序有周生烈有周氏邢疏混作周氏此本有周生烈無周氏　評曰注引周說十四條邢疏皆作周氏皇疏皆作周生氏要之皆非也何序稱集周氏周生氏之說則兩家皆有采取今皇邢二疏皆爲後人所竄亂惟釋文於冉子退朝章引周生烈云云此確爲周生氏之說餘則不復可識別矣

傅球林字韻石西寧人問說文新附瀦从水豬聲禹貢釋文引馬云水所停止深者曰豬史記夏本紀豬皆作都然則瀦可通豬亦可作都歟　答都是本字豬是同聲假借字人所聚曰都水所聚亦曰都都者大詞也史記作都用今文史遷雖從孔安國問故然亦兼用今文檀弓鄭注南方謂都曰豬都豬聲同故經典多假豬爲之瀦則俗加水旁耳新附說非若都豬通用之字見於古書者甚多經籍纂詁已多徵引無煩贅述

南宋論　評曰南宋之初回都汴京固是要著然亦有難言者凡地經寇亂其勢猝不易振汴都之復完宗忠簡捍衛之力但兵勢本弱賴忠簡撫馭得宜巨寇收降聲威頓盛所謂河北忠義者亦多此類其中固有結砦自保之地要非皆孝子順孫也

李忠定建遣張所招撫之忠簡又能聯絡之故得其用汴京四達之地承平時惟特河北爲屏蔽至是已久亡矣河北忠義結以恩信令其牽掣敵勢則可若欲倚此以禦敵勢必不能建炎元二之閒亦皆破滅其時忠簡尚存而不能救者勢不及也王善等之在河南本皆劇盜徒感忠簡撫馭之恩誓死相報杜充一反忠簡之所爲又皆散而爲盜當敵由山東掩至維揚乘輿幾陷其時汴尚在也苟無忠簡爲之保障維揚建康且不可保況汴乎總之高宗不終任李忠定則無論回鑾之事不易言卽臨安亦不能久居勢必航海而後已忠簡屢疏回鑾欲以繫兩河人心耳內有忠定外有忠簡而後此事可行使以汪黃輩莞其樞則忠簡且將爲岳忠武而高宗不爲青城之再辱者幾希

忠定忠簡之才皆非後來將相所及高宗任之不專自取顛覆惜哉朱子語類謂汪黃是至無用底小人以今觀之誠然大抵北宋奸人多有才南宋奸人多無用自秦檜神姦巨猾而外餘如汪黃史賈輩皆持祿保位無賴之小人而軍國重事終壞其手故大易師之象曰長子帥師弟子輿尸開國承家小人勿用

祝慶祥字雲岑歸善人問禹貢會箋說頗簡畧其得失若何諸儒說禹貢之書及古今地理之學求詳示水經注若何治法旁參者何書爲要　答徐氏會箋簡而甚疏其依胡氏錐指以立義者與近時桂氏文燦之書體例畧同其偶改胡氏者多有罅漏錐指體大思精錯誤亦復時有不足爲病也丁儉卿之正譌

陳蘭甫之圖考皆足訂其違失前代之說禹貢者自程泰之外以傅同叔禹貢說斷爲最著傅氏書刊入通志堂經解缺四十餘頁 四庫從永樂大典采出聚珍版印行乃足本其書最爲近儒所取 國朝自胡東樵外以近時成芙卿禹貢班義述爲最精班志本釋禹貢兩漢經師遺說多存其中成氏據此以釋本經最得家法援據精博顓門之學也古今地理之書多不勝舉大畧分爲二類一考山川脈絡一考郡縣沿革山川爲經郡縣爲緯其中又有古今之不同中外之各異凡學問之事當從古書入獨天算輿地先從今書入今之輿地不明古之輿地不能定其所在也昔人讀書左圖右史輿地之學圖爲尤要古圖今不可得偶有存者亦不精近數十年此事乃日精一日散圖

亦多不勝舉其大者則胡文忠所刊爲善本粤中所刊董圖鄒圖皆不及也中國輿地自禹貢外班志最古顧其書簡奥非有疏證不能通其說水經注卽班志之義疏也　國朝治班志鄒注者甚多全謝山趙東潛戴東原錢竹汀錢獻之洪筠軒董方立汪梅村張嘯山陳蘭甫諸人皆足名家吳氏卓信漢志補注采摭甚富雖傷繁猥亦備參稽兩山之間必有大川兩川之間必有大山朱子說水道明斯山脈可得而理然山勢終古不易水道隨時變遷又當參互考訂以折衷一是其中名稱互殊鉤稽不易約舉其要則水經注考古之淵海也水道提綱徵今之斗杓也治水經之法全戴趙已有成規汪有水經注圖陳有漢志水道圖說爲圖以明之其說簡而有要董則爲疏以明之有

水經注圖說殘稿惜未成書而卒其說博而能賅皆以今地證古地此致用之學也郡縣沿革茍如亂絲各史志外元和志最簡核方輿紀要詳於形勢二書非他志所能及次則輿地廣記元豐九域志不失古法而未詳明太平寰宇記輿地紀勝稍涉泛濫間有錯誤顧亭林郡國利病書用意與紀要畧同一專論兵事一兼及吏事皆有用之書但利病書是未成之作故少條理皆當涉獵及之若　大清一統志明一統志非寒士所易得洪稚存府廳州縣志即一統志之摘本也李申耆地理韻編稍古者最便撿閱尚有遺漏其他或考古一代之志或考今一方之志各有精者未暇覼縷邊疆外裔之書尤爲今日急務自官修各圖志外私家著述近出頗多依類求之可矣嘉道以前官

修諸書近多難得故私家紀載亦足重外裔輿地當考洋圖海道亦洋圖爲勝俄邊界與倭國圖各有譯本其他圖雖多而尚未精越南緬甸印度皆近邊尚無佳刻

問新周王魯於傳無據宣十六年傳之新周孔巽軒以新田新鄭證之似爲直捷　答經典中絕無以成周爲新周者宣十六年傳成周者何東周也上云成周東周下忽云新周無此文義如其說則外災不書三句成贅文矣且卽以新田新鄭解新周而故宋黜杞仍無說以處之其說非也公羊之故宋與穀梁故宋絕異巽軒牽合爲一亦非大抵此書於公羊學尚淺

問左傳近注最多洪氏亮吉李氏貽德臧氏壽恭皆輯古者也顧氏炎武惠氏棟馬氏宗槤姚氏鼐沈氏欽韓皆補注者也諸

說紛紜時難抉擇請示其得失　答左氏後立學官故漢儒遺說存於今者劉賈服三家而外並不多見後漢書儒林傳賈誼爲春秋左氏傳訓詁授趙人貫公其後劉歆鄭衆陳元賈逵馬融延篤彭汪許淑潁容謝該服虔孔嘉諸人各爲之訓釋今存者如潁容等說甚鮮延篤等說已無存賈服注與杜氏異者大義不過數十條餘皆無關宏旨李次白輯而疏解之是矣臧氏書名爲古義而多引公穀以汨左氏不知三傳各有指歸無庸強合若文字異同非皆古義也賈服與元凱互有得失而二家注已不全治左氏者不得不以元凱爲主近儒多申賈服而抑杜此一時風氣使然非持平之論元凱於日月與地氏族官制之類分門專治顧氏春秋大事表似之其句疏字解之處有違

失者則顧惠馬沈諸家糾補之大事表深明春秋時勢尤爲切實有用之學治左氏者數家兼取而間以賈服舊注匡杜氏之失可也杜注訓詁之學雖疏地理之學不疏洪稚存必欲攄司馬彪京相璠等之殘文墜簡以相詰難故用力多而成功少也

問春秋之學例爲大綱欲先辨一長編前列經文後列考證一字一例不厭推詳爲讀經明例之稾本何如　答左傳不專言例故治之者事實而外麻法輿地兵制禮制氏族官秩各有顓門杜征南治此經之法即前事之師也陳泗源有左傳分類今尚存世族譜長麻二種欲明義例之學當兼通二傳然公穀有公穀之義例左氏有左氏之義例學者須觀其通而又不可相雜左傳條例始於鄭興賈徽見後漢書其傳於今者惟杜氏釋例一

書公穀則何邵公之公羊條例（梁時尚存見隋志）范武子之穀梁畧例皆久佚（楊疏謂畧例有百餘條今疏中亦閒引之）國朝莊方耕有春秋正辭（兼采衆家而以公羊爲主）劉申受有公羊何氏釋例（申受公羊之學甚深而甚偏是書雖多曲說而於董何家法則精顯矣）許同叔有穀梁釋例柳賓叔有穀梁大義述皆專家之學穀梁自范注行漢儒師法久絕惟劉中壘遺著及班史所采各說僅存近儒自許柳外有侯君謨鍾子勤二家侯書明禮制鍾書不盡用漢家法柳詳於許而自日月例外所采稍雜蓋其書不專爲釋例作也（穀梁諸例師說失傳惟日月例可比附經文而得之故柳書獨詳於此其師說諸門考訂亦詳）許書條例明整其論左傳則非又信宋人公羊穀梁爲姜姓之說此謬言耳豈足信乎若班史及中壘遺說諸家闡明皆有未盡此經視公羊尤難治近人或泥以公羊改制之說比附

緯書大失穀梁家法不足信也一字一例不厭推詳治經固當如此第必先通其大義而後可以諸例傳之否則紛紛改併恐治絲愈棼矣

問宣四年鄭弑靈公之事實出子公而書曰鄭公子歸生者以子公之權本不足以弑君也杜注以權不足屬子家恐非萬充宗曰前年大棘之戰歸生敗宋而獲華元威權已震西河曰歸生當國用事萬萬超子公之上二說皆能得其情然西河不善讀傳反指爲傳之大謬何哉　答詳下文仁而不武云云似與威權之義不合果如充宗西河之言則歸生威權已震傳安得又以不武譏之疑此是經權之權非權勢之權也傳言歸生不能通權達變以定禍亂徒爲煦煦之仁故曰仁而不武無能達

也杜注亦未專屬權勢言西河釋經多不足據此之疑傳謬甚問宣十二年傳正義曰晉之三軍上軍在左中軍在中下軍在右案傳云工尹齊將右拒卒以逐下軍潘黨從唐侯以爲左拒以從上軍城濮之役胥臣以下軍之佐當陳蔡楚右師潰狐偃以上軍夾攻子西楚左師潰是知上軍在右當楚之左下軍在左當楚之右正義之言非也傳言晉師右移上軍未動蓋謂晉師奔者皆傷上軍而去而上軍整肅不爲牽動耳　答兵事尚右故老子言偏將軍居左上將軍居右晉之上軍宜在右下軍宜在左而楚人則尚左隨季梁固明言之此與本文乘廣先左是兩義故楚左拒可從晉上軍右拒可從晉下軍也正義之説誠誤然案下文云晉之中軍下軍敗走在上軍之右者皆移詳

孔意蓋欲遷就經文右字而因以致誤耳

問兩之一卒適吳舍偏兩之一焉案注及疏意似謂以一兩一卒適吳以一偏一兩留吳然卒多於兩何不言卒之一兩而言兩之一卒且適時不言有偏何以所舍忽有偏於是有謂兩爲百兩御之之兩者顧氏引傳選說有謂以百人適吳而留其二十五人者沈氏小疏恐皆未確　答正義亦知其說難通故以兩之一爲句又疑傳文有誤說皆未安沈氏說似近之而謂以四兩從適吳苦無確據案昭元年傳正義云服虔引司馬法五十乘爲兩二十五乘爲偏周禮司右正義引司馬法亦同但無五十乘句疑此之所謂兩者五十乘也以車五十乘卒百人適吳而留偏兩之二十五乘并卒百人於吳以敎之蓋二十五人

爲兩言人數也五十乘爲兩言車數也二者同名異實吳未始知車戰之法巫臣教之自必以車徒往偏兩者其車數也一卒者其人數也司馬法之制長轂一乘甲士三人步卒七十二人成元年杜注引司馬法與韋昭國語注周禮小司徒疏引論語鄭注孫子杜注皆同而鄭注小司徒則云革車一乘甲士十人徒二十人賈疏以爲一是畿外邦國法一是畿內采地法案疏語恐未確甲士十人徒二十人疑是出車之制甲士三人步卒七十二人疑是在軍之制計一偏之車當用甲士七十五人徒一千八百人而此僅用一卒者教戰之事非臨陣比可取材於其地而教之也黃薇香春秋釋謂合輜車馳車爲兩兩用百人是謂兩之一卒偏兩猶偏師不用全軍只偏師不備輜車曰偏

爾其說甚精但以偏爾為不備輜車於古無徵仍未敢從問春秋時名公鉅卿甚多求其學行純篤者不數覯非涉於功利卽涉於浮華豈風尚使之然歟林伯桐有春秋風俗二十卷惜未見欲知三代之學術風俗願聞其指　答成周盛時教胄之法最詳自八歲入小學十五入大學此大戴保傅篇白虎通諸書之說也王制正義引尚書大傳云十五入小學二十入大學保傅篇注引作十三入小學又謂子姓晚成者十五入小學其早成者十八入大學春秋教以禮樂冬夏教以詩書師氏教以三德三行保氏教以六藝六儀小樂正學干籥師學籥大樂正授數大司成論說凡王太子王子羣后之太子公卿大夫元士之嫡子皆造焉蓋封建之世仕者世祿元子嫡子皆有治民

之責故其所以爲教者特詳禮經十七篇皆諸侯大夫士之制委曲繁重非草野所能行所謂禮不下庶人也士相見禮庶人見於君不爲容賈疏庶人若府史胥徒之屬府史胥徒且如此民庶可知矣其通行於民間者若蜡祭讀灋之屬儀文皆簡而易舉鄉射鄉飲酒較繁然惟主賓及衆賓介行之以示民禮讓耳獨其教之者則甚備有比閭族黨之制斯有家塾黨庠之設司徒以六德六行六藝爲教鄉大夫以下受而行之禮樂亦在六藝中而又特申其義曰以五禮防萬民之僞而教之中以六樂防萬民之情而教之和先王之重禮樂如此蓋所以納民於軌物而導血氣之和平也賈疏釋經文覆申之意甚精案聖門之教詩書執禮又曰興詩立禮成樂卽三代時學校通行之制

古者天子臣諸侯諸侯臣大夫大夫臣士有諸侯貢士之制有司馬三升之法大夫多以世及士則卿大夫之衆子及凡民之秀者爲之封建既行設官益衆周官府史胥徒即今之吏胥也鄭注府史皆其官長所自辟胥徒則民給徭役者此鄭君以漢制況周制府史不由官辟宋以後始然故多流弊封建之制地方數十里而有卿大夫士若干人賢士之不登進者鮮矣其秀者莫不有祿以代耕其愚者莫不各安於隴畝無曠土無游民樂事勸功尊君親上民志既定民氣自靜故三代時有亂臣無亂民者此也陵夷至於幽厲三綱淪九法斁尹氏秉國世卿顓政瑣瑣姻亞皆登膴仕亶侯多藏虢公好利掊克之所以在位也具曰予聖皇父孔聖諛言之所以日至也天下之患莫大乎

士夫皆懷貪得苟且之心而不顧名義悍然自以爲是於是僞兮之賢者依隱翫世考槃之碩人獨寐寤言而人君所與共天下者惟是潝潝訿訿泄泄沓沓之流欲國之久安長治不可得也故曰小雅盡廢則四夷交侵中國微矣詩亡然後春秋作此之謂也春秋之初鄭莊以梟桀之才敢於干名犯義而其後卒不競鄭衛風最淫亂衛卒爲狄所滅辛有見被髮而祭知其地之將爲戎亦以禮敎先亡耳中國既微戎狄並起漢陽諸姬楚實盡之寖及乎方城以北向微召陵城濮之師則中原弱小之邦胥將夷爲九縣齊晉大國亦難久存矣待秦而始混一哉仲尼之門羞稱五霸爲萬世學術計也不如是則道不尊微管仲吾其被髮左衽爲一世人才計也不如是則道不大管子天下

才而孔譏器小孟斥功卑春秋之法爲賢者諱而又責賢者備比物此志也惟孟子能知春秋惟宋儒能學孟子宋儒論人甚嚴取人甚恕見於語錄文集者極多恕者所以崇獎天下之人才嚴者所以示人抗希乎三代惟有此狂狷之議論故世道雖陵夷而尚不至流爲鄙夫鄉愿之天下也後世徒議宋儒之苛而於其取人甚恕者概置弗道彼亦嘗一讀宋儒之書否乎至於子衿之詩城闕佻達鄭人遊鄉校以議執政此與漢之甘陵明之復社奚以異非子產以鎮靜處之將士論益囂民情益擾其禍不中於國家者幾希春秋二百四十年名卿輩出而敎士之制無聞魯僖之修泮宮安得不侈爲盛事耶然其時人心雖日趨功利而流風善政猶有存者賢士大夫莫不明天人之故觀內外傳

所載言禮意者最多（其言多與大小戴記相出入）公卿宴享賦詩言志詩與樂相表裏也六藝未經孔子刪定易但爲卜筮之書春秋（指未修春秋言）尚書皆史官掌之（一當世之史一古史）故左史倚相能讀典墳邱索以博雅名子產辨黃熊臺駘亦稱博物凡此皆徵史之事非好學者不能見若禮樂童而習之野人女子能通大義其精者則探制作之原窮性道之奧士大夫學術莫不以是爲歸至戰國時僅逾百年而先王遺法埽地盡矣自道術分裂諸子繁興墨家有非樂之篇老莊有棄禮之論名法諸家背道而馳亦狥緣飾以經義其流弊極多其人才則大都非後世所及蓋承數百年敎澤之遺雖當學術衰息之時猶思自見於世也迨縱橫家出而盡埽之但存一自私自利之

心禮義廉恥皆所不恤其爲說益曼衍無窮其爲禍亦益烈矣故孟子推本敗亡之由而歸於上無禮下無學又曰孔子懼作春秋春秋者聖人之刑書實聖人之禮書也

廖佩珣字君粟歸善人明夷待訪錄書後曰顧氏書頗綜核名實稍雜名法不若此書尤純乎三代之學　評曰綜核名實在今日尤當務之急漢宣帝之中興諸葛公之治蜀皆如此蓋承人心縱弛之後非此無以振刷精神也近日胡文忠之治鄂亦然故能以一隅轉移天下之全局真任事人必從腳踏實地做起凡爲大言高論者皆不足恃

黎洲言利弊多透澈而其法可采者無幾大抵知其一不知其二見一時之利而不思後日之害者爲多須知三代井田封建學校之制皆相因而及經數聖

人之手而後成其相維相繫固自有本末兼舉之道非可枝節節爲之也卒乘之制出於井田人才之多出於學校苟封建而無學校以維之適以供弱肉强食之資耳東遷以後學校既衰兼并相尚卽其明證棃洲之論學校與三代時造士之法逈殊而可輕言封建乎古今人情不甚相遠治法亦不甚相遠特聖王之治純後王之治雜聖王公天下後王私天下其心雖私其治固不能不出於公後王與聖王所判者在心術不在治法因心術之私而治法亦遂有私者要非事事皆私也漢魏以來良法美意甚多曷嘗專爲私天下而設卽爲私天下而設行法者亦但當問其法之如何儻有其人可誅而其法可取者若一切抹摋而徒取古者不全不備之法以施諸勢殊事異之時其

窒礙也宜矣所貴學古者謂其能取古人之精意以施諸今日之實事非謂泥其迹而可爲治也三代聖王雖公天下而其所以爲子孫計者未嘗不私觀詩書所言皆兢兢業業祈天永命爲子孫計久長之事蓋能私其子孫乃能安其百姓未有百姓不安而子孫獨能安者此古今無異理聖凡無異情雖私而實公也黎洲動以堯舜巢許責後世不知堯舜之視天下初無意必於禪讓苟丹朱商均皆賢又豈必以禪位爲名高哉孔孟稱堯舜多稱其盡君道盡臣道而不甚稱其禪讓豈不知禪讓爲聖人之至德以此固非可責諸人人耳巢許之事惟莊周輩喜道之初不見稱於孔孟孔子之稱泰伯以其善全父子之倫稱夷齊以其能立千古臣節若天下皆巢許生民之禍安有已時

黎洲不達此義肆其憤詞但逞一時之偏見至瀆千載之大防不可爲訓

吳保楨字玉屛連平州人楊嗣昌論　評曰論亡國之罪烏程自浮於武陵以武陵之才使能去其忮心信任孫盧諸公則賊不足平矣其得罪淸議以力與黃忠端爲仇忠端之聲望愈高則武陵之奸惡愈顯是以君子惡居下流至其曲護熊文燦殊不可解文燦何德於武陵其始不過誤信耳思宗苛察好糾擿人臣小過武陵恐以誤舉獲譴故飾非怙過而不之恤仍小人患得患失之常態也以至文燦被逮猶爲申雪可謂大愚大學引秦誓之言及小人務財用之失正不啻爲武陵預立罪案故苛察者必失下媢嫉者必誤國觀於武陵之已事有國家者可

以鑒矣

饒從龍字翀雲大埔人問公羊三科九旨何宋二說不同其義孰長　答宋氏所云三科與邵公同其九旨中日月時詳畧之旨即邵公之內諸侯外夷狄也錄遠近親疏之旨即邵公之所見所聞異辭也惟譏貶絕之旨不專爲三統而設與邵公頗異譏貶絕乃左氏之旨非公羊家專例也當從邵公 孔巽軒別以天道王法人情爲三科近於俗說巽軒不用科旨則已用科旨而自爲新說未免進退失據

讀漢書藝文志曰衷諸子之學以爲治得其一即足以亂天下

評曰漢文用黃老武侯明申韓未嘗不治視用之何如耳然此語自是正論大抵用儒者之道而過於仁慈亦不足以爲治

故仁必以義輔之而仁則必先於義此所以中正無弊也辟以止辟刑亂國用重典儒家自包有法家之義然必不肯用之太過申韓不惟太過而且務盡其法者也流弊百出禍且及身若煦煦以爲仁非仁也罪疑惟輕非疑者勿輕也故儒者不可不讀律律意精深俗吏烏乎知之律窮則有例例窮則有案例案紛繁或有畸輕畸重之失律則大中至正有互見其義者有深沒其文者細如繭絲非以治經之法治之不能通知其意也鄭君曾注漢律盛行六朝孫淵如刊有唐律疏義至五代刑統以下亦皆有端緒可尋今律如五服圖等皆與禮學相出入其名例一卷則諸律之綱領也儒者讀律自不能與專家之學同其精深但細讀之使人懍然興懷刑之思可以寡過而其有關治

術者更無論矣

黎元莊字辰約嘉應州人明夷待訪錄書後曰後人以王莽禍漢安石亂宋率不敢復言變法然窮通久變孔子之明訓改弦更張賈生之上策必泥成法夫豈其然　評曰變法亦視其事勢如何民心如何須因勢以利導未可違眾而獨行也叔季之世當言除弊毋遽言興利古人立一法自可行諸久遠其不能行者弊端害之天下事無一非可作弊之地法愈密弊愈繁去其弊則利自出何待大聲以色爲哉商鞅治秦秦强而適以速其亡鞅在當時曷嘗不憤末世之虛僞慨政教之淩夷激而爲此然其效可覩矣末俗拘牵文法乃奉行者之失苟有豪傑任其事焉用法恆得法外意必不爲文法所拘歷觀往古凡掃除

更張蕩滌舊俗者皆鼎革時之事非所語於守文之世若怫民心而强爲之不至如安石之禍宋不止也

鍾淩漢字履崖嘉應州人問西銘之旨不同於兼愛其殊別安在　答西銘發端即言乾父坤母以下語語本此立説蓋謂人物皆受形於天地天下人同出於父天母地非同胞而何大君爲宗子踐形者爲肖子害仁濟惡者爲逆子天生民而作之君作之師有裁成輔相之道宗子肖子皆不得辭其責者也惟其心中肫然有民胞物與之仁故欲使之老安少懷各得其所即欲立立人欲達達人之意所謂能近取譬也均是人也同受形於天地猶之衆子同受形於父母故尊高年即此長吾長之心慈孤弱即此幼吾幼之心猶孟子老吾老以及人之老幼吾幼

以及人之幼也然西銘但以其心言而非以其事言心則無窮可以萬物爲一體中國爲一人不如是則生機窒而仁之量隘人必具此胸襟而後能任重致遠自私自利皆一念蔽錮誤之也事則有窮博施濟衆堯舜猶病故儒者必明理一分殊之旨親親而仁民仁民而愛物各有等差正所以善全吾仁否則執途人而愛之與吾親等勢必不能徧給終且視吾親與途人等而生理於是絕天地之心或幾乎息矣故理一者仁之體也分殊者仁之用也理一卽乾父坤母民胞物與之同出一源也分殊卽親親長長惸獨鰥寡之各準其量也蓋論語言仁合體用而言之也孟子多言用其言明白易解西銘專言體則易混於兼愛故程子亟以理一分殊明之然有體斯有用必有民胞物

與之量乃有立人達人之思大而至於參天地贊化育亦只此一念充之惟其民物同出乾父坤母之一源故盡人物之性可以參天地所謂惻隱仁之端擴充而仁不可勝用也此仁之端則受之乾父坤母而凡民吾同胞者莫不有之故人可以親其親長其長而惟肖子爲能踐形惟宗子可以任家相故其責必有攸歸知化窮神則達天德之事不愧屋漏以下則克己復禮之事皆所以擴充此仁也謂充此仁念也尙未及推行之事長長慈幼等語則推行之事然亦但言其理謂仁中自有此秩然之則也此篇皆舉仁之理言之但其用有等其施有序專爲博施濟衆之舉而不知尊高年慈孤弱之差則從井救人勢且立蹶墨氏之兼愛釋氏之慈悲摩西氏之救世主皆是物也彼惟

誤認體為用故其流弊不可勝窮孟子與宋儒所以闢之不遺餘力不然墨氏釋氏皆開世一出之人其意亦無惡於天下方將進之不暇而忍距之如此其嚴哉六朝之時南北諸儒治經異派釋教亦然而禪宗衣鉢之傳六祖相嬗徒侶彌盛五季專尙詐力士多失職遁於空門臨濟等五宗之派遂徧天下北宋士大夫不參禪者甚少宗杲教無垢以改頭換面而六經率以禪學解之橫浦眉山固不待言即程門諸賢亦多陰染其旨程朱闢之不得已也元明以來禪學日衰而其徒幷不能舉其說闢之何為後儒疑程朱立言之過峻者未設身處地以觀之也昌黎言博愛之謂仁合下文讀之其言固自無弊但此言仁之事與夫子言立達西銘言胞與其旨畧同而昌黎未析言之宋

儒恐人誤認博愛之義而以施濟爲仁將入於墨氏釋氏也故屢辨之蓋豫防流弊之言非謂昌黎眞不知仁也謂昌黎不知仁者特其縱論之偶過非其本旨之所在也

劉元城學術論曰微仲堯夫一爲熙豐舊黨所搖撼遂不免用其調停雖其識之不定亦由氣之先餒　評曰汲公秦人中立無黨其汲引楊畏而卒爲所擠識不足耳畏本傾危之士偶爲所眩則有之謂氣先餒恐未盡然汲公死不明宋人說部多載之亦多有詆之者則以其無黨之故非盡公論堯夫爭訕謗詩案自是正論尤不得以無識譏之蔡確與吳處厚結怨之始末王氏揮麈續錄載其事甚詳且調停之說未可厚非用之此時尚嫌其晚呂蔡之徒固不可稍貸其餘微而入於下流者亦自

不乏大憝既除脅從罔治陽和布德則鷹化爲鳩但當多引正人潛移默運以固元氣耳桀黠者盡法懲之頑鈍者爵祿縻之宋祖以忠厚開基戒後世子孫不可殺士大夫此最盛德之事然當權奸擅政以惡州瘴地竄謫諸賢實與殺之無異而君子之處小人則常失之寬如呂蔡輩非肆諸市朝固不足警羣小之心亦無以饜天下之望也叔季人心大都嗜利誠無術以遏其躁進豈可反驅以資小人之用哉薰蕕不同器而藏梟鸞不並樹而棲用一小人則君子皆爲所掣卒之君子常不勝而小人常勝故易於姤之初六師之上六戒之爲人上者宜知此義天不能有景星而無彗孛地不能有嘉禾而無稂莠小人不絕於終古操之蹙則激而生變處之當則轉而包羞故易於泰之

九二否之六三發之爲人臣者宜知此義荆公初意本用舊人諸賢無一肯爲所用乃幡然變計專任新進承其流者變本加厲不待紹述之說行元氣固已大傷元城語錄溫公嘗謂金陵曰介甫行新法乃引用一副當小人何也介甫曰方法行之初舊時人不肯向前因用一切有才力者候法行已成即逐之卻用老成者守之溫公曰介甫誤矣君子難進易退小人反是若小人得路豈可去也若欲去必成讐敵他日將悔之案溫公之言如燭照數計荆公未嘗不知小人之不可用而欲苟取以幸成他日終有福建子之悔好用小人者可以鑒矣天下未有不得人而可爲政者使諸賢在朝雖新法盡行猶可徐思挽救至盡以操切者爲之而民生益無所控訴矣執拗不曉事自是荆

公定評凡與執拗人共事愈爭則其禍愈烈陽順其所爲而陰施其挽救之術久之彼亦倦而思返耳李西涯委蛇宦豎之間名節幾不可問後人猶或曲諒其心神宗固有爲之主荆公亦非患得患失之流使有數人者委曲補救其間豈至若斯之決裂郎云剛愎自用萬難共事然盡一分心力民間受一分之益國家固患粃政之亟行尤莫患乎朝列中善類一空則當陰陽絶續之交更無人焉起而承之不至於天地閉賢人隱不止故有碩果之不食而後有拔茅之彙征固天下之元氣者在乎扶植善類人材非愛惜長養則不能成小人既百計以挫折之君子更不思委曲以挽救之潔身而去名則完矣而於國事無濟也此庶僚新進之所爲若大臣與國同休戚者其義尚不止此

第非伴食者所可藉口耳故程子謂新法吾輩激成之最是持平之論二程遺書記其事甚詳元城語錄載溫公論介甫之言數條皆極平允朱子讀兩陳諫議遺墨論荆公心事亦至確青苗之法荆公行諸鄞縣而效遂欲以施天下不思一邑之地耳目易周天下之大奉行者豈能盡善況其與民爭利爲世大詬乎治道在不擾民事簡則易行法繁則多弊故曰烹魚煩則碎治民煩則散以青苗之瑣屑而欲行諸天下是之謂不曉事若以姦邪責荆公荆公所不受也然其心卽無他而羣姦由此彙進祖宗百數十年培植之元氣斲削至於無餘倒行逆施罪魁禍首其奚自解免於天下哉後世往往有民閒自謀之事而上之人不憚煩瑣爲之代謀者皆青苗之類也民閒治生之事至

繼至悉十里異宜百里異俗代謀者必不如其自謀之工一人之身豈能家喻戶曉勢不能不假手吏胥吏胥之不噬民者有幾民不懼官而懼吏官有情理可言吏非情理可喻也小民終歲勤動不足供若輩之一飽卽使奉公守法而民事各有常程一日不耕或受之飢使之廢時失業以聽無謂之文告利源未開怨咨先作矣曹參言毋擾獄市豈獨獄市爲然哉

梁宗柏字式如茂名人明夷待訪錄書後　評曰凡梨洲所譏者大抵末俗之淩夷非立法之本意日久弊生使梨洲之法果行亦猶是也開創之初疏節闊目承平既久法令滋繁蓋守成中主無識力以改成法而臣工之偷安目前者見法敝則立一法以救之又敝則又救之而多不探立法之本意亦或有倖法

之繁密轉可以逞其私者此弊歷代皆然故善爲治者不貴更法而貴除弊弊去則法之精意自出而後知昔人之立法皆非漫然爲之也試觀歷朝典制諸書其大經大法所以教養斯民者何等周密視黎洲所擬有過之無不及焉無如法立弊生有司奉行故事而無精意以實之則利民者且將轉以厲民並藉口於故事而益巧肆其厲民之術故程子謂有睢麟之精意而後可行官禮之法度此古今不易之理也況黎洲所立諸法大都利與害相倚伏而初非見利不見害者哉

又曰胥吏篇云欲除奔走服役吏胥之害則復差役欲除簿書期會吏胥之害則用士人　評曰差役如何可行於近世使鄉人受差則破家者有之矣黎洲謂差役防人之報復不敢致難

於人殊不知鄉民之黠者自必雇役如故名是實非官亦何從辨之其愿者則受人之魚肉吞聲忍氣而無如何明時糧長即前車之鑒富民之破家可立而待也吏胥用士人固可補偏救弊第重吏胥之選當廣其登進之途士知他日服官甚易而爲吏並非賤役也乃始濯磨自愛否則士人亦甘爲市井小人之爲且以詩書佐其舞文之具視市井尤有甚焉凡事不養人之廉恥而望其自愛無是理也明太祖重吏員之選多至達官宣宗以前猶然

顏重光字宣甫遼平州人明夷待訪錄書後　評曰藩鎮只可置於邊隅不當置於腹地謂唐之亡由於方鎮之弱亦不盡然如李茂貞輩勢稍弱者稱臣奉命之不暇其勢均力敵足相抗

衡者不過割據自雄以致生靈塗炭而跋扈如朱三者且師曹瞞故智始挾天子以令諸侯終亦潛移龜鼎仍無救於唐之亡也晉王本非梁敵特以深仇之故致死於梁假令梁不與晉讐晉豈遂能終守臣節其授詞於晉而卒滅於仇人之手者亦溫之惡貫滿盈天奪其魄而於唐之存亡皆無與也梨洲之論自是有爲而發非盡切於本事

梁垚字唐階茂名人問近時河患日深鄭州之決淹没至數百里世儒每言復禹舊蹟其說何如潘印川束水刷沙之法是否可行機器挖沙亦可用否　答史遷言禹廝河爲二渠一北載之高地一分入諸漯川漯川之渠與今河道相近大清河爲濟水故瀆濟水絶流已久後世變遷尤多今利津海口近高苑高

苑漢千乘郡地也漯川由此入海其北載高地者傍西山之足以行故久而不敗至平地後則播爲九河同爲逆河數百里間聽其游波漫衍雖禹亦無如何也三代後北流舊蹟入湮今衞河與之相近漢武帝塞瓠子河復禹舊蹟實已東徙百餘里于橫謂今之所行非禹之所穿是也若挽河入衞其勢甚易但直隸已有五大河滹沱永定九爲民患天津海口甚窄若再加以黃河夏秋之交諸水並漲永定且爲所遏勢將灌及京城此萬不能行之事也禹時滹沱亦入河今滹沱入子牙河以入海同治間患幾與大河相埒近則畿南稍慶安瀾而永定河患尤劇矣禹時上有高地下有九河故能堅束而容受之今衞水去西山已遠滹沱善徙畿南土性最鬆河道時變正禹所謂行平地

廣雅書局栞

數爲敗者陳和叔導河書欲由大名引而注之漳河合滹沱諸水達之天津以復北流故道蓋未知帝都所在古今勢殊也自禹厮二渠後至周定王五年河徙至金明昌五年南流合淮至

國朝咸豐五年北流入大清河是爲古今三大變自餘遷徙靡常無代無之獨晉唐之世河患最少蓋亦地經割據紀載未備之故耳漢武帝時南注鉅野通淮泗是爲南流之始武帝旋發數萬人塞之宋熙甯中曾分兩派一合南清河入淮一合北清河入海元豐以後又折而北明昌五年之決亦分兩派後遂專趨於南漸且以洪澤一湖受河淮二巨瀆之水至咸豐間始改而北流其歷代河患禹貢錐指行水金鑑諸書考之已詳今不贅及咸豐五年銅瓦廂決口直衝張秋其勢本順而明時常

挽之南流者一爲祖陵風水一爲河運所關今二者皆無慮北行已久宜若可以灑沈澹菑顧山左之民常苦昏墊則以河身日高海口淤塞勢常不能容也自潘印川治河後論者多持河不兩行之說實則漢宋之世皆曾兩行非獨禹時爲然蓋支河多分則力弱弱則不能刷沙若分兩大支以殺盛怒有何不可今山左水道近大河者有小清馬頰徒駭三河此唐時所稱徒駭非九河之一也馬頰亦非禹之遺蹟惟徒駭稍寬可容分溜而沿河居民已不甚願或由賈魯河挾潁以入淮即近時鄭州決口之道明正統後宏治前多由此第黃淮二水入湖湖不能容高家堰有岌岌可危之勢故江南居民九不願也當河南行時淮水爲黃流所遏不能宣暢時或汎濫爲災上自潁壽下及

高寶極惴惴焉舊制河淮盛漲則啟禮智等五閘以洩之裏下河本為澤國入海之路尚多若天然天賜等七引河皆可資宣洩民居不至盡淹惟稻為所浸收成歉薄故啟閘之期極以差一二日為上下流之盈縮數州縣之民每因此齟齬分水南行近日張勤果本有是議欲於銅瓦廂上下築為堅閘減三四分之水以入淮此亦無策中之善策然淮徐之民既不樂從勢難咈民以從事創亘痛深奚怪其然非河自南流孰能執其咎耶增高培薄誠為下策顧後世生齒日繁田廬彌望勢蓋不能不如此論者徒執神禹治河功在疏濬之說以詆潘靳諸公夫潘靳固非不講疏濬者開海口以通下流之去路即濬之法開引河築減水壩以消上流之盛漲即疏之法因時制宜貴師其意不師其迹必為高

論以詆之未識任事者之苦心耳隄工自明代以來講求已備若月隄子隄格隄之類皆因地而施縷隄遙隄尤關緊要無縷隄不能束水無遙隄不能容水也入海之路不暢則上流之淤日甚此皆自然之理開濬海口本難施工利津鐵板沙尤不易去非別開引河不可若陳省齋之於近海兩岸各開引河以其土堆爲縷隄後將縷隄劃去合三爲一等法今皆可行詳見張氏河防述言機器挖沙亦是一策但不難於挖沙而難於挑送若僅堆置河旁水漲時仍帶沙入河挖猶不挖也聞天津定購機器船水隨泥上似亦不甚適用舊制鐵帚船之用妙在但鬆其沙仍借水力以刷之機器聞有用飛輪者輪飛而沙揚此則與混江龍用意畧同第須隄工堅固力能束水始足見效否則

游波寬緩水不能挈沙以行雖已鬆者亦漸變爲鐵板沙而河身日淤故潘氏築隄束水借水刷沙之策至今不能廢也嘉道年間南河官吏侵牟無度以致潰敗不可收拾包愼伯魏默深之徒皆預言河必改道蓋以事勢驗之而知其然逮豐工告竣河遽東徙時方多故未暇經營十餘年之淤積而河之敗徵遂見復因帑項不敷多以民埝爲官隄尤未能處處築造如法潰決頻仍職是之故非河之果不可治也至鄭州之決自是人謀不臧東河尚有承平餘習平時險工多在北岸猶或加意宣防南岸則廢弛已久一決遂不可禦此非一朝夕之故矣夫治河無他奇策所恃不過隄防能順天時相地勢以爲之卽奇策也

河工當合龍時埽之走與不走往往有天意存焉若鄭州第一

次合龍人皆知其埽之必走此又關乎人事治河之道與治兵同埽當下而不下不當下而下皆失天時地勢者也鄭州合龍乃當大汛之時故求急而反緩河工皆有成法可循但能思患預防嚴杜浮冒自必日起有功所難者任事之人耳

劉潤綱字維三合浦人讀李翺復性書曰翺論性而云皆善實可追蹤於許鄭說文云性善者也角弓箋云人之心皆有仁義比肩於孔賈咎繇謨疏云五者人之常性自然而有春官疏云變之久則化而性善也　評曰心非性也鄭箋未可牽合說文則實用孟子說耳鄭箋心與性不甚分別故上文言性下文言心此自辨析未精處無庸爲之曲諱此題本不必引鄭說也必欲引之則當引禮中庸注詩蒸民箋乃與性善相比附至云比

肎於孔賈亦不然孔賈有孔賈精處習之有習之精處比而同之轉覺儗不於倫咎繇謨疏是衍孔傳語春官疏是引中庸鄭注皆非孔賈所自得者古書言性有以性命言者卽宋儒所云義理之性也有以才質言者卽宋儒所云氣質之性也疏家每不甚分晰若春官疏之引鄭注亦混性命於才質非鄭注本旨然此不足爲孔賈病彼時常解皆如此性命道德之說至宋時始精故作理學題多引漢唐之說必不若宋元儒者之精確猶之作制度名物題多引宋元之說必不及漢唐儒者之博贍漢儒之言簡質故必參考六朝初唐諸書以疏其義然六朝玄學大行儒者治經若周易論語率雜以老莊之旨如世說新語注引孫盛易象妙於見形論之類孔沖遠謂江南義疏十有餘家皆祖尙玄易義虛義多浮誕案繫辭注疏多引老子蓋六朝習尙然也

見於隋經籍志者甚多今皆散佚李氏集解不取王韓之學故諸儒遺說罕存惟論語皇疏所采各家純駁錯出往往有涉於異學淺陋難通者邢疏廓清摧陷之功不可沒也宋儒之言精深故必博稽元明　國初諸書以尋其緒然嘉隆後心學盛行天泉證道四無謬說羣相推衍涇陽景逸蕺山諸公雖大聲疾呼猶未盡抉其利病（涇陽證道編還經錄諸書論陽明同於告子釋氏處至詳第辨其無善無惡之說猶未及致良知之說）陳清瀾之通辨張武承之質疑詞近叫囂仍未能障其狂瀾康雍以來乃漸衰熄陸張諸儒閑邪衛道之心不可誣也近儒以此爲平淡無奇乃倡爲實事求是之說鼓動一世六書九數音韻訓詁名物制度類多卓然名家惜乎其不善用所長耳漢宋諸儒大旨固無不合其節目不同處亦多學者知其

所以合又當知其所以分使事事求合窒礙必多斯穿鑿附會之說起矣近儒謂訓詁名物當求六朝以前書是也其謂不讀唐以後書則非此特讀書減省之法非眞讀書人語也明七子論詩文亦然詩文氣有厚薄體有古今自當隨時代爲升降豈義理亦隨時代爲升降乎書之傳與不傳有幸不幸陋書自不可讀佳書自宜多讀初不以時代而殊學者愼毋爲此等瞽說所封也宋學以闡發義理爲主不在引證之繁義理者從考證中透進一層而考證之粗迹悉融其精義以入之非精於考證則義理恐或不確故朱子終身從事於此並非遺棄考證之謂也朱子言考證別是一種工夫某向來不曾做此自謙之詞今讀語類隨舉一事無不通貫非精於考證者能之乎斯其文初

無餖飣之習莫非經籍之光宋五子尙已若漢之董江都劉中壘匡稚圭揚子雲諸人皆有此意西漢之學術所以高出東漢也西漢大儒最重微言宋儒則多明大義然精微要眇之說宋儒固亦甚多漢藝文志李奇注微言隱微不顯之言小顏注精微要眇之言義皆可通惟精微故隱微也其言心言性乃大義之所從出微言之所由寓漢學家獨禁人言之則無論周易一書專明性道卽四子書中言心性者何限子貢謂性道不可得聞第戒人躐等耳七十子後學者何一不明乎此近人乃藉口此言以文淺陋則六經幾可刪其半矣韓詩外傳云原天命治心術理好惡適情性而治道畢矣蓋心術形爲好惡好惡本於性情性情原於天命惟能治其性情節其好惡斯漸復乎天命之本然而禍福無不自己求之也故理好惡者大學絜矩之事治心術迺性情者大學誠正之事原天命者大學顧諟明命之事古之儒者言治道若

此安有去心性之學而可言治道者乎

顧亭林謂學者但當辨辭受取予不當言心性夫辭受取予之節孟子辨之至精存心養性之功亦惟孟子言之至悉取其一而遺其一不可也仁義禮智天所與我是非辭讓之心人皆有之任其牿亡則日趨於利時或省察則漸返於義惟其以心爲權衡故能知何者當受何者當辭何者當取何者倘予苟此心憒然一無所知則發不中節舉動乖謬尚何辭受取予之足云吾未見禽獸在前投以嘑蹴之食而不受也予以簞豆之利而不爭也彼豈無心惟性與人殊不能自治其心故任其性之所發而不能自止也告子生之謂性意正如此蓋以知覺運動爲性故有杞棬湍水之喻其說極粗宜孟子以犬牛之性折之而不能答也近人以六書言訓詁謂性從生

得聲往往申告子之說然說文明云情人之陰氣有欲者从心青聲性人之陽氣性善者也从心生聲凡字有形有聲有義陽氣性善者釋其義从心者釋其形生聲者釋其聲使强以許君之說同於告子則情从青得聲又將何解左形右聲許書之通例治小學者豈於此猶有不瞭然乃許君力宗孟子漢學家反宗告子何耶 詩大雅烝民正義禮坊記正義皆引孝經援神契曰性者生之質樂記鄭注性之言生也白虎通人稟陰陽而生故內懷五性六情情者靜也性者生也以生訓性古書固多有之要非制字之本義且皆舉氣質而言不若許君兼言理氣之爲完備禮運鄭注言人兼此氣性純也又云此言兼氣性之效也鄭君亦以氣與性分言之蓋與宋儒說同 彼徒執口之於味數言以爲孟子之言本與告子相近不知孟子意以此數者亦出於性非謂吾性中但有此數者而絕無仁義禮智也故曰有命焉君子不謂性張子正蒙謂氣質之性君子

有弗性者焉即此意也天以仁義禮智賦人故謂之命命兼理氣性亦兼理氣氣不能有清而無濁斯質不能有純而無駁天地亦無如何君子惟不以此爲性於是乎有變化氣質之功有盡性踐形之事有窮理至命之學皆以四端之義理爲主而不欲授權於氣質孟子因告子混氣質於義理故專以性善立說至形色天性口之於味兩章乃兼舉氣質言之以明性之全體宋儒說本孟子理至精密與告子判然不同安得附會六書以誣孟子并以之誣許君乎氣質謂昏明强弱嗜欲謂聲色臭味孟子形色天性口之於味兩章乃言嗜欲之性似與氣質有殊然嗜欲仍生於氣質昏明强弱者陽氣爲之聲色臭味者質爲之言氣質則已該嗜欲於其中矣誥始言性虞夏以前未聞有性之名禹謨謂道心惟微即義理之性也道心之粹然者天所賦予人與禽獸相去在此幾希聖

人因爲殊別之而性之名以立禽獸亦有氣質亦不得不謂之性然與人性之以義理爲主者固殊告子乃混而一之安得不誤翟晴江四書考異謂湯誥惟皇上帝降衷于下民卽天命謂性也若有恆性卽率性謂道也克綏厥猷惟后卽修道謂敎也其言至確　案湯誥言若性中庸言率性若訓順率訓循順循其性之本然皆謂性善也王充論衡率性篇獨有率勉之訓古書無訓率爲勉者充生漢世乃不明訓詁可謂俗儒也已晴江此書前有總論通考之屬精義多在其中嚴氏杰編皇清經解時以其頗引宋元儒說遂刪去之而仍刪之未蓋非但謬戾亦進退失據矣

近人但曉曉辨古文之眞僞而并其言之精粹者棄之如遺豈非顚倒剌謬乎漢宋諸儒解經一字一言必還經之本義篤信謹守蓋闕毋妄故可寶貴何邵公解公羊多節外生枝雖聖人微言閒存其中而已功不補過宋賢疑國風刊孝經改大學亦多爲後儒所糾程朱可師法者多矣後人學識不及其萬一而動欲以己之意見汩經自僞古文之說行此風日熾名爲衛經實則畔道古書中名言精理棄若弁髦而反蒐羅讖緯旁及雜說以示博豈讖緯雜

說果勝於古文尚書乎多聞闕疑聖有明訓吹垢索瘢鍛鍊成獄縱能得情亦是酷吏此事爲之不已有關心術非儒者所宜爲也

孟子言性與中庸說同亦與繫辭義合中庸天命之謂性大戴禮本命篇以爲孔子之言蓋子思述孔子孟子又學於子思聖門微言惟孟子得之故其書最善言性而非荀子所敢並也家語後序謂孟子親受業於子思史記謂受業子思之門人索隱引王劭說以爲史記衍人字是也家語雖經王肅竄亂然非僞書受業子思之言與趙邠卿孟子題詞漢書藝文志劉中壘列女傳皆合近人或以年歲不相及爲疑則四書賸言已辨之矣案子思孟子生卒之年皆無可考然魯平公欲見孟子而穆公時子思尚存穆公之卒至平公卽位相去凡六十年使子思卒於穆公中年與孟子相去亦不過七八十年漢儒傳經若申公伏生之倫皆年臻大耋未可疑孟子竟無受業子思之事也史記謂子思年六十二計自孔子之卒至穆公元年已不止六十歲其爲謬誤不辨自明孔子卒時子思方幼而孔叢子有孟子問於子思又有子思問於夫子云云年歲相懸恐非事實孔叢僞書不足據也

習之復性書言滅情固近於釋氏言復性則實本於孟子惟性中兼有食色之欲故

召誥言節性惟性本善而人自牿亡故習之言復性能節性斯能復其本善之性矣此與古聖賢之言初無不合而阮文達作性命古訓必爲曲說以斥習之至與詩易論孟中庸之言性者觸處窒礙所謂言臧三耳甚難而實非也樂記人生而靜天之性也感於物而動性之欲也性兼氣質故有欲有欲故須節象山語錄乃謂樂記此言本於老氏誤之甚矣戴東原孟子疏證所見與象山畧同而不敢徑駁樂記乃强爲之說遁詞知其所窮案文子道原篇亦有此四語文子多掇儒書以證其說非此四語果出於道家也楊升菴外集曾引文子以駁樂記胡元瑞筆叢已糾之人之所以異於禽獸者以其有此四端之心幸而有此四端之心而復聽其若存若亡終至於澌滅殆盡而後已是禽獸猶限於天人則天予之而自汩之豈止相去幾希哉弗思已耳亭林特鑒於明末心學之流弊故有激而云然非竟廢方寸之良田使之蕪薉不治也近儒乃專取之以

佐其私說不亦傎乎顏習齋之學大旨與亭林畧同皆矯枉過正者張稷若有答亭林書專論此事其言平實亭林所不逮夫古之學者舍學問思辨行無所爲學也學問則讀書之事思辨則窮理之事篤行則返躬實踐之事苟有學問而無思辨任耳目而不任心讀書何爲心不靜則讀書亦不能成誦此理至易明而近儒齗齗不已可異也學者不嚴辨乎義利公私不從事於躬行實踐而徒喋喋言心言性斯可厭鄙耳顧安得因噎廢食歟　告子惟不知性中本有仁義禮智之則而但以知覺運動爲性遂卑視性而專治心亦知人欲之不可橫流乃强制苦禁以求此心之不動釋氏之說正如此故嘗謂仁內而義外其所謂仁亦煦煦之仁耳蓋吾儒之言仁義合仁與義言之也異

端之言仁義別仁與義言之也仁與義雖各有主名而正相資爲用譬諸秋冬凜冽要未嘗無溫煦之時雖使肅殺閉藏而生物之機不絕故乾元可以統四德體仁可以賅四端仁與義之象陰陽最爲顯著而謂仁義判不相入是猶謂陰陽各不相生也有是理乎異端惟不知道之大原以仁與義截然爲二事故言仁必推而極諸兼愛雖投身餧虎有所不恤言義必推而極諸爲我雖殺人盈野詈不動心由其判仁義爲內外故絕不相謀如此告子與楊墨說雖不同而其立說之本固無不同也孟子旣歷辨其非因亟以蒸民之詩明之有物必有則有氣質必有義理則在物中義理在氣質中苟徒有是物而無是則斯其所謂物者乃禽獸草木之物非吾所謂耳聰目明之物也惟有

物必有則故凡仁義禮智之德君臣父子夫婦兄弟之倫皆出於天理之自然並非有所矯揉造作親親之殺禮意秩然初不必以施濟爲事能近取譬擴而充之而仁不可勝用矣夫何至廢君臣父子以爲教蔑仁義禮智以爲心聖學之所爲別於異端者此也特慮人聽其自然而不復加存養省察之功則旦晝之牿亡仍無以異於禽獸故富歲牛山二篇即次於論性諸篇之後操存舍亡出入無時聖賢豈不治心哉第非如告子釋氏之強制其心耳荀子言性惡是知有下愚之性不知有相近之性下愚稟氣至濁而義理遂爲氣質所勝是質也非性也氣質之性君子弗性非但宋儒言之孟子已早言之詳見上文荀之詰孟論極粗淺其爲說又在於告子之下近人獨喜稱述甚矣其寡

識也惟天生人有善無惡故能生生不息若如荀子之言則生理滅絕從古至今天地之間皆戾氣充塞人豈可一日居天地清明之時多曀霾之時少既以濁氣生物又以戾氣生人則清淑之氣究歸何處天乃專生惡人非不仁之甚耶荀子意在重學然人性既惡又安肯學非自相矛盾之甚耶中庸明言率性性惡烏可率循又烏可以之修道而立教荀卿非十二子而於子思孟子爲尤甚故其言與思孟異趣若此不知繼善成性大易固先言之荀子明聖道而反悖於聖言其足依據耶方望溪舉元兇劭覆載所不容丈人何爲見哭柳燦負國賊死其宜矣之言以證人性之皆善是也但如元兇劭柳燦之戾氣獨鍾者世不多見聖賢惟道其常不得以一二人之性概千萬人之性公都子以紂與瞽瞍爲問孟子不與之辨而但言四端之見人皆有之意正如此此意顧氏日知錄曾及之後世若秦宗權張獻忠之流豈無一二性與人殊者而欲舉此以例其餘豈聖賢立言之

旨乎孟子謂人皆可爲堯舜荀子謂塗之人皆可爲禹語意相類卽此觀之四端本於性生可見荀子既知其然而又言性惡矯激之詞烏可爲訓

惟人性相近故皆可以爲善惟性兼理氣故相近者可以使之相遠相遠者仍不得謂其初之不相近有物有則卽理氣之說也

物則之訓鄭箋與朱注異義但詳孟子語意朱注爲長韓詩外傳引是詩而釋之曰民之秉德以則天也不知所以則天又安得爲君子其上文屢言仁義禮智順善之心是以五常訓詩之有則者韓太傅已然孟子趙注天生蒸民有物則有所法則人法天也義與韓同孫疏亦與朱注義同朱子嘗謂孫疏是邵武士人僞作而此注獨從之以其說之精也朱子語類謂孟子未知氣質之性似不然孟子言爲不善非才之罪卽兼氣言之程子所謂才稟於氣是也性本於天而具於心故有善無惡才與情皆發於外發於外則有物欲感之故有善有惡孟子方論性善因專舉才之善者而言人見其禽獸也以爲未嘗有才才屬質言語意自明朱注才訓材質亦仍與氣質之說不甚相遠也金仁山論孟集注考證云地有肥磽雨露之不齊已可見氣質之有異孟子非不知有氣質之性也其言良是

程易疇論學小記疑宋儒以性爲超乎質形氣之上蓋誤會宋儒之意程子語錄中早詳

之矣至戴氏疏證語多支離謬不勝糾大率以人欲爲性之本然當順而導之不當逆而制之此惟聖人所欲不踰矩者乃可豈中人以下之欲皆能如是乎欲本兼善惡言宋儒曷嘗謂欲有惡而無善特理欲對言則理爲善而欲爲惡故樂記言天理人欲易言懲忿窒欲論語言克伐怨欲法言修身篇天下有三門由於情欲入自禽門如戴氏之說是人自禽門者亦可謂之善乎經典中此類甚多東原概置之而但援欲立欲達以爲說不知說文欲訓貪欲論語憲問章馬注同貪之爲義惡多而善少東原精擘訓詁豈獨不明乎此第欲伸私說以攻宋儒遂於本明者而轉昧之此卽欲也而不當遏之乎天之賦人有食色之欲未嘗有貪淫之欲其有之者人自縱之也東原乃謂食色之性人不可無此何待言愚人知之宋儒不知耶疏證有云

欲之失爲私私則貪邪隨之是東原未嘗不知欲中有惡也既知有惡而又禁人存理遏欲誠不知其何說也朱子語類濂溪言寡欲以至於無蓋恐人以寡欲爲便得了故言不止於寡欲而已必至於無而後可耳然無底工夫則由於能寡欲到無欲非聖人不能也曰然則欲字何如曰不同此寡欲是合不當如此者是私欲之類若飢而欲食渴而欲飲則此欲亦豈能無凡東原之所辨朱子已早言之矣

荀子專舉下愚以言性東原專舉上智以言性

專舉下愚者乃欲以學愈愚說雖偏而尚無大害專舉上智則古今上智曾有幾人雖使人欲橫流皆自以爲合於天理是尊情以滅性而幷可以廢學東原其殆未之思耶若其譏宋儒之言理如有物焉得於天而具於心以是爲宋儒罪夫仁義禮智天所與我而皆於四端之心見之苟非有物焉得於天而具於心何以能應萬事詩蒸民篇箋天之生衆民其性有物象謂五行仁義禮智信也乾鑿度五常以之行鄭注天地氣合而化生五物鄭君以五物謂五常非有物焉得於天而具於心之謂耶朱子注詩注孟子皆不從其說東原若必

以此爲非則當斥鄭君不當斥宋儒推其致誤之由蓋以血氣心知爲性而不知以義理氣質爲性血氣心知未嘗非性然此但言氣質之性而未及義理故樂記復言合生氣之和道五常之行生氣五常乃所謂義理之性也樂記上下文語意甚明安得截取四字以證其曲說故其言曰心知之自然未有不合理義者未能盡得理合義耳夫孟子謂心之所同然者爲理義未嘗謂心之所發者皆合於理義也心統性情故理義具於心其具於心者性之所固有也所謂性善也其動而不必皆合者情之有善有惡也所謂其情可以爲善也可以爲善亦可以爲不善也程氏論學小記謂乃若者轉語之辭是也東原因欲攻宋儒遂以孟子之言情爲非性情之情而云情猶素也實也曲說至此可謂自生荊棘矣惟可以爲善可以爲不善故曰求則得之舍則失之又曰非才之罪才本可以爲善而或爲不善者乃不能盡其才之罪非才之罪也猶之情本可以爲善

而或爲不善者乃不能治其情之罪非情之罪也氣質亦可以爲善而或爲不善者乃不能變化氣質之罪非氣質之罪也才情氣質雖有善有不善而人皆有此秉彝之性故皆可以爲善是則性相近也是乃所謂性善也若以是歸諸心知之自然則心知有惻隱矣亦知有殘忍也心知有辭讓矣亦知有爭奪也而以爲盡合理義不亦誣乎理義者得於天具於心所當存養省察拳拳服膺以保之而勿失者也非謂有此同然之理義遂可任其自然而使之出入無時也東原力駁程朱人生而靜以上不容說之旨謂性當指人物而言不當以理義之性歸之於天如其說將何以解於易繫辭繫辭一陰一陽之謂道繼之者善成之者性非歸之於天耶聖人恐人誤認氣質之粗者爲性特著繼善於成性之前以明天命之本善蓋謂天賦人以理義而人性始善也故曰天命之謂性東原何且禽獸亦曷嘗無血氣曷嘗無心知可謂合於理弗思之甚耶

義乎由前之說是認心爲性同於釋氏也由後之說是生之謂性同於告子也二者無一可而東原躬自蹈之反以告子釋老詆訶宋儒可乎夫老氏之言神蓋欲嗇其精神以求長生也釋氏之言神蓋欲得其神識以求不生不滅也氣之充然者爲精神心之湛然者爲神識神識與精神且不相同況宋儒之言理更於二者何與五常之燦然者謂之天理五倫之秩然者謂之條理皆與神識精神渺不相涉東原乃鍛鍊周内以牽合之此猾吏舞文之故智西河多有此弊不意東原亦蹈之也若王學末流絶不以治心爲事以爲吾心中自有良知不假安排信心而行遂至恣肆猖狂而不可遏戴氏之説其流弊畧與此同豈但非陽明本意亦與釋氏大殊其牽引釋氏諸書特支離蔓衍

以快私說耳此正不治其心之咎非言心之咎亭林不揣本而齊末誤矣今夫人非至愚被以盜賊之名必怫然而不受然習染既深往往有爲盜賊所不屑爲而反安之若素者此無他無可欲則廉恥之心生有可欲則羞惡之心泯也夫不受盜賊之名非良知乎見可欲而心亂良知其可恃乎羞惡之心雖本性生苟不能擴充此心終必近於禽獸故陽明雖主良知而必以致良知立說爲王學者乃去致字而專講良知是徒任吾心之所發而不必達之於天下也可乎哉言良知則不容著致字言致知則不容著良字陽明之爲是言蓋欲破格物窮理之說而以事物之理爲良知中所固有當恃吾本心之明以格之其復大學古本亦此意也此似與孟子四端意近然四端從擴充言

良知從不學不慮言不學不慮則知於何致宜後人去致字而專講良知矣（良知流弊明季國初諸儒辨之已詳近人亦罕從之者無庸煩贅）雖然王學末流之弊不知治心而尚知有心若如近儒之言則目自能視耳自能聽手自能持足自能行而吾心漠然一無所與此其爲說又在戴氏之下戴氏特昧於理欲之辨未嘗禁人言心此則並心而去之古所未聞也苟有稍及此心者必訶以爲釋氏之說古人惟恐心之不靈而時時省察以養之近人惟恐心之或靈而事事窒塞以仇之務使如頑石然一無知覺而後已嗚呼誤天下後世而驚於口耳相率爲破碎無用之學者非此言歟孟子謂心之官則思先立乎其大者則小者不能奪中庸亦言尊德性而道問學蓋德性尊大體立而後學問有所附麗破碎支離

固不足以言學也陸象山以此爲宗旨本不誤誤在主張太過而欲以六經注我則流弊甚大聖門敎人學問與思辨並重故無罔殆之弊罔者冥心無用其弊止於誤己殆者師心自用其弊更將誤人人而習爲無用之學已可哀矣人而至於師心自用尤可懼也故夫子復言以思無益其平日本身以立敎者好古敏求發憤忘食多言學而罕言思爲後世計至深且遠程朱謹守而不變所以爲聖學正宗然要非去思以言學也去思以言學近儒乃始有之盍弗與讀孟子

王士宗字希曾欽州人問史記體例　答義帝如韓林兒政非己出不可立紀項羽曾宰天下諸侯聽命自當立紀史通之所譏非也近人曲爲之說亦非也漢諸王及蕭曹等皆有土有民

即古諸侯故作世家陳涉亦然漢書斷代爲史故不用通史之例此皆事理之顯然者無庸曲說惟秦先世立紀頗失界限然不如是則先後參差不得不爲變例魏收作魏書即承用之

王國棟字堯雲瓊山人問玉藻君未有命注卿大夫受賜於天子歸必致於其君君有命乃服之王氏圻曰若此則方受天子賜時已乘服拜而歸又獻於其君待君命之而後乘服是二天子矣　答古者諸侯之大夫爲諸侯服重爲天子服輕各君其國即各有臣其境內之義天子臣諸侯諸侯臣大夫大夫臣士儀禮喪服篇爲君斬衰注天子諸侯及卿大夫有地者皆曰君經又云諸侯之大夫爲天子繐衰傳曰繐衰者何以小功之繐衰也何以繐衰也諸侯之大夫以時接見乎天子疏謂畿外大夫

接見天子者乃有服不聘天子者卽無服盛氏世佐謂旣爲大夫雖未嘗聘問王朝而其可以接見之禮自在故皆爲天子服大夫之臣於諸侯者以諸侯爲天故必君有命乃敢服注義確不可易王氏未明古制耳左傳昭四年叔孫穆子卒季孫使杜洩舍路不可曰夫子受命於朝而聘於王王思舊勳而賜之路復命而致之君君不敢逆王命而復賜之杜注謂豹不敢自乘故致之君其明證也

吳應星字均台儋州人問內則奔則爲妾案周官媒氏奔者不禁據正義云云正是奔往爲妻茲顧槪名之爲妾蓋不禁之者順其情也名爲妾者止以禮也雖有不禁之條而奔者固已少矣　答此說用意固善但不禁奔之義終有可疑先儒謂六禮

未備而急爲嫁娶者謂之奔非相奔就之謂也說似較妥奔則爲妾亦正六禮不備之謂不然娶妾者豈皆私奔哉

問內則父母有婢子注婢子所通賤人之子黃氏震云謂婢之子則與下文庶子意重合如曲禮之婢子直言婢耳案直言婢則父母沒後婢長當嫁無緣有沒身敬之之理黃說恐非　答婢子謂婢所生之子故注云所通賤人之子賤人卽指婢言鄭說初無可疑陳氏集注亦甚明黃氏疑與庶子無別不知庶子謂妾所生之子與婢所生者自異安得混而爲一此又誤以婢子連文故有長大須嫁之疑

問禮器釋文犧尊鄭素何反據此則鄭時已有反切　答鄭讀犧爲莎故釋文有素何反之音非鄭自作音也釋文語意甚明

無邪堂答問卷四

汪鸞翔字鞏菴臨桂人問西銘　答西銘舉仁之全量言之不善體會則易流於兼愛故程子特言西銘明理一而分殊欲人之善會其意也聖門言仁於顏子曰克己復禮宋儒去私之說本之古注訓克己爲約身仍與去私意近特內外微顯之別耳克之訓勝經典達詁左傳楚靈王不能自克杜注亦訓克爲勝正義引劉光伯之說集注本之心苟多欲何以約身故學者克治己私最宜勇猛此斬關奪隘工夫於仲弓曰見賓承祭宋儒主敬之說本之其他曰先難後獲曰爲難言訒曰居處恭執事敬曰恭寬信敏惠多言審端致力之事而於子貢之博施濟衆則告以能近取譬此意惟孟子闡發最詳其言四端擴充操存舍亡人可爲堯舜之類皆求仁之方也親親仁

民仁民愛物差等秩然與孔子近譬之言若合符節能知此義則人人親親長長而天下平各親其親各長其長天下之至私卽天下之至公也若但以博愛爲仁而不明理一分殊之旨則其勢必有所窮而煦煦之仁起矣孟子推兼愛之弊至於無父言似過激今觀釋氏之書摩西之教而其言驗矣擇術可不愼歟

問氣節似亦但全德中之一事　答内蘊義理則外發而爲氣節故孟子養氣之功必曰集義義理非徒託空談卽事卽物義理存焉故宋儒以窮理訓格物氣節亦非可空談遇事乃見平日只有集義養氣之功無所爲氣節也高談氣節者不甚可信如義所當爲則爲之卽氣節也理所當言則言之卽氣節也在

己只見義理之當言當爲初無氣節之見存人之間其風者乃稱之曰氣節氣節者人所加之名非己可以襲取也襲取焉則氣易餒而節不固矣氣之所以能不餒者以其於義理確有所見言之而犂然有當於人心行之而灼然不惑於利害此非精義窮理之功何以致之若激於一時而非裕於平日乃意氣也非氣節也詡詡然以此自矜乃客氣也尤非氣節也意氣有時或可成事客氣則無不僨事三代時本無氣節之名篤信好學守死善道不必言氣節而氣節自在其中達則兼善窮則獨善兼善獨善之量畢生戰兢惕厲寡悔寡尤猶未知能否副其萬一而敢矜言氣節耶世所貴乎士者爲其好學力行知恥也三者具而後可以誠身惟好學則有審問愼思明辨之事兼此三者乃不至恃血氣以爲勇世儒但以博學

爲貴思辨之功不講久矣善乎陸桴亭之以思辨名其書也辨謂辨之於己非謂與人爭勝聖人且以學之不講爲憂朋友講習去其非而擇其是勸善規過友所以列於五倫近人必欲以因噎廢食乃并此而諱言之則其傲很自是又奚責焉

氣節自名其中已大不可問此有識者所深恥尚何識之足云當盛隆時上以誠求士士以誠憂國上下交而其志同至於上下不交而士之守死善道者乃不得已而以氣節見以氣節見則士之不幸而實國之大不幸也尚忍言氣節乎哉

問氣節與驕傲相近而大相反人或以兀驁不羈爲氣節恐誤

答氣節與驕傲堅忍與柔靡皆判然二事以兀驁不羈爲氣節誤之甚者矣富貴不能淫貧賤不能移威武不能屈斯乃眞氣節平日惟於辭受取與出處進退間講究分明有皎然不欺之志有卓然不懼之概身體力行操之者熟猶懼其臨事或有

迷謬也而可以兀驚不羈當之乎且兀驚不羈之徒亦正有辨有本自性生者有矯爲簡傲者其本諸性生者平時負氣淩人臨事或亦能激於義憤此質偏而未學君子猶節取之且不可不熟察之衆惡必察此亦其一若徒恃虛憍之氣中不足而張皇於外吾未見矯爲簡傲者之能善其後也雖然辭受取予出處進退夫豈易言非見理明而應機決者安能處之至當故又貴有窮理之功養氣之學孟子之集義卽宋儒之窮理也孔子之知不惑仁不憂勇不懼卽孟子之知言養氣也二語本薛文淸讀書錄第文淸未及仁不憂一節耳彼鹵莽滅裂者烏乎知之

問律己宜嚴而待人宜寬不特寡怨似亦可弭吾驕　答寬以

待人胸中可不至日生荊棘豈獨寡怨乃養心之方也律己嚴而待人寬此一定不易之理然一於寬則易流其中又自有界限凡人偶有一得而驕只是不讀書多讀則氣自平雖聖人有所不知不能何驕之有惟驕之溢於外者易除伏於中者難去矜伐之意稍萌學問卽難長進此返之於身可默驗而自知者若夫趾高氣揚見之令人嘔噦斯乃妄人取禍之道無足深論矣省察克治身體力行乃得讀書之益不然讀書雖多適足飾非長傲愈讀愈誤若胸羅萬卷而行止不檢或妄逞私臆輕詆昔賢雖謂之一字不識可也諸生當先戒此乃可爲學

問事變之來非有才者莫能應而有才者每患無德有德者又往往無才要非才德兼全者不能馭羣才也聖人嘗歎才難豈

才固因時爲盛衰歟　答地以上皆天人物以外皆天塞乎天地之閒者氣也氣聚而才生分陰分陽迭用柔剛剛有美有惡柔有美有惡才出於德莫之與匹才有美有惡德有美有惡如懿德凶德之類皆是道與德爲虛位故亦可爲不美之稱非若仁義之爲定名也大德馭小德大才馭小才古之人歟往往抑才而揚德非也今之人歟往往舍德而論才非也才有大小任有輕重任天下之重者非一手一足之烈也合天下之才以爲才才斯大焉士之才者非其人弗爲用也士之才而德者非其人九弗爲用也駑馬長鳴求服鹽車上太行之阪與夫破觚爲圜投時好而意在乎濟其私者非才也自太古以至今日天地之氣無剎那之息生人之才無剎那之絕世治者才之拔世衰

者才之過過之又過以亂其國故古之任才者在器其才而分任之才純者善矣純而大者善之善矣駁者常見而純者不常見小者常見而大者不常見駁者馭以羈靮而弗受也駁且大者馭以羈靮尤弗受也隆禮厚貌所以馭英賢推心置腹所以馭豪傑輕財重祿所以馭壯士審機應變所以馭小人小人之異異其心非異其才也才者小人所同心術君子所獨觀於其獨庶同者無遁情焉小人多於君子中材多於小人輕財重祿者馭中材非馭君子也馭小人而小人不盡爲所馭也利也者小人之命也見利而輒攘身敗而名喪䮀儈之張皇小人則竊笑於其旁小人之攘利也有進乎是者焉將欲攫之必故薄之將欲取之必姑拒之以恩爲馭反爲所馭恩威不測變化不一

則小人揣摩之術竭矣以是待君子君子望望然去之矣小人巧而君子拙小人華而君子質小人諛而君子直故人情莫不遠君子而親小人小人復工揣摩我惡巧則故爲拙訥以嘗之我惡華則驟爲質樸以中之我惡諛則貌爲戇直以炫之觀人於微固已然僅觀於其微而不復統核其生平則君子容亦有疏於防檢者小人更無不工於揜著者執一己之好惡以衡人未有不爲人所欺者也楊文定程功錄云取人以剛明爲最次則取其刻苦者又云天下之治非一人所能成也而常轉於一人故拔茅茹以其彙征吉此皆切要之言是故用才者視其識識有天有人才有天有人卓越者天畀之淵深者人爲之警敏者天畀之練達者人爲之善用才者使貪使詐可以禦敵不可以治國也治國有正道焉斤斤以爲明察察以爲智小人之智而君子

之棄也蓋古之亡國敗家未有不自賢其身者也未有不自賢其臣者也凡任事者大處著眼小處下手則可大可久其左右必有嚴憚之人苟無嚴憚之人則必有頤指氣使之人頤指氣使之人至距人於千里之外矣夫任天下之重非任一人之智也智有窮而人之伺我無窮以有窮應無窮殆矣積誠以感之大度以容之屏嗜欲以正之公好惡以服之服之者服以心非服以力也力則面從終凶心則膠漆終吉恩則褻威則渙恩以體其情威以警其慢是惟無權權之所在羣士湊焉故曰侯之門仁義存言乎其勢之所趨也術也者君子所以馭小人也可偶用而不可以爲常也小人術多而君子術寡以寡術禦多術危矣任大事與一邑一官異如醫師然牛溲馬勃皆當豫備攻

毒非烏喙不爲功而烏喙固非常用之品也專任智數者胡可藉口凡事言之甚易行之甚難安坐而論王道人人皆稷契也叔季人心傾軋者多使國事盡如家事何事不辦家事有難於國事者國事有難於家事者故古人當盤錯之交含詬忍尤必使此心可質諸鬼神而幷不求諒於天下後世非宏毅無以成大事也然茍非見理甚明與執拗者何以異知言窮理之功其可忽乎哉

自太古以至今日萃天下之才以爲才而能任天下之重者吾聞之矣揚一己之才以屈天下之才而能任天下之重者吾未之聞也若夫成敗利鈍天也非人也人也非天也吾盡吾才吾盡吾德吾盡吾心吾盡吾力而後乃今吾可言天運天之運有時事之來有機機在目目不明者不可以治軍目不

明者不可以用人目不明者不可以承天承天者中材可以集事昧機者豪傑不可言智是故爲國之道莫大乎因時時乎時乎迨天之未陰雨作詩者其有憂患乎

問黨錮諸君清操亮節誠足令人興起然矯枉過正能無弊歟

答諸賢當分別觀之其更相標榜誠不免爲名所累然此壞於依附以立名之徒聲氣既廣因緣並進其人本不足爲輕重張儉持議激切而事急亡命累及多人益見李元禮范孟博深識勁氣爲不可及也賈偉節說竇霍以救元禮而獨閉門以拒岑晊宜哉若陳李諸公身當其任力所能爲安得議以疾惡已甚事之不成則天也桓靈之世朝綱紊於上而風俗厚於下非諸賢力持清議之效歟范史儒林傳及陳蕃左雄傳論持議甚

正日知錄已引之魏武取人不恤廉耻士風始變卒釀篡奪之禍紛紜至三四百年而未已然則諸賢之隱持世運爲何如懍懍焉皓皓焉與崐玉秋霜比質可也是時諸賢或死或廢朝綱解紐而卓然爲諸賢後勁者猶有盧侍中兩漢經學之盛至侍中而彰疾風勁草之節可謂不負所學矣

問後世之天下雖以儒術爲本然刑名法術殆亦不可偏廢與

答衰世之政多姑息又多虛浮故信賞必罰綜核名實斷不可少當盛隆時莫不如此然此本儒術中自有之義煦煦爲仁非眞儒術也欲兼名法恐不易言諸葛公明申韓古之最善用法家者若漢景宣二帝則已涼薄寡恩矣呂氏呻吟語謂申韓亦聖人之一體非也陸清獻三魚堂集已辨之

問凡太儉太剛太刻太傲之人似皆易流於不近情　答太儉者僞君子太剛者學君子而未至否亦好名之人若刻與傲則小人矣豈止於不近人情耶小人舉動有極近人情以欺君子者不可不察儉爲美德過則弊生故儉於己謂之儉儉於人謂之嗇嗇者不足論儉而過者非性安淡泊則欲以邀名其中又有等差取人當觀大節未可以是而遽信之素位而行處境者最宜致力可省卻無數矯揉造作凡矯揉造作者充其量可以行險徼幸蓋同此患得患失之心也

問獨行不懼四字固善然須以當言則言當行則行八字作注腳否則恐任意決裂多有不當　答獨行不懼本非鹵莽滅裂之謂惟其見理明而處之當故能獨行不懼不然意氣之私而

己何足當此古來姿心爲小人者亦不甚多大抵見理不明自以爲是意見之私有以害之若恃此而以爲獨行其流弊有不可勝言者毀譽固不足計然不計流俗之毀譽則可倘持一自是之見而概以人言爲不足恤則亦終爲小人之歸而已王介甫爲考官一院之事皆欲紛更張方平知其必當誤國故學術貴正大不貴新異高明者最宜戒此

問人須有我在方足自立持身方有崖岸人所趨我不趨人所避我不避方不隨人轉移　答善哉言乎然天下亦有不妨其趨共避者須精義之學乃能辨之隨人轉移之非固不待言若不問理之當否但求與衆立異亦非也持身必有崖岸理尚未足能自立能不爲人轉移則不求異人而自異若必好爲崖岸

非儒者中正之道凡人内不足而後以氣凌人其好立崖岸之徒有本諸天性之剛者有出於識見之偏者亦有僞飾以欺人者不可不察

問人雖當平正通達似亦不可無奇崛盤鬱之氣寓乎其中

答奇崛盤鬱之氣斷不可少齷齪者流不可與入德爲其索索無眞氣也人不特立獨行未免虛生可惜此天之所與我者人皆有之世故日深斯眞氣日寡我但率性而行初非以此翹然自異於衆也以此自異則與齷齪者相去不能以寸是以君子貴學學則可底於俊偉光明不學則流於詭異堅僻詭異堅僻者其人亦多奇氣第一用於正一用於偏遂覺相去霄壤耳至大至剛之氣皆由奇崛盤鬱而充之或矜己以淩人是愎也非

剛也故血氣之氣不足貴必養之以道義而後可平其血氣學而至於能養斯可謂之善學矣奇崛盤鬱得之於天者多平正通達成之於學者多二者並行不悖亦合之始善人有血性才氣皆異於庸流顧或放言高論而實不可行或任其所發而莫能自遏此無學問之故也古人所謂學問者如此故博學審問之後必繼以慎思明辨而卒歸於篤行學所以為行之地也今以記誦考據為學問習焉不察學與行遂分為二矣聖人知委靡者不足任事而奇崛者易失之偏於是制為禮樂範之中和斯學者無誤用之聰明而國家可收得人之效樂經雖亡詩亦樂也朱子以和平通達堅定詳明釋論語蓋學詩學禮之益如此今學詩禮者但治訓詁名物其厭薄乎此者則又舍詩禮而

治易與春秋或自畫或躐等吾未見其可也詩者志之所之後人以風雲月露爲詩故其志蕩古人以溫柔敦厚爲教故其志微非心平氣和以求之不見也三百五篇趣昭事博可以周知人之情僞授政不達不足言詩平正而不通達猶無益耳苟徒恃其奇崛盤鬱而誤入歧趨或且流爲乖謬此質美而未學君子惜之苟自以爲平正通達而無奇崛盤鬱之氣貫乎其中將無往而不委靡齷齪此乃世俗之所貴君子恥之立身而尚此其人之志趣可知取友而尚此則諛言日至於耳其終不爲所賣者幾希

問凡事須行之於心而安若勉强遷就事後必有尤悔似不如行吾志之爲得　答此言固是然於心而安仍須有窮理之功

否則固執偏見者亦未嘗不自以爲行心所安也己心安而人心不安何可謂之心安理得是故平天下之道在乎絜矩

問人無論和與介均須獨行不懼有一自立之處方能置一切榮辱毀譽於度外而心地常坦然習之當卽養氣之功　答配義與道方能獨行不懼義之所在生死且非所計何論榮辱毀譽至接人則和之中自有介在所爲卑而不可踰也生斤斤於和介之辨是猶有和介之見者存須知接人以和持己以介介與和固並行不悖若己介而必以介責人則觸處荊棘天下大矣豈能人人盡如我意趣向既殊敬而遠之可耳荀子臣道篇仁者必敬人人賢而不敬則是禽獸也人不肖而不敬則是狎虎也敬人有道賢者則貴而敬之不肖者則畏而敬之賢者則

親而敬之不肖者則疏而敬之其敬一也其情二一也韓詩外傳略同古今之至介者莫如夷齊至和者莫如柳下惠然有直道事人三公不易之節而後可言和有求仁得仁不念舊惡之心而後可言介三子者不同道其趣一也宋儒中伊川以嚴厲名然每見人論前輩之短者則曰汝輩且取他長處此何等氣象潘四農養一齋劄記有云孟子論事極剛決然看愛人不親一章方知守道之嚴立心之厚不相悖也後之君子則異是故處士橫議而秦有焚坑之禍顧廚標榜而漢有黨錮之災災禍非君子所避也苟以此爲榮而或激成之則未聞君子之大道也在下者與在上者地位不同措施亦異匹夫而操揚清激濁之權災必逮夫身漢魏時尚行鄉舉里選之法月旦之評猶可言也後人

而欲爲此思不出位之謂何

問人之德量隨朋友爲轉移所處盡益友者其爲善也若水之就下也損益參半者爲善難爲惡易若無益有損則非上智鮮有不移者矣　答此語誠然然人之所以能取友者又貴有省身之功知言之學否則日與損友處而不自知彼友之賢者去我惟恐不速矣大抵友朋一事以氣類相感召其處己正者其取友必正然人之情僞百端往往有誤爲投契而受比匪之累者亦不可不察夫子論損益三友觀人之大較矣

問與人縱論自以爲不吝而不知驕已伏其中　答與人縱論稱心而言無所爲驕吝也一有矜心作意於其間則驕吝生矣然稱心而言之中自有謹言之道與恣肆刻薄者迥殊今羣居

講論非詆浪笑傲卽譏議他人長短他人之長短於我何與我試自反其能盡免乎習非長傲日流於薄儇而不自知家語曰聰明深察而近於死者好譏議人者也

問今天算言推步而史書多言災異竊謂知推步之可據則必不肯信災異之說　答漢儒言詩言易言春秋言洪範皆詳災異用意至爲深遠爲人上者他無可懼惟此足以戒之推衍繁密乃多附會之詞末流之失耳聖人作春秋書日食書災變以天正王以王正諸侯斯上無失德之愆下無闇干之患後人知以王正諸侯之義不知以天正王之義上益驕下益諂以致民隱不能上達夫民隱不上達豈國之福乎天下大矣而治亂則繫乎人君之寸心所施至博所操至約心存寅畏則對越在天

上帝臨汝一切用人行政自刻刻不敢苟且故帝典必以欽始昊天則曰欽若人時則曰敬授今之歲差里差皆權輿於堯典分宅四方里差之法也詳紀中星歲差之法也唐書載一行厤議已援堯典以證歲差而近說尤爲詳備千古治厤之至精者孰有過於羲和而要以敬爲之本迅雷風烈必變斯烈風雷雨弗迷聖人畏天威故能承天眷也三代而降漢治最爲近古由其君臣上下曉然咸喻此意偶遇天變動色而相咨儆其下亦得以是爲進言之資閭閻疾苦無不上聞而臣工可免粉飾欺罔之弊逮其末造不言災異而言符瑞王莽遂移漢祚以上下之情壅也漢儒有言應天以實不以文果能震動恪恭自有旋至立應之效災異似不足據而史書所載確有明徵星野似不足憑而左氏所陳歷驗不爽

後世其學既微人心日即於縱肆故三代兩漢之天與人近六朝五季之天與人遠人則自絕於天天其如人何夫萬物本乎天人本乎祖飛潛動植莫不受形於一元鼓盪之中禀氣既濁有知覺而無義理人則不然有父子兄弟之仁有君臣夫婦之義天之所以與人者甚備則其視人也倍親其責人也亦倍周中國神靈首出其沐詩書禮樂之化者已久故人自得姓受氏以來莫不有本源之可溯與萬物之生而無父沒而無知者判然不同聖人於是乎制爲報本追遠之禮取精多者用物弘明德遠者流澤長聖人於是乎制爲七廟五廟三廟一廟之等差履天位者尤爲天心所眷注故合萬國之懽心以事先王必致九州之物產以事上帝聖人於是乎制爲郊祀配天之鉅典非

天子不議禮禮非塗飾衆人之耳目也惟天無親克敬惟親靈承于帝則昊天其子之聖人恐君人者之漸啟侈心於是乎作春秋而立日食災變之義例是故王者欲有所爲宜求其端於天天有三光人有三綱天有五緯人有五常一舉目而可見一翹首而可望赫赫乎日月星辰之運行也懍懍乎鬼神屋漏之昭彰也實有其理實有其象而非等於釋教之空幻西教之荒唐也尚書五十八篇自堯典言欽若之後無一不言敬天歷虞夏商周以至箕子明天人之故探陰陽之原括帝王心傳之旨於洪範而陳之武王周公行之孔子述之漢儒衍之敬用五事念用庶徵千聖百王未有不兢兢於此者也自僞古文之辨興河洛圖書之義廢訓詁名物之學盛託王改制之説行各逞私

臆以釋經破碎支離甚者至無忌憚而六經大義燦著簡編者視爲平淡無奇莫不棄如敝屣人心好異則異者乘之洪範五事之理微斯天主福音之說熾矣古先聖王所爲一道德同風俗者此也夫禍福之權必有所寄聖王知人心不能無所懾而自憚也是以三代重卜筮至漢而龜筴廢則洪範之學興洪範五行亂於圖讖東漢以後其學寖微而迪吉逆凶之權遂爲釋教所陰篡釋教旣衰則西教復煽其餘焰焉嗟乎以王介甫之學問文章而詆春秋爲斷爛朝報其弊遂至天變不足畏西人之說視介甫尤過之彼教矯誣上天焉知天道抑亦以西俗君民共主固無事乎此也而豈所語於堯舜之治孔孟之教堂堂中國爲大一統之天下者哉道光時俄王阿勒克以其后病避

居帶庚洛克途次見彗星意甚惡之未幾王及后果相繼殂俄爲君主之國故言天象與中國略同西人亦嘗言彗星所指之地多有兵事彼未嘗不見爲災異第謂彗星亦有行度必欲推而得之地理備考預推幾時彗驗之於今無一合者蓋彗行甚速又數十年一見與七政之懸象著明不同非積世積測不能精也人稟天地之氣以生天垂象聖人則之日月薄蝕彗孛飛流氣之不祥昭然共睹即使行度可推亦豈得謂無災異乎陸桴亭思辨錄七政之行雖有常度然當其時而交食陵犯亦屬氣運國家與百姓皆有關係中國不無關涉也劉子政封事言建始以來二十年而日八食顧亭林日知錄言崇禎之世十七年而日八食其效亦可睹矣　古之言天者三家宣夜早亡漢人伸渾難蓋而蓋天亦廢然經典所用大抵多蓋天之說俞理初曾言之是也　推步則渾天爲精觀象則蓋天爲便　渾蓋理本相通

一舉其全一舉其半渾天須從外觀蓋天可從內觀尤便於自用六朝時信都芳崔靈恩皆明渾蓋相通之理各見本傳橢圓說興渾學益密而西法實兼用蓋天故李之藻作渾蓋通憲以明之周髀言地法覆槃即地圓之說璿璣四遊即地動之說北極左右夏有不釋之冰即南北冰洋之說足見古厤本精周衰疇人子弟分散始漸失傳耳元史西域人札馬魯丁所製儀器以蓋天代渾天蓋周髀遺術流入西方梅勿菴已言之郭守敬亦作異方渾蓋圖見本傳西法以太陰行度入算而不以之紀月謂太陰乃附地球之行星不得與太陽並尊治厤所以明時晦朔弦望雖夫婦之愚可以與知舍此不用奚以便民況月天距地最近日月噓吸陰陽以生人物以繁其有關於民生者甚巨禮運言天秉陽垂日星地秉陰竅於山川播五行於四時和而後月生聖人豈不知月附於地然非此無以見陰陽

之妙用也日高月低日大月小故陽尊而陰卑此天地自然之理西人不識陰陽其立教遂不別男女然言天既有陽而無陰何以立教反抑男而尊女違天而行不亦顛倒剌謬之甚耶五星應五方之色人所共見有五星斯有五行有五行斯有五常天地和同萬物生焉植物地產故無五官動物天產則皆有之五官亦五行之氣所生而氣有清濁物稟濁氣則僅得五官以成形或幷五官而不全人稟清氣則予以五官之形幷予以五常之性故禮運曰人者五行之秀氣也其義則大戴記易本命篇白虎通情性篇備著之今人喜言性惡是混人性於物性也西俗不知五倫蓋以性惡立教者中國而可有此乎西人於五星之外增天王海王二星又有所謂新五星第一星較大在木星之上餘皆在木

下火上非遠鏡不能見據西說如此夫周天無名之行星甚多聖人但取七政而不用其他者以其無與於人事耳今測二星之行度取以入算可也以此而議中厤之疏烏乎可自新法與後謂哥伯尼日靜地動之法誕說尤多姑不具論卽此犖犖大者西人已不得治厤之本意況古聖王敬天勤民之學又豈彼所能知哉

兩間之物不外形聲故聖人依形聲以製字日月形之屬也風霆聲之屬也陰陽五行之氣聚而爲形發而爲聲形之精者爲心故文子曰心者形之主也心於五行屬火蓋取象於文明心不文明則人而近於物矣天予人以心而具仁義禮智之性卽予人以聲而分高下清濁之音是二者最初之所同具皆足通陰陽之橐籥窮鬼神之祕奧其理至微而其用至廣凡音之起由人心生有聲則有樂故人聲爲音律之元然聲之高下盡人不同無所取以爲準於是寄諸有形聲而無性情之物感之以人心則物之性情見焉八音是也古者以管定樂後世以絲定樂絲管無情故有定人聲有情故無定黃鐘至尊定之以管餘律則定之以絲古人定黃鐘八十一分是爲陽數之極上生下生皆於是乎取則和之至也凡物有竅乃有聲實者則無聲故莊子曰樂出虛十二律之高下清濁本於

陰陽七聲之洪纖巨細生於五行以聲定律而律定以律寓聲而聲亦定古無不以陰陽五行言樂者近人或詆爲舍實而索虛則未知聲本出於虛著之以律虛者乃實耳歌曲卽反切之理反切收至本音而止歌曲并用其餘音繙繹亦然兼用餘音則還音較準故今度曲者每字亦兼頭腹尾三音惟東冬江陽等十七韻多無尾音他皆有之書所謂歌永言也古樂如開元講所傳皆一字一聲聲無定而律有定以律準之則人聲之餘音曳之雖長而仍歸本母絲管之餘音衍之雖繁而仍收本律故古樂雖一字一聲自有抗墜貫珠之妙書所謂聲依永律和聲也古書無言字母等韻者歌之永言卽字母也律之和聲卽等韻也戴東原力爭字母是中國之學用意雖善實則爭所不必爭古不但無字母并雙聲疊韻之名亦秦漢以前所無然其字見於經籍者甚多古人於樂童而習之故矢口卽得不必復言字母雙聲也五方之民嗜欲不同同之以心言語不通通之以聲是以中夏有樂而外夷野番亦皆有之天籟所發發於心之不容已也古樂旣亡隋唐而後燕樂日盛非但雅俗相懸亦復華夷混雜然雅樂之遺法未嘗不閒存其中今之曲猶古之詩今之譜猶古之律管色所用諸字或以大招之四上競氣當之固不免附會然諸字已見宋史樂志十六字卽十二律加四清自明鄭世子後多以管色七字配七聲而今樂仍有正宮南呂諸調起調畢曲必收本律其法與古皆同是律之寓於調者初未盡亡也金元以來南北曲興則唐宋之燕樂已爲近雅今

秦院諸聲作則南北曲又爲近雅雖太常雅樂尚存古音而民間所常用者遷流至不可究詰音繁故淫靡節促故哀傷導欲增悲莫能自返李安溪謂正樂當先正俗樂誠哉是言也古人觀性以厤覵情以律厤居陽而治陰律居陰而治陽厤律之理通乎神明自樂經失傳聲音之道遂微無以爲淑性陶情移風易俗之具幸而天理民彝不絕於終古者賴有聖賢治心之學燦著於羣經斯人欲不至橫流猶得明善以復其初耳苟并此而昧之勢必殉欲以陷溺其心殉欲以陷溺其心滔滔日下而莫知所止則其謂性惡也亦宜

問漢藝文志爾雅小爾雅不入小學而入孝經何也　答漢志小學家皆字書爾雅乃訓詁之書固自不侔五經雜議總釋經義爾雅亦六藝之鈐鍵故以類從班意以孝經論至德要道爲諸經總會隋志云孔子既敘六經題目不同指意差別故作孝經以總會之蓋本鄭君六藝論之說引見孝經疏乃以是殿六藝凡經解訓詁幼儀諸書皆附之而小學之字書獨不廁於其

中隋志以爾雅及五經總義附論語亦不與字書爲類知此則知專以字書爲經訓者之非矣小學訓詁治經之始事而經義非僅止於斯訓詁既明乃可進求微言大義之所在耳有大義而後有微言論語一書言大義者章章矣而微言卽寓乎其中漢宋諸儒家法具在必欲求微言於大義之外則人皆將憑臆妄造而託之六經奧旨以誣聖人流弊豈有窮耶近世講訓詁者尊許鄭講微言者尊董何而多失董何許鄭之眞訓詁敝而爲愚不及之過微言敝而爲賢智之過賢智之過其穿鑿也愈深其流毒也愈甚故微言者治經所最重而今日則姑舍是先明大義可矣

凡字必有本義小學所以釋字之本義訓詁則段借引申之義尤多故說文爾雅相資爲用近儒拘於說文動欲舉一而廢百惑之甚也六書轉注迄無定論戴段諸家以互訓爲轉注多爲近儒所糾其意蓋欲以說文賅爾雅姑無論泛濫無當與許書序說不合也劉班爲小學之宗豈不審乎此而漫然分之苟

知班志分列之故則凡解經務爲穿鑿以求合許書而反失許
書之眞者夫亦可以不必矣治經先明訓詁乃一定不易之次
序初無待乎張皇古言古義至乾嘉以來而益大明亦後學者
之至幸然以小學疏通經訓則可以小學穿鑿經訓則不可支
離蔓衍沈溺其中而不知返非惟虛耗日力抑亦大害經義
國朝治小學訓詁者甚多惟邵氏爾雅正義郝氏爾雅義疏王
氏廣雅疏證廣雅已多後世俗訓而爾雅訓詁未備得此可濟
其窮王氏之爲疏證援據精博亦不過爲穿鑿與
朱氏說文通訓定聲之以多爲貴者不同朱氏書以聲爲主故
襲用經籍纂詁而無所嫌然已傷繁冗訓詁之學援引古書取
足證明己說而止若蔓衍無段氏說文注王氏說文釋例學者
已擇焉不精則博士驢劵也
不可不讀諸書皆小學之功臣小疵不害大醇郝段二書尤要
郝疏於訓詁多明聲轉之說於草木蟲魚多得之目驗段注包

孕閎富鈕匪石訂其誤有段不誤而鈕反誤者水部尤多惟勇於刪改是段注之大失莫子偲木部箋異多與段注闇合殊不足信桂氏義證引據雖繁條理自密亦可旁參其他非所亟也

問古人禮書無所不包凡今日之吏戶兵刑工諸部皆括其中觀周禮一書可見曾文正謂古人經世之學一出於禮此之謂與

答班史有言六經之道同歸而禮樂之用爲急古人以禮教中以樂教和凡内而治身外而經世無不出於禮者大小戴記所輯禮論諸篇發攄其義甚詳春秋士大夫皆知此義至以決人生死壽夭蓋先王制禮之精意未盡泯也漢承秦敝叔孫補苴百不逮一自是禮與兵刑遂判爲二事白虎通曰禮爲有知設刑爲無知設出於禮則入於刑周官職雖分而不盡分也

大刑用甲兵班氏故合兵志於刑法而其篇首有仁愛德讓之言蓋猶竊見此意六朝禮教陵遲而禮學未嘗廢絕廟堂之上梁武稱制以決老師宿儒講求不倦通典時有徵引隋志載其書目甚多論喪服尤詳第視爲經生之絕業而不探制作之本原故所學非所用唐初茲事彌盛中葉以後殆至絕響五代之時廉恥道喪有由致也橫渠張子以禮學教關中卓然爲百世之師志學者其先於是求之可矣

問經史百家或言理或記事苟是非不謬於聖人似皆可爲博文約禮之資　答何以知其是非不謬於聖人則非有窮理之功不可不然誤入歧趨者豈少哉大抵博文約禮分先後不分緩急當博文時卽有約禮之功非俟讀盡天下書而後約之以

禮也古者多言禮而少言理以禮樂之事童而習之有迹象之可循聖門以下學之功示人故不空言理宋儒則言理居多仍與約禮之旨無異蓋禮經殘闕古今異宜大而朝聘燕饗小而宮室器服多非後人耳目之所習與之言理則愚夫婦可與知能與之言禮雖老師宿儒或不能盡通其義朱子語類古者禮樂之書具在人皆識其器數卻怕他不曉其義故教之曰凡音之起由人心生也又曰失其義陳其數者祝史之事也今則禮樂之書皆亡學者卻但言其義至於器數則不復曉蓋失其本矣古人制禮之精意何莫非由天理而來禮運疏禮理既與太一而齊故制禮者用至善之大理以爲教故本於太一也故禮有文有本其文之委曲繁重者非後世所能行亦非愚夫所能

喻則不得不舉禮之精意言之漢學家以是攻宋儒未之思也說文理治玉也此許君釋理从玉之本義引申之則爲文理條理乃經典之恆言焦理堂等據許書以難宋儒非失諸目睫之前乎段注引戴東原孟子字義疏證以釋之其說固精然疏證他文仍多謬論惟其即博文即約禮故無後世過高之弊與汎濫之失朱子教人讀書而讀書必歸於窮理讀書窮理即博文約禮語雖殊而意則一於二陸之直指本心者則慮其過高而失下學上達之旨於東萊之多治史學者則慮其汎濫而貽玩物喪志之譏至明季及乾嘉以來而其言無一不驗故擇術不可不慎程朱所以爲聖學正宗者此也朱子同志之友南軒而外惟東萊東萊學術既正亦有實用而朱子於其略有偏倚者

猶斷斷不少假借蓋以析理務極其精欲使學者不迷於向往也朱陸異同莫大於鵝湖之會無極之辨陸子論無極未喻周子之意然慮後人之墮於虛無而特嚴其辨猶之可也若鵝湖之會以留情傳注爲榛塞則流弊甚大先儒論之詳矣德性固不可不尊大體亦不可不立然孟子謂四端擴充卽尊德性也操存舍亡卽立大體也程朱之學亦何嘗不如是乃二陸主張太過至以六經注我則開後學恣肆之端將視聖經賢傳爲糟粕而盡遺藩籬餘患至今紛紛未已故當時東萊亦極不以爲然朱子尤嚴辨之爲後世學者計至深遠也

問博文約禮云者卽今之云多讀書而以義理權之也後世之書甚雜不權以義理隨在皆有迷途但所謂約者須先略識義理

大要方有定見否亦不知持何具以約之　答所以有審問慎思明辨之功皆以求義理之指歸也四書即義理之淵藪今以爲弋獵科名之具患不審思其義耳朱子謂未讀徹語孟中庸大學便去看史胷中無一箇權衡多爲所惑即此意義理大要本自性生四端之見人皆有之特易爲氣拘物蔽人多逞其意見之私即氣拘多奪於嗜欲之累即物蔽窮理之功在明善以復其初而吾心自以爲明未必合於人心之同然不得謂之明也故當博文以求聖賢之旨趣隨事隨物義理見焉若析義未精而先立一定見則往往誤於意見而不自知矣　天下國家身心皆物也有物斯有事凡事必有至當不易之理私意間之則理爲欲蔽而處事接物不得其當格物者格此也窮理者窮

此也司馬溫公訓格物爲廢格外物其意亦在去私陽明之格不正以歸於正意亦略同然必明乎理之是非而後知何者爲善何者爲惡辨之不精認賊作子未有不受其害者先知後行乃自然之序大學修身以下皆力行之事誠意以前皆致知之事心與意乃其樞紐誠與正則其實功故孟子屢言心中庸屢言誠求誠之道不外擇善固執善苟不明執於何有學問思辨之功所以先乎篤行者此也溫公所言乃誠意之事非致知之事大學先後之序甚明豈容紊亂且格物之物卽物有本末之物豈可以物爲外物而專屬諸惡耶諸儒釋格物者惟溫公鄭君之說毎爲後人所稱鄭注知善深則來善物知惡深則來惡物如其言是致知當在格物之先亦不合大學次序然尙未混

致知於誠意也近世宋于庭作大學古義因鄭君有來善物之謂遂釋格物爲器車河圖膏露醴泉等物以傅合公羊家著治昇平文成致麟之説其言本不足辨亦以見解經而竄以私意將無所不至也古本大學以修身爲本以知本爲知之至復由誠意推之於所止而以誠意爲本蓋知所止卽知至也無所不用其極卽後儒所謂至乎其極也如古本則知止能得物有本末二節先經起例以釋格致之義而身爲國家天下之本本末終始不紊其序先後厚薄各協其宜致知者知此也故曰此謂知本此謂知之至也天下國家之本在身身與心之本在意因又極言慎獨之事引淇澳之詩以明明德引烈文之詩以明新民復引詩書湯盤之言以明新民明德而歸本於止至善蓋明德新民皆至善之事格致誠正皆止於至善之事惟知止則得止故大學必以格致爲入手工

夫能知至善之所止則意可得而誠矣至於大畏民志斯誠意之極功也故重言以申明之曰此謂知本家國天下本於身身又本於意大學非有二本也天下未有不知其事之曲折而可貿然行之者學問思辨皆所以求知之至而其功必歸於愼獨道問學所以尊德性而尊德性必不可不道問學此大學與中庸無異指宋儒與聖門無異功者也誠意之功以毋自欺爲本毋自欺者毋欺其知也故劉蕺山以愼獨爲宗旨其釋大學歸重誠意與古本略同但古本前有能得本末二節後有黃鳥文王二節皆言知止之事卽言格致之事先後自有次第蕺山乃以意爲心之所存毋論次序不合亦於訓詁不合且蕺山欲救王學有知無行之弊使徒以意爲心之所存則未發處多已發

處少弊易流於空寂仍無以折王學末流之失而關其口也古本義自可通程朱爲之整齊排比特欲以備一家之學格物本無的解程朱亦不免添字釋經然其言則極純無弊顧端文小心齋劄記已言之學苟不從此入必有信心而行之失高者陷於異端下者流爲狂妄豈聖門由博返約之旨哉程子謂窮理亦多端或讀書講明義理或論古今人物別其是非或應接事物而處其當朱子亦言或考之事爲之著或察之念慮之微或求之文字之中或索之講論之際固非格庭前竹之謂亦非逐物而不返求諸己之謂也顧氏日知錄云以格物爲多識於鳥獸草木之名則末矣知者無不知也當務之爲急　大學在明明德鄭注謂顯明其至德也至德即明德顯明訓上明字故下

文注謂皆自明明德也語意炳然更無疑義段懋堂乃援爾雅明明斤斤察也之訓廣引諸書證成曲說其言與西河大學問略同西河實用李恕谷之說而段氏又暗襲西河漢學家如此類者不少須分別觀之而下文欲明明德皆自明也二語絕不可通反謂孔疏誤會鄭注之意可乎近儒借訓詁以伸私說不顧上下文義動欲以此律彼乃治經之大患也明明德謂明其明德也親民謂親其民也止至善謂止於至善也若明明連讀下二句又當作何解朱子注論語云行道而有得於心之謂德近人亦斥為禪學不知周官師氏鄭注云德行內外之稱在心為德施之為行鄭君已以德屬諸心矣後儒或疑窮理為支離謂非下學所能或疑窮理為惝恍謂非聖門所急不知大學者大人之學舊讀大為泰古者十五而入太學學大藝焉履大節焉禮樂射御書數自八歲入小學時久已習之豈猶有不知義理之大要者但知事君之宜忠而

所以爲忠不同知事父之宜孝而所以爲孝不同事變紛蕃非一知半解所能盡要必有其當然之理與其自然之則處之不當思之未審可窮理者事事有條理之謂凡天下國家之事皆吾身所當爲卽皆吾心所宜知知之而仍累於物慾是意不誠也爲之而不得其條理是知未至也天下有無理之人無無理之事事之無理者必其不能通行者也因其已知之理而益窮之斯可措諸天下而咸宜俟諸百世而不惑夫豈有支離觭恍之失哉汪雙池讀近思錄謂無物無理隨處目睹耳聞手持足踐皆吾窮理之學朱子補傳在卽物而窮其理一卽字已喫緊敎人非謂只格一物便可貫通亦非謂必窮盡天下之理只積累多後自然見去戴東原孟子疏證謂聞見不可不廣而務在

能明於心一事豁然使無餘蘊更一事而亦如是久之心知之明進於聖智雖未學之事亦豈足以窮其知案東原之說正與朱子補傳意同而譏宋儒爲空指一貫何耶程朱言格物明白如是見上文其言一貫必推諸眞積力久一本萬殊又推諸達道不遠下學上達曷嘗空指乎古人禮以教中樂以道和禮樂之至通乎神明而乃列諸小學蓋非習其器無由知其理也習其器矣而仍未通其理則非覃思制作之精意不可故小學之終事卽大學之始事格致者大學之始而固非五射五馭六書九數之所能該也其事則天下國家之事其理則修齊治平之理人不外乎五倫道不外乎返求極平易亦極精實苟以此爲支離而專恃乎本心之明人非聖人安能發皆中節或失則誕矣

廣雅書局栞

以此爲惝怳而專求諸器數之末瑣屑穿鑿率天下而爲無用或失則罔矣

問訓俗遺規言甚切實因思宋儒書甚有益於身心但不求之經義則是祀其宗而祧其祖毋乃太陋與　答訓俗遺規意在曉人言多切近若宋五子之書義蘊閎深固有鑽研不盡者矣且宋儒時以荒經爲戒程朱言之尤力讀宋儒書而不求之經義亦無此讀書之法也象山六經注脚之言最爲後人詬病然嘗謂後生看經書須看注疏及先儒解釋不然執己見議論恐入自是之域便輕視古人又謂束書不觀游談無根均見語録　國朝若陸清獻最尊程朱而集中論諸經注疏者頗多其治儀禮校讐甚精其跋經典釋文表章甚至非不講訓詁名物也第不

欲以此名家耳宋學書甚多先擇其要者讀之近思錄爲四子書之階梯朱子語類文集精博無匹學者最宜致力性理大全近人東諸高閣不知宋五子書布帛菽粟之文也性理中如太極圖說通書西銘正蒙探性道之原抉陰陽之祕淺人自不解乃以空虛斥之大全博采宋元儒說發明其義研窮杪忽足以羽翼六經諸儒之言精實淵深豈容一毫粗心浮氣於其間耶四書大全有三魚堂點勘本附以蒙引存疑淺說抉擇較精陸清獻謂大全襲倪士毅四書輯釋顧亭林陳文貞錢竹汀亦皆言之倪書四庫僅存其目范氏天一閣楊氏海源閣皆有元刊本今未經見諸生作理學題或未熟復儒先之言而先橫生意見或更羼以漢學家駁雜不根之說是航斷潢絕港而蘄至於海也或又連舉朱子語類之文以爲與題義相比附不知義理當求

心得昔賢之言偶舉以爲證則可若連篇鈔錄與我何涉元明
國初諸儒見聞該洽踐履篤實非後人所及近人習爲大言
未知其生平讀書若何而開口便斥明人不讀書不知此嘉隆
以後則然耳烏可以該一代　國朝惟小學駢文優於明代其
他理學經濟朝章國故及詩古文之學皆遜之至說經之書明
人可取者固少而不肯輕爲新說猶有漢儒質實之遺近人開
讀書之門徑有功於後世者固多而支離穿鑿以蠹經者亦正
不乏康熙時儒術最盛半皆前明遺老乾嘉以後精深或過之
博大則不逮也百餘年來風流闃寂遺書散亡正誼堂叢書之
刻雖未盡饜人意猶得藉是以窺崖略其去取亦頗審慎其中
時有刪節失當者　皇清經解亦有此病宋元學案攟摭最富

謝山持論最平黃主一之論頗有偏者宜分別觀之梨洲明儒學案雖主張王學然於龍溪心齋之徒亦未嘗有恕辭惟河東敬齋諸流派採摭未備是則門戶之見耳　道之大原出於天故中庸曰天命之謂性率性之謂道繫辭曰窮理盡性以至於命大戴禮本命篇分於道謂之命形於一謂之性所謂道者與繫辭一陰一陽之謂道意同與中庸之言人道者意異戴東原據此以斥諸家彭尺木二林居集有書辨難尺木他文多雜釋氏此則持論獨正東原復書蓋强辭也自其人所共由言之則曰道自其事所當然言之則曰理大戴易本命篇王者動必以道靜必以理小戴樂記篇人生而靜天之性也感於物而動性之欲也好惡無節於內知誘於外不能反躬天理滅矣宋儒以

主靜言理本諸戴記朱子尚恐其易入於禪故謂靜不如敬至以主敬言理則尤與經義觸處脗合矣中庸由戒慎恐懼以至參贊化育其道則天下之達道其德則天下之達德其致力則學問思辨行其大端則尊德性道問學道固燦著於天地之間理亦不越乎倫常之外根於陰陽散於事物無所爲遁諸虛也鄭君注樂記云理猶性也朱子注中庸云性卽理也故曰立天之道曰陰與陽立地之道曰柔與剛立人之道曰仁與義夫子以仁義禮智之德贊元亨利貞謂人道本於天道也又曰知崇禮卑崇效天卑法地溫故知新效天之事敦厚崇禮法地之事不盡用章句說案朱子語類云知識高便是象天所行實便是象地王氏困學紀聞云知識欲高明故效天操履貴篤實故法

地此之謂修道此之謂窮理理旣窮則性可得而盡矣盡一己
之性乃能盡人物之性故大學先格致誠正而後修齊治平篤
恭而天下平誠正之極致也格致者求知之事修齊以下皆力
行之事其樞紐則在誠正故大學中庸皆重愼獨中庸之未發
旣發卽大學之誠意也學問思辨卽大學之格致擇善固執卽
大學之知止位育參贊卽大學之治平舜之好問好察格致之
事也顏子服膺勿失止至善之事也人稟陰陽五行之氣以生
有是性則有是心有是心必有是理理徹於大同故窮理盡性
可以至命存其心養其性則知事天中庸所爲推極於上天之
載也道寓於器數而器數非道之本器數者藝也格致治平者
理也古人八歲入小學教之以六藝十五入大學教之以修己

治人之理藝與道相資爲用故聖門之教必曰志道據德依仁游藝道卽率性之道德卽三達德之德也禮少儀士依於德游於藝鄭注引周官三德六藝以釋之案周官大司徒六德智仁聖義忠和亦與中庸之旨大致相同聖門多言仁孟子則兼言義春秋時道德之旨漸晦故必以仁明之戰國時功利之風日熾故亟以義正之禮義廉恥國之四維溺於利必悖乎義禮教陵遲廉恥埽地無道揆無法守亡國敗家恆必由之故大學以義利終孟子以義利始不奪不饜菑害並至聖賢垂誡可謂深切著明矣乃有謂利爲義之和而不當深斥之者不知利有公私之別公諸人則利物私諸我則利己利物可矣利己可乎古人美惡不嫌同辭辭同而意異者經典中何可勝數昔者伯禽

將行請所以治魯周公曰利而勿利也見呂氏春秋貴公篇利者利人也勿利者利己也使如近人所云則周公之言不詞甚矣二程遺書明道曰利非不善也其害義則不善也其和義則非不善也伊川曰君子未嘗不欲利只是以利爲心則有害在如上下交征利而國危便是害未有義而遺其君便是利仁義未嘗不利是則近人之所據以攻宋儒者程子早言之矣倉頡造字自營爲私背私爲公自營者自環也私本非美稱而近人亦必故反其說甚至援干祿百福之文以釋論語之干祿不思求福於天乃詩人頌禱之詞干澤於人豈聖賢誡勉之意大戴禮有子張問入官篇夫子答之與此語意迥異安得援以爲證集解引鄭注與集注初無異義乃支離蔓引欲以此迴護賢哲而不知適以大惡歸之此皆揚聖門釋非錄之餘波西河妄言可爲典要耶說經不顧其安而徒好爲新異以便營私者之藉口苟

充其類則世人夤緣奔競皆分所宜然鄙夫患得患失尤勢不容已無惑乎以長樂老爲聖人矣吁可畏哉**仁與義爲定名道與德爲虛位未有舍道德而專言藝者亦未有不由窮理而能盡性者**周官儒以道得民鄭注諸侯保氏有六藝以教民賈疏養國子以道德鄭賈皆以爲道寓於藝固非舍藝以求道亦未嘗舍道而專言藝也**禮者天理之節文**仲尼燕居云禮也者理也樂記云禮者理之不可易者也管子心術篇禮者因人之情緣義之理而爲之節文者也故禮者謂有理也**三王不相沿襲故禮器曰時爲大荀子曰法後王**王伯厚以此譏荀子非也近儒曲護荀子而別爲新說尤非荀子語意甚明奚煩穿鑿劉端臨補注後王指文武而言是也楊注以爲近時之王者誤荀子欲加

上世則審周道又曰覩湯有傳政而不若周之察也其指文武甚明若其制禮之本原則自羲農以迄於今莫之能外也天不言而有日月星辰之行雨暘寒燠之應萬物之精上爲列星其本在地人九萬物之靈管子内業篇凡物之精此則爲生下生五穀上爲列星流於天地之閒謂之鬼神藏於胸中謂之聖人旣稟陰陽之氣以生天與人自有息息相通之理故愼獨之功十手十目相在爾室非徒設辭以示警也蓋有實理存焉本乎天者親上本乎地者親下天之所生上首地之所生下首見大戴禮天員篇周官大宗伯鄭注天產動物六牲之屬地產植物九穀之屬天氣清地氣濁惟稟天氣以生者能具五常之德故人頭圓象天足方象地周身三百六十六節象周天三百六十六度見素問淮南子春秋繁露若鳥獸蟲魚則横生而非上首矣草木且倒生而下首

矣受氣愈濁則知覺愈微自然之理也荀子王制篇水火有氣而無生草木有生而無
知禽獸有知而無義人有氣有生有知亦且有義故最爲天下
貴也春秋繁露人副天數篇凡物之形莫不伏從旁折天地而
行人獨題直立端向正正當之是故所取
天地少者旁折之所取天地多者正當之物之成象於天者有
蒼龍朱鳥白虎玄武分主四方而動物之生應之蒼龍朱鳥等稱雖皆人所
指名然必天有是象而後人以其名名之榕村語錄謂鱗屬木
水生木故鱗如波紋禽屬火木生火故羽如木葉獸屬金土生
金故毛似草介屬水金生水故殼似惟人得天地之中氣故曰
金之堅案李氏之言雖附會亦近理
人者天地之心五行之端也天垂象以七政列宿示人其氣清
明終古不變地氣之應乎天者則有風雨雷霆霧露之異氣多
渾濁然地氣仍由日月之噓吸所生無太陽則地爲冷物不能
生發無太陰則地爲洪鑪不能長育無地氣以應天氣則人物
皆將枯槁無所資以爲養故大戴記曰天主施地主化春秋繁露如天

之爲篇天地之間有陰陽之氣常漸人者若水常漸魚也是天地之間若虛而實人常漸是澹澹之中而以治亂之氣與之流通相殽也人得淸氣多者爲賢哲得濁氣多者爲庸愚氣淸而加以盡人合天之功其爲聖人也不難矣氣濁而重以旦晝牿亡之害其去禽獸也不遠矣禽獸之知覺運動豈必盡與人殊其所殊者惟此五常之實理故以知覺運動言性賊其性者也君子知之畏天命敬天威强恕而行以存其誠誠者天之道天有太一一者誠也詩皇矣篇鄭箋云天之道尚誠實故曰終日乾乾夕惕若天行健君子以自强不息是以聖人立教敘曰天敘秩曰天秩古之立敎者其取義或以三或以五如三綱五常三德五禮之類甚多三者法三光也五者法五行也五星蓋五行之精也五常卽五行之用也故鄭注中庸曰木神則仁金神則義火神則禮水神則信土神則知

案鄭注用乾鑿度及詩緯說詩緯說見五行大義漢天文志復以水爲智土爲信乾坤鑿度亦云土信水智又引萬名經水土兼智信蓋北方爲空虛不用之處故得與中宮互相爲用納甲圖北方獨闕而以王癸戊己互相出入義即本此近人以爲今學古學之分非也緯書皆爲今學家所用並非古學家說陳樹滋齊詩翼氏學疏證以詩緯爲誤字亦非

天播五行於四時人播五常於七情愛則喜之屬也惡則怒之屬也欲則樂之屬也懼則哀之屬也天有五行六氣故人有五藏六府又有五常六情六情生於六氣左傳載醫和及子太叔之言備矣喜怒哀樂之究於好惡猶風雨晦明之究於陰陽也素問天元紀大論諸篇說其義尤詳中庸之喜怒哀樂本四德應四時以主四方見春秋繁露漢書翼奉傳白虎通情性篇而信之貫乎四德猶土之寄王於四時苟無信以實之則仁義禮智皆虛文矣中和者信之實理也至誠者信之極功也大本立達道行其功至於位育參贊而皆於喜怒哀樂驗之喜怒哀樂得其節斯漸復乎天命之本然故中庸之喜怒哀樂原於性命

洪範之貌言視聽本於五行其義一也貌言視聽以思爲之主思者心之所之猶中庸之言旣發大學之言誠意也顏子之四勿即洪範之五事近儒乃欲去思以言學異哉漢宋諸儒之治經亦無不求其端於天易言卦氣消息書言洪範五行詩言五際春秋言災異漢儒所謂性與天道者類如此漢書眭弘傳論後漢書桓譚傳皆及之隋志云伏生之傳惟劉向父子所著五行傳是其本法案通考玉海諸書引伏生洪範五行傳正與隋志說同雖非盡六經本旨要其師承遠有端緒亦聖門之微言也遠其敝也流爲術數京房翼奉之流推衍繁密已開其端哀平而後姦讖繁興名爲內學荒誕支離圖讖與災異不同災異警人以爲善圖讖導人以爲惡而田王孫孟長卿伏生歐陽夏

矦申公轅固胡毋董生之所傳微言大義寖以廢墜矣洎及隋唐其學亦絕秦燔六經隋燒圖緯事之輕重不同而焚書則同有處士之橫議故有秦始之焚經有鄙儒之信讖故有隋煬之焚緯讖可焚也緯不可盡焚也渾蓋宣夜之學往往存於緯書緯亡則六家之術皆亡矣若緯說之類於讖者自是後人附會正當拉雜摧燒近儒轉從而蒐輯之得非蛣蜣轉丸蝍蛆甘帶乎荀悅申鑒俗嫌篇世稱緯書仲尼之作也臣悅叔父故司空爽辨之蓋發其僞也有起於中興之前終張之徒所作乎或曰燔諸曰仲尼之作則否有取焉則可曷其燔周張二子崛興宋代乃作太極圖說通書以明易作西銘以明仁作正蒙以明誠誠與仁亦夫子贊易之旨也其言與漢儒雖若異趣而其闡陰陽之蘊探性命之原則無不同視董生尤加粹焉夫命與仁固聖人所罕言論語多

言求仁之方罕言仁體西銘則專言此蓋西銘源出周易也性與天道亦門人所罕聞獨贊易則發之修春秋則發之平日與諸弟子雅言惟在詩書執禮皆推極人事之常而初無新奇可喜之論若是者何也性命天道散著於事事物物之中見淺見深各如其量淺者不能解解者不必言惟窮理則可盡性以至命窮理者何窮此五常五事之實理也人人皆宜知之人人皆能爲之故曰夫道若大路然又曰天何言哉下學而上達知我者其天乎論語集解引孔注云下學人事上知天命集注引程子云下學人事上達天理理卽性也而仍出於命與漢儒初無異指宋儒特恐人之好言命故以理易之仍夫子罕言之旨也子貢智足知聖聖人乃因其問而偶發之學者若徒言性命言

道德而於身體力行之功忽不加察下學上達之謂何宋學之遁爲空虛漢學之流爲術數其弊等耳周張二子之書言上達者居多程朱慮人昧下學之旨也故於修己治人之道言之加詳居敬以立其本窮理以致其知返躬以踐其實知行並進内外交修爲學之功蓋未有密於此者矣朱子答陳膚仲書曰所謂涵養工夫非謂閉眉合眼如土偶人然後謂之涵養也只要應事接物處之不失此心各得其理而已聖門誨人曰博文曰約禮文謂詩書六藝之文禮則三百三千今人終身治之不能盡何以謂之約蓋禮有文有本忠信者禮之本也禮器云忠信禮之本也義理禮之文也文非徒器數之謂習其器數而仍歸諸義理乃可謂之文近儒治禮而力攻義理之學益不讀戴記

荀子禮論篇貴本之謂文親用之謂理兩者合而成文以歸太一夫是之謂大隆敬也者貫乎禮之中所以行此忠信也曲禮一篇取冠戴記開宗明義曰毋不敬程朱之言居敬夫孰非約禮之旨哉召誥節性惟日其邁王敬作所不可不敬德左傳劉康公曰民受天地之中以生所謂命也是以有動作禮義威儀之則以定命也又謂勤禮莫如致敬皆與宋儒之言若合符節洪範言敬用五事漢五行志敬作羞古文羞與敬形近而誤王西莊尚書後案已辨之修己以安百姓其功必基於敬顏子四勿皆約禮之事亦即居敬之事仲弓見賓承祭亦如之故記者類記之蓋自堯典言欽以來聖聖相傳未有能易者也管子內業篇凡人之生也必以平正所以失之必以喜怒憂患是故止怒莫若詩去憂莫若樂節樂莫若禮守禮莫若敬守敬莫若靜內靜外敬能反其性性將大定

仲弓問仁復告以不欲勿施敬其體也恕其用也子貢之一

言在乎恕曾子之一貫在乎忠恕敬也恕也忠也誠也皆聖人之恆言六經之大義也忠者誠之屬春秋繁露天道無二篇心止於一中者謂之忠持二中者謂之患不一者患之所由生也是故君子賤二而貴一論語何注以不待多學而一知之釋一貫離學識以求一貫其言遠不如集注之精實近儒反以墮於空虛疑集注阮文達遂釋貫爲事而云一以事之姑無論其說之是非恐亦無此文法是故博文者讀書窮理之功也約禮者居敬之事也窮理者窮此修己治人之道也盡性者盡此成己成物之道也人與物同出天命之一源故盡人物之性可以贊化育可以贊化育則可以至命要其貴賤有差親疏有殺天之經也地之義也仁以維之義以別之智以察之禮以行之苟非窮極其理則仁或失之兼愛而其弊至於無父義或失之爲我

而其弊至於無君彼惟不知天命故不知修道而實由於無格物致知之功無下學上達之事斯其智不足以察之而第率其胸臆以立敎遂至充塞仁義而不自知也成己成物之道操之至約恢之彌廣故可運六合於寸心其義則備於六經其事則詳於諸史治經治史皆欲窮至事物之理以措諸用而非摭拾細碎傲人以所不知之謂博也姚姬傳言諸君皆欲讀人間未見書某則讀人間常見書其言深可玩味索諸六合之外者往往失諸目睫之前惟精擘訓詁覃思義理久之自能通貫朱子讀書之法蓋如此其舉以教人者屢矣一事不知以爲深恥學者當立此志知之爲知之不知爲不知學者當存此心天地之大聖人有所不知不知不害爲聖人也若破碎支離展轉販襲

以爲求知之道爲人乎爲己乎欺人乎欺天乎苟徒索諸虛而不知徵諸實是爲無用之學異端以之泥於器數之末而不知性道之原是爲無本之學俗儒以之湯文正蘇州府學碑記曰離經書而言道異端之所謂道也外身心而言經俗儒之所謂經也六經大旨燦若日星漢宋鉅儒闡發殆盡後人患不能讀不患不能辨辨生於末學縱有所得亦不過補苴罅漏況瑣屑穿鑿之紛紛乎董鄭周朱遺書具在曷嘗有局於末遁於虛之弊學者胡不捐門戶之見熟讀而深思之

問人雖游徧五嶽所處仍不過一廬爲學而有兼騖專營之分其理想亦如是　答學固有安身立命之處然不游五嶽專守一廬所見已隘所志亦卑爲學第當知有歸宿耳始基固不可

不博也胡子知言有云學欲博不欲雜守欲約不欲陋二語可爲學者之良箴案五峯之言近思錄取之張南軒集答胡季履書曰博與雜相似而不同不可不察也徐偉長中論治學篇凡學者大義爲先物名爲後大義舉而物名從之然俗儒之博學也務其物名詳於器械考於訓詁摘其章句而不能曉其大義之所極以獲先王之心此無異乎女史誦詩內豎傳令也荀仲豫申鑒時事篇語有之曰有鳥將來張羅待之得鳥者一目也今爲一目之羅無時得鳥矣道雖要也非博無以通矣博其方約其說

問十三經中已具後世經史子集四部之體周易經也尚書春秋周官儀禮俱史體也論語孟子子體也詩三百篇集體也然否

答不必如此分析論其初祖何一不源於六經劉歆敘七略並無四部之名而太史公書附於春秋史亦經也然夫子未刪定以前幷無經名記言記動悉歸於史尚書記言之書也春

秋記事之書也後世史家千涂萬轍終不出此二體然則史猶在經之前也四部之分昉於荀勖而子先乎史至李充始以經史子集爲次厥後又有增改至齊梁後乃與今同大抵後世之書惟子部最雜史部次之經與集尚無大出入若以經言則周易經也六藝十三藝亦經也即增國語大戴禮爲十四五藝亦皆經也若徒以體製言則論語孟子子也易詩亦子也國風近乎子雅頌近乎史後世太玄元包潛虛諸作曷嘗不仿周易而入諸子部者以體製雖近義理固殊且以避僭聖之愆也集部之作萌芽於楚騷而屈宋亦在戰國諸子之列後世詩文集皆子而兼史者也序贊箴銘之類爲子體誌傳行狀之類爲史體詩則吟詠性情純乎子體而如工部之鋪陳終始樂天之從容

諷諭則又兼史體大約古來文字祗有二體敘事紀言者爲史
體自寫性眞者爲子體聖人之言足爲世法尊之爲經經固兼
子史二體也文事日興變態百出岐而爲集集亦子史之緒餘
也近代如包愼伯魏默深之流自次其詩文集必仿諸子格式
唐人亦閒有之此雖好古之過然不可不心知其意
問今欲將諸書略分次第以求經史理學詞章諸門徑爲第一
節致力經史爲二節致力詞章及經濟時務爲三節歸而索之
義理之書爲第四節何如　答經濟卽在經史中加以閱歷乃
有把握否則趙括之談兵而已時務特經濟之一端亦卽史學
之一種分之無可分也義理之書轉置於後亦所未喻讀經讀
史皆當以義理權之九經語孟卽義理之淵藪也宋五子書與

經典相輔而行豈可分爲二事至學問門徑觀生所論亦已略得端倪能愈讀則愈得門徑專以此爲一節亦無謂也若以近時目錄之學爲門徑則甚誤古人治目錄者若向歆父子輩蓋與今之所治大異讀書當求心得豈可徒事汎濫乎近時目錄各有祕本手鈔成帙不出數月皆可殫見洽聞此爲藏書計非爲讀書計也短書碎記覽其序跋爛熟胸中究有何益至如宋元精槧窮力搜羅世間雖不可無此好事者流要非我輩所亟

問編書目列義理爲一類以爲讀書之權衡此外分經史經濟此類即史學所分參以子部兵家書詞章四門可否

答四部分目承用已久亦無大失何必紛紜改併經濟之學皆在四部中而讀四部之書又皆須權以義理經濟歸史學特舉其多且

重者言之實則古來大經濟有外於六經者乎經濟不本於義
理或粗疏而不可行義理不徵諸經濟亦空談而無所用正衣
冠尊瞻視一身之經濟也父慈子孝兄友弟恭一家之經濟也
忠信篤敬睦婣任卹一鄉之經濟也人人皆有經濟大小則視
乎其才量而後入不入而後量故誠正治平古人一以貫之爹
言天下大事而不先自治其身心後世之經濟所以無用也今
之所謂經濟者兵刑河漕諸大端因革損益具有成書愈近則
愈切實用兵法爲學問中至精之事亦儒生分內之事古儒者
多通此然可學而能者制陣束伍之方不可學而能者審機應
變之略茲事半由天授古人恆慎言之若夫周秦諸子持之有
故言之成理苟去其偏皆足經緯宙合故文景以黃老致治諸

葛忠武學兼申韓特其言駁雜不純非以義理裁之則害多利少固不若儒術之純粹無疵也諸家文集言經濟者不少言義理者尤不少使必別爲門類則此等書轉無類可歸矣漢承秦後馭下如束溼薪民困兵革久故清淨無爲足以致治非其時則廢弛矣東漢之季王綱解紐劉璋闇弱而無斷蜀民富庶而無制故信賞必罰乃可爲國非其時則操切矣治莫大乎因時拘泥成法者不足與語遠猷然苟不知爲治之本則補苴瑣屑法亢弊生衰世之政治絲愈棼職是故也申韓久爲世詬病而蜀先主以訓其子謂商君書益人意智亦爲其時與其人而發耳非此者烏可藉口

問學問如築室然須自根基築起逐漸推去方成完備之室非

然者雖有涉獵亦終如海市蜃樓惝怳迷離而不可恃注疏與
衍難曉不如趁此時將諸經正文溫讀一二過史漢通鑑亦閱
其大概經濟詞章之書雖不必遽棄但暇時涉獵後再致力俟
數者稍有得方閱理學書似此或不至逐末忘源而如築室之
無基　答築室之喻良是但其所恃以爲根基者則有所未盡
注疏所以釋經經義隱奥故注疏以釋之專讀正文須經義已
通者方可不然安能領會也注疏日閱一卷年餘可畢並非難
事凡學精擘則難涉獵則易先涉獵而後能精擘故古人有專
家之學又曰不通羣經不足以治一經生近讀曾文正集文正
往往言歸宿於義理所謂歸宿者讀書所得每日所行必印證
於義理而以此爲歸非謂姑置於後爲綴圖也生質本聰穎志

趣亦覺不凡第爲學太雜欲兼包并騖而少循序漸進之功又未免見紛華而悅之意故日記中多自刻責語而終不免游移無他年少氣盛而未能收攝心神之所致也學問之道有本有末有專營有兼及有所棄乃有所取攷據之學非生專長亦不願生之汨沒於此然既知經史之宜治義理之可貴而又作騎牆之見何也諸子書多言經濟亦多畔道之言要皆持之有故有志於經世之學者往往好觀諸子而薄儒術爲闊疏不以六經爲本未有不爲所炫者也老莊墨韓害道尤甚荀雖較純其言義理與孟子有精粗之別又時有偏激之論不獨性惡非十二子篇爲與聖門異趣也此二篇後人多方解釋雖愛荀子實失其眞古人著書各有眞面目不必盡出於同乃於其義之難通者輒以爲後人羼入武斷可笑又或以傳經尊荀子夫荀子之足重豈徒以傳經乎書經秦火漢

儒掇拾於爆燼之餘使聖人之道復明於後世故爲難能可貴荀子在秦火之前既宗儒術豈有不傳經之理七十子後學者何一不傳經斯臂子弓帛妙子之徒未聞果勝於顏曾思孟也荀子能言禮樂之精意其他言亦多近正固孟子後一人而偏駁自不能免大醇小疵是其定評近人輒欲軒諸孟子之上謬矣

近人於六經大義置之不講或穿鑿文字以求勝或疑六經而表章諸子又其甚者以旁行畫革之書傳合於經義知經義不可盡傳則傳合於緯書生心害政靡所厎止知者過之眞足慮耳

諸子書發攄己意往往借古事以申其說年歲舛謬事實顚倒皆所不計或且虛造故事如巢許洗耳掛瓢之類乃借以譏戰國攘奪之風並非事實故史公於許由事深致疑詞莊生所謂寓言十九也後世爲詞章者亦多此體至劉子政作新序說苑冀以感悟時君取足達意而止亦不復計事實之舛誤蓋文章體製不同議論之文源出於子自成一家不妨有此若紀事之文出於史考證之文出於經則固不得如此也聖人作六經以教後世與諸子體製迥殊一字一言必徵諸實其理實理其事實事雖將聖天縱亦必好古敏求而始得之惟其集羣聖之大成故能傳萬世而無弊也六經者稽古之斗杓紀事之淵海而近人反摭諸子抵牾之說以釋經奚啻癡人說夢甚

且惑於諸子之恢怪以為聖人立言亦復如是遂等六經於寓言謬尤不待辨矣宋儒書資性沉潛者喜觀之然每流於迂腐非書之誤人人自誤耳嘗謂此輩即不讀宋儒書亦無所害惟聰慧絕人才氣橫溢者必不可不熟復之以收束其身心理不勝欲則無事不可為古來大姦大惡皆聰明絕世之人所爭者一念之差耳天下惟極聰明人往往有極不聰明之事故聖賢教人必以存理遏欲為要治經即苦繁難治史亦資得力才質既美加以讀書窮理之功則大成之器也經說至　本朝已極繁盛但患其太繁不患其義之不盡能讀即佳不在乎論說之煩也史漢通鑑史學之綱領熟此後當讀范書陳志新五代明史通典其餘諸史以次及之稗史則惟力是視　國朝掌故尤宜講求典章制度兵河漕鹽以逮國家

大政名臣事蹟各以類從畢力搜討治一事已復治一事此東坡自言讀書之法也近儒史學校訂最精但恐勞而鮮獲且不必爲

問書似當擇性近者研究之　答讀書有二法一則就性近者研究之以其心易於入也一則視吾性所短者服習之以其足救吾病也沈潛剛克高明柔克處世之方亦爲學之要

問西學在今日亦當務之急何者最爲切要　答治西學須明其地勢考其政俗以知其人之情僞爲操縱駕馭之資次則兵法若天算制器諸事能兼通之固佳不通亦無所害西人兵法多通算學然其測量亦算術中之淺者若較析毫芒平時以之打靶可壯觀瞻臨陣仍無所用臨陣以膽識爲主無中外一也

且儒生所能爲者大抵運籌帷幄之事略通其術不至爲人所欺斯已耳中國之書當讀者何限其事之當考校者何限使徒耗日力於一藝之微抑末矣通商以後内地之通西學者不乏其人患在無人駕馭我苟自强則楚材晉用外人亦安敢生心但所謂自强者固自有道非可人云亦云耳

問趙易胡服卒振朔方日本步武泰西甚至變服色易徽號而國亦因之日强豈勢之所值固有當因時制宜者歟　答取西人之藝事以輔吾不逮未爲非計若改正朔易服色是亦不可以已乎且倭人亦何嘗眞强不終爲俄之附庸不止也日本舊爲封建之國事神其本俗而教法則儒釋並用釋尤盛於儒當平氏北條氏時屢有以大將軍削髮而仍執朝權者見日本史

日本外史足利氏興始尊儒術藤原肅出始宗程朱物茂卿太宰純之徒又詆程朱尊漢學皆視吾中國之好尚以爲趨舍物徂徠乃陳同甫之流非專漢學也太宰純山井鼎輩乃眞漢學自攘夷議起德川歸政行歐洲之法廢支那之書而儒釋皆不競矣蓋彼視儒釋與西學同一來自外邦故迭廢迭興不以爲異然自改制後政煩稅重民不樂從其俗好俠稱遊俠曰浮浪攘夷歸政之舉亦浮浪輩倡議爲多見岡氏尊攘紀事民情浮動而狡悍好勝略與西俗相同故西人之親中國不如其親倭第倭之患俄則視中國尤甚俄既得庫頁島倭人謂之唐太島本與中國兩屬而其地遼遠倭人遂據爲己有至是俄以地强易之與日本之北海道相鄰句結鰕夷唐會要謂其人鬚長四

人善射唐初曾入貢即鰕夷島也亦見唐書東夷傳爲居高臨下之勢則倭之陸路可危以海參崴爲泊舟之地直指長崎一帆可達則倭之水路可危故俄之經營海參崴中國之憂亦倭人之患也乃不思脣齒輔車之至計轉爲遠交近攻之狡謀螳螂捕蟬黄雀在後患亦甚矣彼惟刻不忘俄故竭力要結西人欲爲連横之計其變服色易徽號皆所以媚西人耳抑知天下惟壤地相接者利害相同倭處東海不能爲歐洲輕重歐洲諸國惟利是視若有事時欲如英法之救土耳其豈可得哉夫英法布奧合而救土非愛土也英惟恐俄滅土而據有黑海則可出舟師以擾印度法惟恐俄滅土而據有君士但丁則可扼要害以覘巴黎故不憚出死力以救之卒之兵以義始以利終各

割其土地而始罷諸國勒兵勸和土不能不俯首聽命歐俗與土政教皆異又爲世仇其嫉土之自强較嫉俄爲尤甚故救土非爲土也布奧與俄密邇平時内懼俄而外𠍇俄俄固虎狼秦諸國則連雞之勢倭非土比於歐洲之大局何與印度近勢日急英人自顧不暇於倭之大局何裨乃舍利害相同之中國而𠍇反覆無常之遠夷非其夜郎自大有以致之歟雖然當今時勢既不能閉關自治則交鄰之道固不能不講求倭之交鄰雖云下策差愈於無策耳

問漢初家給人足而人自愛重犯法由此觀之凡天下之盜賊姦宄皆凍餒窮迫有以驅之也西國囚獄只數十人監獄爽潔人以入之者爲恥鄉鄰之爭鬭間有窮極流民登高地以自墜

死者然不經見非由生業裕如有以養其廉恥之明效哉 答西人貿易致富者往往遷居於都會都會之地富戶既多政教易及故一切養贍貧乏之制悉力講求其政權操之議院議院者猶中國之紳士公所下情易達利弊易革易興而國人翕然不靖之機亦由於此 西國有議院以爲可公好惡矣然議院之權仍操之一二有力者凡君民共主之國相權重於君主每易一相則朝局一變要地皆易置私人始得行其志否則議論紛歧事多掣肘築室道謀迄於無成法國之所以不競弊蓋坐此故議院者在英德可比明代之會推數人主謀衆皆畫諾也在美法則同處士之橫議植黨相攻志在專利也豈其初制如是哉權之所在衆之所爭無中外一也惟俄國之制不盡然尊上

抑下權自己操頗近於商君治秦之法菁謀叵測故諸國皆畏之天下權勢分者不足畏可畏者其權一也其人傲很好勝久成風氣又性多躁急故盜自戕而不肯受有司之約束耳其開闢後於中國數千年故純樸之風未漓閒存古制近來機智日鑿古意寖微而彼乃自以爲文明之世天下生齒之繁莫過於中國人稠地窄失業者多故粵東繁庶甲天下盜風亦甲天下外國繁庶僅在都會窮鄉僻壤隨地可耕又其貿易之道長駕遠馭取利於他國而未奪小民之生計此千百年來習尚使然其俗異故其政異也西俗之差勝者在上下之情通而其所以能遁者由於君民共主故君亡而國不亡乃君民共主之不已浸假而有民主之說浸假而又有人人各保權利之說近數百

年其說愈倡愈行故俄法美三國民氣至囂俄則求爲君民共主而未能法則君民迭主屢變而仍不愜美雖久爲民主而分黨相軋以固權位每易總統舉國若狂皆邪說之毒中之美自開國僅踰百年而俗已甚敝民主之法小國則可大國則亂歐洲弱小之邦仰人鼻息者往往以此自全在華盛頓爲官天下之公心在今日已爲家天下之捷徑結黨以謀保畱者不一其人他日終亦如法人之君民迭主而後已美爲新造之國地廣人稀謀生甚易故內變不作其地僻在西半球俄人未大逞志於歐洲遠交而近攻無暇及美至英法諸國地醜德齊日虞俄之蠶食自顧不遑更無暇及故外患不生此蓋幸値其時得以閉關自治國用既省財賦自饒非其法制果勝於諸國也不知此中利害古先聖王

明知之而不敢行幷不敢言所以一天下之心志使賢愚貴賤各安其分而民亦循循於禮義之中然後可以久安長治西人教猱升木不顧其後邪說一倡人人可帝制自爲而生民之禍亟矣殺機旣動伏尸百萬流血千里而徒恃眴眴孑孑以彌縫之所謂不揣其本而齊其末也生民之初榛榛狉狉機智漸開搏噬相尚民不得已而欲羣遂其生也乃推尤智者以爲之主而封建之勢肇焉封建旣久聖澤漸湮禮壞樂崩無所恃以相維相繫於是强陵弱衆暴寡遲之又久而混一之勢成焉當此之時士甚嚚民甚愿羅鋒鏑塗肝腦者動輒數十萬民厭兵革天厭禍亂乃始獲有息肩之一日而其機則始於人有自私自利之心世非太古民非渾噩大小相噬自然之勢民之幸而了

遺者正賴有此名義以相持而可以各保權利之說導之乎凡事無亙古不敝之法道則足以維之使徒求利一時以曲徇愚民之欲必有一大害伏乎其中逮其敝也則利窮而害見此天道乘除之理所以警夫世之縱欲無等而託爲煦仁孑義以飾其美名者也古之聖人孰察乎久安長治之宜兩害相權則取其輕明天澤之分嚴冠履之辨春秋之法王則稱天召則書狩篡弑之賊人得而誅聖人豈其有私於人上而故爲是以厲民哉謂夫厲民之禍小賊民之禍大在易履之象曰辨上下定民志民志不定何以治國故孟子曰定於一一者君主也春秋時强陵弱衆暴寡滅國數十殺人盈城至戰國而漸成混一之勢六七雄者各擁其土地甲兵殘民以逞孟子惡之故曰善戰者

服上刑舉湯武以譏切當世故曰以至仁伐不仁而何其血之流杵也以土地之故糜爛其民求吾所大欲而不之恤而其所恃以恣睢暴戾者則由於覰民極賤自視極尊孟子憫之故曰民爲貴君爲輕世儒不察遂以爲古者置君如弈棋天位可闇于矣聖賢言各有當其義晦於後人膠柱之見者何可勝數然而天地之大經古今之通義不可易也封建之世地方百里耳目易周下情易達君臣上下以禮相親禮意旣衰侈心漸啟於是乎有射肩問鼎之事陵夷至數百年兵連禍結而不可解逮漢之文景而始一治六朝五季之亂其故由於名教之不立四維之不張越數百年至唐之貞觀而一治復數百年至宋之眞仁而又一治漢文貞觀元祐之治何遽不若成康故後世之儆

儆在法制之不行而非法制之不善也自周之衰篡弑相仍夫子作春秋大義既明睥睨神器者乃始有所顧忌名義之繫乎綱常者至重以此爲坊後世猶有結黨攬權飾公議以逞私圖者歐洲自羅馬以來君主民主迭相更置其治也以政事之修明其亂也以冠履之倒置西人紀載歷有明徵故夫民主者徒便於亂民之藉口而非眞能以安其國者也名分之不正議論之日囂君不得以治其臣臣不得以治其民勢之所窮乃尊法律吏以法律爲師而人懷操莽之志各私權利各逞機械勢必出於弱肉强食而後已嗚呼聖人履霜堅冰之戒用意至深遠也西俗重法律以爲君與民皆受治於法君權太輕不得不如是也法律既繁流弊日甚今之律師往往受人金錢意爲高下

與中國之讀鄧思賢書者無以異故曰有治人無治法三代以還上驕下諂民情壅遏此暴秦之遺患而非古先聖王明目達聰之本意乃以是咎中國法制之不善非所謂怒於室色於市乎詩譜序正義引鄭君六藝論云自書契之興朴略尚質面稱不爲諂目諫不爲謗君臣之接如朋友然在於懇誠而已斯道稍衰姦僞以生上下相犯及其制禮尊君卑臣君道剛嚴臣道柔順於是箴諫者稀情志不通故作詩者以誦其美而譏其過鄭君之言可謂通知古今之變者矣此蓋時勢爲之歐洲開闢在後尚存封建遺制然所以維封建者遠不如中國故開闢在中國之後俗敝在中國之先亂氣狡憤張脈僨興其能久乎黃氏明夷待訪錄頗工持論而原君篇則多謬說凡事矯枉過正

未有不墮於一偏者也夫室有至寶而失之但當懸重賞以求其寶不得遂以碔砆為寶也人有本性而昧之但當明禮義以復其性不得遂以情欲為性也中國法制明備果能實事求是何患不復昔時之盛若其不能則虛名相市易一法增一弊又何取乎下喬木而入幽谷哉夫欲求士者無他焉在辨其誠偽而已矣欲治國者無他焉在核其名實而已矣仁之實莫大乎父子義之實莫大乎君臣兄弟以天合仁之屬也夫婦以人合義之屬也智者知此也禮者行此也信者守此也中國之所賴以立國者此也天屬之不知而兼愛可謂仁乎等威之不辨而為我可謂義乎三綱淪九法斁天地或幾乎息而又何政教之足云西人於五倫中廢其四而一行以朋友之道女制男陰抑

陽事事倒置故嘗謂西人之類陰類也天下惟陰禍至烈而其勢常足以侵陽故聖人扶陽而抑陰陰二君而一民小人之道兼愛故無父爲我故無君視人如己兼愛之說也各保權利爲我之說也兵事陰事也故聖人後兵而先禮老氏墨氏之學陰教也故聖人明人倫而黜異端楊氏即老氏之學乃孔孟遏之於前而其說不得伸者二千年後異族忽奉之爲宗而侵軼我中國悲夫天地溫厚之氣始於東北而盛於東南故東方之國生齒最繁神靈首出其爲教也主仁而尚禮文物之盛甲乎五洲寬柔以教不報無道南方之强也天地嚴凝之氣始於西南而盛於西北故北虜自昔鴟張西俗囂陵特甚其爲教也主義而尚智喜夸詐急功利衽金革死而不厭北方之强也西俗以

兼愛爲仁非吾所謂仁以爲我爲義非吾所謂義以尊女爲禮非吾所謂禮以牟利爲智非吾所謂智其文字則華文左行洋文右行其語言則實字居先虛字居後人名在上人姓在下若斯之類大抵與中國相反世人不察動欲以其相反者施之於聖帝明王相嬗之地其可乎西俗不及中國甚多其有所長亦非旦夕收效之事效之者苟不探其本而徒枝枝節節以爲之利則未可必也而邪說之害已中於人心矣漢書西域傳自宛以西至安息國貴女子女子所言丈夫乃決安息今之波斯已近大秦尊女之風自昔而然蓋葱嶺爲天下之脊葱嶺以西水皆西流故其俗之反乎中國者類如此今英國處極西而尊女亦惟英人最甚

問西人疑恆星皆爲至遠之日其說似鄰于惝恍既云地球繞日而行則地球在天空中必有時左時右時高時下之不同何

以地球之兩極與天空之兩極四時皆同一直線想西書當有理以解之　答西人以重學明之太陽有吸力地球與五星各有距力距力吸力有定則進退遲疾亦皆有定此理似尚可信吸力距力凡物皆有之若云恆星爲至遠之日五星與月皆爲地球則河漢無極之言存而不論可也天文家以五星爲地球而起算則金水二星不致割入地心省均輪次輪諸假象而得遲留順逆之數較爲簡捷要之亦假象也

問西學皆中國諸子之緒餘尤有關於兵法欲幷入子部書讀之願聞其略　答西人重學化學電學光學之類近人以爲皆出墨子其說近之關尹亢倉呂覽淮南論衡皆有之列子湯問篇有重學仲尼篇有光學皆與墨子說同抱朴子金丹篇言合

諸藥及水銀以成黃金即化學之理黃白篇言雲雨霜雪以藥爲之與眞無異即電學之理西人亦自言化學之法本於煉丹術士至機器本中國舊有之物近人考之綦詳或更欲附會於經典則無謂也重學本算學而加推阻力攝力分動靜二門凡物有重力有結力有愛力非結力不能凝聚非愛力不能生發小如鐘表之擺動大如七曜之運行皆有阻攝之力是謂動重學其靜重學則專論體之相定者如權衡輪軸滑車之類是已鄧玉函奇器圖說最先出近時李壬叔所譯二十卷尤精通算學後可習之此制器之本也化學爲用最廣理亦最奧凡氣有空氣養氣炭氣淡氣之別動物受養氣以生植物受炭氣以生化學家以硝强醋强諸水別輕養綠淡各質而化分化合之以

施諸用總署譯有指迷闡原諸書專明礦質上海譯本亦多電學有摩電化電吸鐵氣之分其理與化學相通摩電卽乾電二金相摩以生化電卽溼電二金感化而成吸鐵氣乃磁石所生之電也凡物鬱蒸則有電西人摩電化電亦此理而尚未盡近日用電益多當有更闡其法者光學以凹凸二鏡取光有平光折光歧光諸線其射光角必與回光角相等皆用角度以入算西國舊傳有製巨鏡發火以燒敵船者西人多不之信然以中土陽燧之法證之似未嘗無此理沈存中夢溪筆談有格術郎光學也近時鄒特夫曾衍其說爲一卷湯若望有遠鏡說而未詳鄭浣香有鏡鏡詅癡近譯英人書二卷說頗簡明又有聲學之書尚無大裨於實用天地間惟水火風三者爲力至鉅故釋

氏言地水火風西人亦言水土火氣風卽地輪之氣也西人別有氣學以明之其用電用光卽用火其用汽卽用火與水而用火之術尤精爲禍亦最烈蓋鎗礮卽雷電之理其學先出故日精一日惟水與風之力尤巨今尚用之未盡他日必有更出新法者未知又作何變態耳阮文達注大戴禮天員篇頗有精義而據西法以證地員已覺無謂又引周氏治平之言以水土火氣釋陰陽尤非解經之體古書皆言五行豈識有西人四行之說乎夫二氣者兩曜之所生五行者二氣之所播無二氣則萬物不生無五行則萬物不養盈天地閒皆動物與植物動物其有知者也植物其無知者也物之產於地上者以木括之產於地中者以金括之舉五行則兩閒無知之物賅括靡遺矣五行無知而有性性有愛惡故有生克苟無性則無氣不足以養生而利用也五行應乎五緯而兩曜又爲水火之宗以火激水陽氣蒸灼斯五行之氣上騰動物由是生焉南北極爲日光不到之地則終古冰沍物無由生其他有積歲無霜雪者有積歲無雷雨者皆視日光所及以爲準是故雷雨霜露者上騰下降之徵而以風爲之節宣風也者天之號令也然風與氣皆流行於空中有聲無形與五行之有形者不

類且去金木則兩間之物亦不備故儒書皆言五行西人不明其理亦無足怪若注儒書而以西說汨之是棄其寶而寶康瓠也

農家者流中國本有其書卑無高論西國地廣人稀故耕種亦用機器若中國用此一夫所耕可奪十夫之利彼十夫者非坐而待斃卽鋌而走險耳北省或尚有曠地待墾者南省人浮於地何處可容機器西國政令每先加意於富民中國當先加意於貧民西俗重富輕貧富者囂而貧者愿民皆佃戶無能爲患中國風俗與之絕殊生齒至繁民多失業苟奪貧民之衣食嗷然不可終日一二桀黠者乘之則變亂生矣農夫終歲勤動所得甚微其力能購機器者乃中人以上之家苛矣富人哀此惸獨撫綏之不暇而可奪彼與此以蹙其生乎醫學則中國鍼石之技久而失傳西醫擅長在此其內科之學遠不如中國且

中西稟賦異宜亦不當輕爲嘗試也西醫以流通氣血爲主近所譯書亦論血脉骨節者爲多初不知五藏生尅之理故用藥多猛烈强者猶可弱者鮮不僨事人之一身恃氣以行血氣絕則血凝西醫驗死者之藏府以律生者未必銖黍悉合也漢書王莽傳翟義黨王孫慶捕得莽使太醫尚方與巧屠共刳剝之量度五藏以竹筳導其脉知所終始云可以治病西人之所爲王莽之法耳漢任宏校兵書分權謀形勢陰陽技巧爲四類古以太乙六壬遁甲爲三式本爲行軍而設故班志兵陰陽別爲一家之學趙邠卿注孟子以日月支干王相孤虛爲天時荀子議兵篇楊注亦云然其學與五行家相出入墨子迎敵祠篇尉繚子天官篇皆及其說天官篇似衍孟子語意故有疑尉繚爲僞書者唐宋以來兵書

如太白陰經虎鈐經武經總要武備志之類亦多及焉古人自有此學而失傳已久今惟術數家用之僞託尤多用兵而惑乎此必敗之道也今所傳者僅權謀形勢數家其技巧今無一傳蓋形而下者之事隨時隨地不同故不能垂諸永久西人著書但有形勢技巧二者而權謀罕聞焉近年西國兵事莫大於普法之戰南北花旗之戰觀其所設施大要在爭先著得地勢皆中國用兵之常無他祕策也西法行軍無輜重凡步卒一人自携餱糧器械之屬約重八百五十兩故雖强力之夫久將弗勝其能迅急赴利者以此其戰而易困者亦以此荀子議兵篇魏氏之武卒以度取之衣三屬之甲操十二石之弩負服矢五十个置戈其上冠軸帶劍贏三日之糧日中而趨百里西人頗類

乎此惟海戰是其專長可補中國兵書之闕然一鐵甲需百餘萬一輪船需數十萬一魚雷一巨礮合需數萬綜計非二三千萬不能成一軍而中國能充船主者尚不多見借材異域平時則可臨戰則辭海戰以輪船爲營壘西人征稅既重民債亦繁合君民上下之力以成其事則事易舉中國俗尚不同又安得此財力以嘗試於不測之淵乎故海防有守法無戰法戰亦守也要當於陸師加之意耳此後不用兵則已用則大利害在陸而不在水陸路處處相連火車面面可達豈必盡由海道特我之海防仍不能弛備多力分則有之耳軍事非歷練不精貴在用其所習兵無强弱視其將以爲强弱苟非積習甚深皆可勇可怯之兵也陸師易集海將難求風氣初開固當令學者精益

求精以備干城之選然若盡塡黃金於滄海而陸防或以財匱而反疏人將避實擊虛尤爲可慮洋將戈登嘗言借用洋員未足深恃又謂中華兵力在海旁小河不在洋面蓋我之地勢軍械皆與島夷不同也海戰乃專門之學須學問膽識二者兼勝取材較難即如魚雷爲攻鐵艦之利器而機括極繁其裝藥僅在首節餘皆較量遠近高下之機器分杪稍差即難取準雷船又別爲一式遠望已知鐵艦避雷之法近亦益加精密凡若此類皆爭勝毫釐之事非心靈手敏者不能精即技藝已精而未經戰陣尚難深恃西人恃其藝事縱橫海上機巧日鑿渾沌日死譬諸家有不肖子弟罄累世之積蓄以供浪費反自詡豪富爲暴於鄰里氣運所值天亦無如之何中國既不能閉關自治安得不亟求禦侮之策況中國亦有能自出新意以制器者不勗之而反抑之抑之者過也然或略窺西學門逕而遽中其毒則尤人心之巨患凡事不爲

人用而後可以用人未有濡首其中而不爲所溺者也西國民氣至囂加以利器如飲狂藥終必死亡然其禦侮則不惜上下一心以爲之制器者獲利將兵者愛名中國頗與相反利器亦安足恃西人知中國民氣之難犯必借端挫折摧剛爲柔而後可逞其大欲其於南洋諸國皆然故欲禦外侮必先作忠義之氣屏浮華之習而後可與言西學也

問西敎爲中國利害　答古今立敎未有如西敎之淺俚者歐洲諸國靡然從之眞大怪事卽此以觀西人之智本不如中國遠甚也中國從之者多爲利誘皆愚無知之民然天下愚民多而智者少兼復動之以利隱憂正未有艾耳尉繚子曰賂其豪臣以亂其謀此戰國時策士之術故秦散金十萬而天下之士

爾漢散金四萬而項王之將疑俄人欲侵布奧瑞士諸國懼歐洲之連橫相拒也亦往往以重賂撓之利之所在大者且然況愚民乎此輩擾擾皆爲利往撓大計則不足爲耳目則有餘鎭海津沽諸役其明徵已

問近人至外洋者所記述淺率居多何歟　答洋人游歷者半爲傳教之人用財既有來源自無所吝又以爲專門之學畢生之業故不憚艱阻而爲之中國之至外洋者不過歷其都會而止所取材者皆習聞習見之事欲覘其國之强弱民之情僞彼固善匿我亦未必善問不可驟得也且外夷覬吾土地特借游歷爲名以探道里覘風俗用意固甚叵測中國自守不遑安能勞師襲遠政教不同采之亦無大益語言各異譯之且不勝煩

技藝之學各有專家又豈遊蹤一至所能探其奧窔哉紀西事
者近書甚多大抵以資談助惟　京師同文館及津滬製造局
所譯諸書頗資實用其他亦間有之要不多耳今天下爲我隱
患者莫如俄道光時俄人曾進書籍三百餘種其國之政教風
俗輿地兵法下至器物種植之書無不備雖今昔情形稍殊而
大綱具在若擇其要者繙譯之頒諸海內俾人人周知其情僞
以籌制防之術不且覘近出諸書信而可徵歟或謂俄之疆域日廣非舊籍所
能盡其技藝遜於英法德美諸國但譯英法德美之書足矣不
知覘國者在審其政俗不在區區技巧之末彼國幅員雖闊而
舊有之地固無增損其
風土亦豈能驟變耶

問人若以管窺月不使目中見地面各物則自初升以至中天
均等大耳猶一船泊于港汊之內而覺其大及放乎大洋遂覺

其小乃人心意見之私非船有大小也　答此卽所謂矇氣差若以管窺月目力爲管所束能使變易眞形非善法也遠鏡愈大者視物愈眞卽此理船泊港汊近視之則大遠視之則小此目力遠近之分亦非確喻地以外皆水也地球旋轉而生風風力能阻水力故地不爲水侵猶之舞劍風生灑以水不能入也山川人物之氣聚而上升可阻風力地愈高風愈大以其氣漸薄又無物以蔽之耳地毬繞日而行日爲水氣所蒙遂能映小爲大算學家謂之矇氣差惟地心正對太陽時乃太陽本輪之眞數也

問更事之初其失必多然不經失事則識不能精殆孟子所謂德慧術智存乎疢疾也　答失事亦有大小之別小德出入尚

無妨若大事亦任其出入則一蹶不振者多矣臨事而懼好謀而成千古處事之則正不獨行軍爲然也

問人之識見雖賴讀書然更事不多殆亦不能切實　答此猶醫家多識古方又須多臨證也泥古方者殺人不臨證不可爲醫然但臨證而不讀書終非良醫故古人譏不學無術又曰通經所以致用更事多而無學術世故愈深趨避愈熟自以爲天下之至巧矣而抑知莫巧於造物耶天下大事之壞壞於揣摩迎合之徒彼卽不迎合揣摩亦未必不富貴利達況富貴利達豈有止境知足則布衣可以樂道不知足則天子尚欲求僊以身殉此亦良苦耳詩言自求多福謂當修身以俟之使禍福皆可趨避古來豈尚有得禍之小人哉

問方志引書體例　答引書注出處唐以來多有之　國史儒林文苑傳初稿亦然逮進　呈時仍刪細注蓋此本非史傳體裁也史傳宜鎔鑄各書成一家言使徒排比舊文則無爲貴史才矣陳志以上作史者莫不有微指存焉史之蕪自沈約魏收始故新五代史爲足貴特其詞旨甚明而無微顯志晦之意故去三史尚遠要亦時代爲之至近世之史乃長編耳若方志與國史異方志爲古列國私史之遺皆所以備國史之采擇者其體與　國史傳初稿正同故當用注出處之例近人引書非但注出處并注卷數謂可杜展轉販襲之弊不知此尤便於販襲徒爲冗贅殊不雅觀此乃蒐輯佚書之體例而以施諸著述無怪其書之蕪矣

問金石有益經史似可涉獵及之　答石刻之益於史者惟年月地理官制諸端須史學通貫乃能及之其中眞贋錯出宜加審訂未可全據也王氏金石萃編不甚爲金石家所重以多錯誤也然網羅閎富究有裨於史學若黃小松牛空山徐紫珊諸書鉤摹雖精乃賞鑒家之事非史學所亟其他可以類推近時張松坪金石聚分別眞僞頗嚴爲鐘鼎文字之學者自是傅雅文人之事於經學無與一字之歧言人人殊郢書燕說蓋多有之且鐘鼎與籀篆殊科并無關於小學有經學家之小學有金石家之小學以金石治小學者其言多穿鑿附會王氏說文釋例甚精而其據鐘鼎文以爲說者則不盡足據鄭氏汗簡箋正抉別綦嚴可障小學之狂瀾爲其學者他無可證不得不援經

訓及小學諸書以張其說若轉以之證經乃經學之大尼也翁覃溪謂金石可證史不可證經其言良是（見復初齋文集）若薛氏阮氏鐘鼎款識洪氏隸釋廲氏隸辨之類皆援經典以自重非眞有裨於經義卽有可證經者亦不過考文字之通假繁徵博引聚訟不休於經之大義絲毫無益非惟無益經義而已以鐘鼎言古文殊形詭製變幻紛紜而字學之源流反不能定學者不致力羣經而專講六書不博稽諸史而搜羅金石異乎吾所聞承平之世學士大夫閒暇無事出其餘技寄興於斯小道可觀賢於博奕若時當多故旋乾轉坤儒者之責匪異人任也人不必有是事要不可不立此志志趣堅卓乃能爲學古之學者類然四部書當讀者甚多日有孳孳猶虞不給豈暇究心於瑣碎無

用之物哉

問洪文襄奏對筆記　答此是僞書其中罅漏極多又似經生策括蓋即今人所爲而嫁名於文襄者然敢於僞造　天語可謂無忌憚矣

問杜律詩似有樸拙之氣故覺厚重太白詩似太伶俐　答詩至杜韓握拳透爪實爲前此所無所謂子美集開詩世界也猶顏柳之書盡變古人面貌而至今學書者莫不由之古詩比興居多自杜韓出而賦體多於比興猶三百篇之有國風不可無雅頌也太白詩猶有漢魏六朝遺意未可以伶俐少之學詩能從樸拙入手其成就必有可觀第不可以粗率生硬爲樸拙耳杜詩原本忠孝其性情之肫摯隨處涌見雖許身稷契未知如

何然於溫柔敦厚之旨則深有契矣以公之海涵地負宜等齊梁於蟬噪而力推庾鮑不廢王楊此其所以爲大也

問談龍錄爲辟阮亭而作王氏著作未經全見趙氏所論則甚切理饜心似較王爲能心知其意者　答有才氣者無不喜趙而擯王要之才力神韻二者不可偏廢袁簡齋謂阮亭詩一代正宗才力薄阮亭才力固不甚薄惟修飾邊幅乃覺其薄耳故其詩鮮敗句亦少蒼莽之氣然其含蓄不盡意有餘於詩自是唐賢正軌　國朝言詩者究無以尚之分甘餘話曹頌嘉禾常謂余曰杜李韓蘇四家歌行千古絕調然語句時有利鈍先生長句乃句句用意無瑕可攻擬之前人殆無不及余曰此其所以不及前人也四公之詩如萬斛泉源不擇地而出行乎其所

不得不行止乎其所不得不止余詩如鑑湖一曲放翁遺山以下或庶幾耳案後人之評漁洋數譽多過情不若其自評之確所謂得失寸心知者

問水經注引山海經謂之浙江案山海經云禹治水至於浙河此云浙江疑誤　答山海經自有浙江出三天子都之文見海內東經北方得水皆謂之河南方得水皆謂之江然亦多互稱者莊子外物篇自制河以東制河卽浙江史記索隱引晉灼音浙為逝逝制同聲

吉林黑龍江邊防考曰咸豐時定界自額爾古納阿逮雅克薩城又北逮尼布楚城沿黑江而東　評曰尼布楚俄名捏爾臣斯科自康熙定界時已歸俄其定界碑文以烏魯穆河附近之

格爾必齊河爲界此安巴格爾必齊河也立界牌於河東岸其東三百餘里又有格爾必齊河東距我屬之雅克薩城俄名阿勒巴沁千有餘里西距俄屬之尼布楚城四百餘里而以尼布楚爲互市之地其黑龍江之南則以額爾必齊河爲界凡南岸墨里勒克河口即胡文忠圖之謨里爾肯河所有俄人廬舍均徙北岸此其北界距我黑省之呼倫貝爾甚遠而西北界與車臣汗蒙古連者則近故黑龍江外紀言呼倫貝爾距俄邊僅二百餘里也至咸豐和約則抹去格爾必齊河一層但云什勒喀額爾古納河會處爲界於是雅克薩城之向歸我屬者今亦歸俄什勒喀不見於中圖蓋即俄圖之塔洛甫喀河當額爾古納河入黑龍江之處而邊地荒莫江南之金鑛爲俄人越界私挖

廣雅書局栞

者甚多近年我在漠河開礦即胡文忠圖之謨河亦曰墨河欲以杜其侵越亦以固吾邊圉耳但黑龍江雖為兩國行船之地此載在和約者而彼有船我無船今赴漠河金礦者皆趁彼輪船以往江凍後則賃彼耙犁以往耙犁若北地之冰牀 國語謂之法喇見 御製樂善堂集吉林土風雜詠轉須經彼之屬地欲固吾圉亦未易言

又曰若襲朝鮮但隔圖們一水　評曰朝鮮與圖們江相連者為咸鏡道之慶源府其地林木叢雜山徑險阻在朝鮮為極邊之地俄人雖眈眈虎視然由此進兵路迂而遠尚非首衝也琿春之宜重者以吉林進兵要道若由此以擣朝鮮恐俄人未肯出此下策

又曰今之籌吉林防務者謂俄若由黑頂子偷渡圖們江南可拊朝鮮之背北可抄琿春之後琿春失則攻朝鮮益無顧忌

評曰西國聯盟禁俄兵船出黑海而自德法搆兵前盟遂毁黑海爲土耳其所屬國勢日衰亦不能終阻之且俄旣據海參崴爲巢穴造船甚便今更欲使朝鮮歸其保護苟得朝鮮爲泊舟之地則海道來往自如我之吉省勢且中斷并不必由圖們江進師也特朝鮮仁川海口爲各國通商所萃俄强則英弱日本忌俄尤深俄人之圖朝鮮亦倭人剝膚之患此二國者未必肯晏然坐視恐戰鬬方自此始耳

新疆形勢論曰南路始於哈密西行爲闢展　評曰闢展爲回疆要道臺站卽在其西由哈密西行四站曰瞭墩又西五站曰

七克騰木亦作齊克塔木有南北二道南道稍近苦乏八煙有怪風故多由北道其地有風戈壁宋史西域傳所謂鬼谷口避風驛即古之白龍堆也今名噶順沙磧又西二站曰一盌泉有路可越天山出古城子東俗名小南路咸豐閒曾封禁今已弛又西二站至吐魯番自哈密西至吐魯番千二百里其東二百一十里即闢展其西二百里爲蘇巴什溝山勢險要又西四五站地臨戈壁水薪極艱又西五站至哈喇沙爾爲南八城之首自吐魯番至哈喇沙爾一千二十里城南逾開都河或作海都回語謂曲折也俗稱通天河水經注謂之敦薨水南注博斯騰泊即水經注所稱敦薨之藪也二站至庫爾勒回莊自此以西八煙漸密矣庫爾勒回語觀望也地勢軒敞故名新疆道理如

西域圖志新疆識略回疆志諸書皆載之哈密以東則秦邊紀略言之九詳

又曰慶綏城而北爲綏靖城　評曰綏靖城雖省會之肩背而其地荒莫不易經營城外即鄰敵境并不易設守故塔爾巴哈臺即綏靖城塔爾巴哈譯言獺也其地多獺故名須屯勁旅而後可固烏垣之後戶也庫爾哈喇烏蘇即慶綏城今設直隸廳於此哈喇譯言黑烏蘇譯言河爲烏垣之屏蔽亦爲綏靖伊犁之樞紐烏垣西行十八站至伊犁而慶綏在其中伊犁東北行十二站至綏靖故言形勢於今日西北路并當加意於慶綏矣

又曰惠遠城將軍駐之共統九城　評曰伊犁九城賊毀其六近年議籌修復亦未能全總之伊犁雖歸璧而拱宸城外即爲

敵境南北要害又多爲所割若以新疆形勢論之北可制南南不可制北其樞紐則在伊犁伊犁形勝已失俄人遂專注南路屯兵浩罕浩罕舊有八城安集延其一也乾隆以來屢曾擾邊近爲俄所幷故俄與我鄰欲窺南路之喀什噶爾今設疏勒直隸州西域水道記云由特穆爾圖淖過巴爾琿嶺渡納林河穿行布魯特境內計一月可至葉爾羌喀什噶爾案回疆西四城皆在伊犁西南由阿克蘇逾木素爾雪山至伊犁道極艱險回語謂冰爲木素爾唐元奘西域記謂之凌山凌卽冰也山在阿克蘇城北四百四十五里伊犁惠遠城南六百五十五里故舊制伊犁每歲送換防兵於喀什噶爾皆由巴爾琿嶺之道今地爲俄割此道不通矣其地東可控回疆南可窺藏衞回疆通藏衞有四道其和闐踰棟科爾庭山之道則康熙時準夷襲藏

衛所由也今英人亟窺西藏俄亦屢遣人探道欲互爭其地故今日之喀什噶爾最爲重鎮西域舊有成書近今敵情雖異而其形勢則終古不易兵機一日百變非可空談惟輿地之學則應儲之有素雖險要視兵勢爲轉移但夙昔講求之功固不可闕耳

無邪堂答問卷四

無邪堂答問卷五

鄧𥗽字粵川桂林人學者莫先義利之辨說　評曰題語出張南軒孟子精義序卽癸巳孟子說以有所爲無所爲明義利之辨幷引孟子內交要譽以爲證蓋見孺子入井而援之者義也無所爲而然也此惻隱之仁發於本心者卽天理也納交要譽而始援之者利也有所爲而然也亦不可不謂之仁而實假仁也卽人欲也推之他事無不如此卽如讀書義也必欲人知其好學而始讀書利也爲善義也必欲博長者之譽而始爲善利也求人知要人譽豈不勝於不讀書不爲善者然其心固出於私苟人不知之不譽之則讀書爲善之念息矣且或欲以此博美名而種種僞飾之心由此以起小則爲鄉愿大則爲奸雄託

於義以攘利者比比也故無所爲而爲者卽爲己之學推而廣之聖人參贊化育因物付物亦不過由此一念擴充有所爲而爲者卽爲人之學等而下之奸人盜名欺世包藏禍心亦不過由此一念墮落求仁之功在乎存理遏欲理欲於何辨之於義利辨之義利於何辨之於公私辨之一念之起一事之發未必果可以牟利而其中理欲交戰終必出於利而後已夫此一念之私幽不可以質鬼神明不可以告妻子彼固未嘗不以義自居然靜中試捫此心究竟有所爲乎無所爲乎出於公乎出於私乎羞惡之良平旦之氣固不能盡澌滅也是故欲辨義利先辨誠僞誠者天之道天固至公而無私能體天之心以爲心者則至誠無息此仁人正誼不謀利之說也學者未能至於是而

欲求入德之門亦必先辨此心之誠僞若凡事以僞飾行之則心之喻乎利者至深無事不巧肆其牟利之術才力聰明皆歸誤用而求誠之路永斷矣蓋無所爲而爲者雖偶有過誤此心固可質天地也有所爲而爲者雖遍著義聲此心不可對妻孥也時時省察事事檢點則心不爲物役庶漸返乎欲盡理純之本然此求仁之方即思誠之道也孟子七篇於辭受取予之節辨之至嚴而必歸於求其本心者此也是非辭讓之心人皆有之理爲欲蔽則是非有所不顧禮也者所以明是非辭讓之節而使人發其羞惡之良故曰禮者理之不可易者也南軒此言揭七篇之要義以示人欲人嚴公私之辨以爲義利之辨使假仁假義者流無所藉口而初學之士有志乎道者但自審吾心

之公私卽可知臨事之義利斯不至以利爲義終身墮於坑塹中而不自悟耳好利之徒不以爲不可取之利而直以爲當取之義陷溺旣深是非可以倒置故孰爲義孰爲利臨事或不易辨孰爲有所爲無所爲則人皆能辨之凡好利者責以此爲非義之事彼或飾辭以辨責以此爲損人利己之事彼自無辭以對蓋天下利己者無不損人有所爲而爲者欲爲利己之事而又不欲居損人之名此一念卽人鬼之關也至如孳孳爲利不顧廉恥不恤人言此則面目靦然實未足比於人數莊生有言哀莫大於心死諸生諒能深戒之無俟吾之徵色發聲以拒也

水經注漸江水篇訂誤曰阮文達南江圖攷謂今一線清流自杭州北新關通漕達於吳江猶是南江故道　評曰北新關之

河後世所開地志皆言隋大業中東巡始開以通御道後人因修之爲運道其塘棲以北數十里則元末張士誠開以通漕者雖濬鑿時未必不因乎舊瀆然諸書旣無明文祇當闕疑證以酈注則臨平湖以北有禦兒柴辟二地與今運道相去不遠而卽爲運道與否究無確證也文達又以保叔塔後西谿一帶古蕩爲南江遺蹟恐亦未確若以此爲南江自餘杭入錢塘之道猶可言也文達乃自爲新說謂安吉以下非南江則不但與酈注戾幷其自言古時餘杭臨江今富陽郎古餘杭之說亦戾文達欲以此證成江爲折形之義然據酈注則江之折流在臨平湖其上流與今無大出入捍海塘未築以前西湖固與江通但北流而至臨平已成大折矣酈注言南江自餘杭合浙江準之

地望曾無不合而文達必欲易之未審其旨

又曰酈注言若耶溪之東又有寒溪溪之北有鄭公泉冬溫夏涼案太平御覽山陰縣西四十里有二溪東溪廣一丈九尺冬暖夏冷西溪廣三丈五尺冬冷夏暖此云溪之東又溪之北疑誤　評曰溪之東若耶溪之東也溪之北寒溪之北也御覽所引與此是二地其文見酈注沔水篇謂爲茗水非鄭公泉也然酈注此文亦後人轉寫之誤並非茗水趙東潛已辨之

尹紹文字博之臨桂人問酈注漸江水篇縣之東郭外有漁浦湖案讀史方輿紀要縣南有白馬湖湖自東漢中有三山曰癸巳山曰羊山曰月山亦名魚浦湖是漁浦在縣南此云在東郭外似誤　答漢縣治在今縣西北四十里亦見方輿紀要紀要云

此條敘在夏蓋湖下云其南又有白馬湖其南者夏蓋湖之南非縣南也今改其南作縣南故所說皆誤夏蓋湖在縣西北四十里則此所云在縣東郭外者地望正今郡縣治所隨時移易水道亦往往有變遷酈注據漢志而言自當求漢郡縣之所在乃以今制律之宜其鑿枘不相入

問陳蘭甫水道圖說武林水卽今臨安縣北溪南溪出天目山合流曰雲溪其說確否　答古雲溪與漸江通流此欲鄭通班志八百里之說故以當武林水其說亦非始於陳氏陳氏此編錄舊說以成一家言故引書例不舉書名然雲溪由發源處至武林仍無八百里之遙趙東潛謂班氏特著此句以明漸江之源固是善悟但亦委曲遷就之詞竊疑行八百三十里六字當

在漸水下後人轉寫誤參入也

問陋中在富陽分水之閒酈注指爲錢唐江之誤　答酈注不誤富陽分水之閒皆錢唐江也今尚沿此稱然此問幷誤會酈注之意酈注正言錢唐江波惡不能渡故道餘杭之西津餘杭西津卽陋中處在今富陽分水閒漢時二縣皆餘杭地也

水經注漸江水篇訂誤　評曰古書各有體例輿地之學尤不可不明乎此治輿地書固有通例酈注又自有酈注之體例但古人著書其例散見書中非若後人自作凡例冠於簡端之陋而無當也經傳不必言卽史部子部諸書之古雅者莫不如是不通其書之體例不能讀其書此卽大義之所存昔人所謂義例也校勘字句雖亦要事尚在其後此其大綱校勘其細目不

通此則愈校愈誤若後世陋書本無義例之可言不必深求亦不必多讀官書事出衆手多有例而無義又當分別觀之此題重在訂水道之誤不僅在校勘異文酈君北人其時南北區分不但不能得之目驗并南朝諸儒之著述亦不易得故所據書已有異同其疏誤自不能免沔水篇酈君已明言之不自諱也阮文達浙江圖攷頗詳審而未及者尚多亦間有武斷偏執者阮書非專爲酈注而作故不多及其偏處即其精處非持之有故不能言之成理古名儒亦多如此學者須知其弊乃可讀其書若武斷則尤不可

問吉林去俄羅斯遠近并其地形勢　答吉林之琿春與俄連界去俄屬海參崴屯兵之地計海道不及五百里北去俄屬伯

利屯兵之地在烏蘇里江入黑龍江之口亦曰伯力對音無定字也俄名喀巴羅甫喀亦不及二千里自康熙間與俄人定界後東三省無邊警者垂二百年吉林固無所謂邊防也咸豐八年十一年兩次定界棄地數千里而黑龍江之向以安巴格爾必齊河爲界者今則以江爲界吉林迤北向爲赫哲費雅喀諸部所居者今皆劃爲俄屬迤東之地向至海者今則以烏蘇里江圖們江爲界故吉省以琿春爲極邊東距省城僅千餘里圖們琿春皆見金史世紀圖們舊作統們琿春舊作琿蠢皆乾隆間譯改琿春河在甯古塔城東南六百里源出通墾山會諸小水西南流入圖們江烏蘇里河北流入黑龍江金史太宗紀天會九年命以圖們水以西和博錫馨瑚沁三水以北閒田給海蘭路諸穆昆　盛京通

志圖們江在盛古塔城南六百里源出長白山東北流逕朝鮮北界復東南折入海案吉林城南三百餘里亦有圖們河其下流爲輝發河與此名同地異黑省以黑龍江城爲重鎭南距將軍所駐之齊齊哈爾城即卜魁城將軍向駐愛琿康熙三十二年移墨爾根三十八年復移卜魁建爲省會亦僅千餘里俄人移其所謂噶噶林者駐於伯利西距我黑龍江城即愛琿或作艾琿亦作艾虎不及五百里其阿穆爾省大酋所駐之海蘭泡南去我黑龍江城僅百餘里耳金時海蘭路置總管府舊作合孩嬾皆乾隆時譯改見金史世紀地理志東南至高麗界五百里見金史地理志當在今盛古塔之南元置海蘭府以海蘭河得名河流入海見元史地理志與今海蘭窩集之河流入呼爾哈河者不同則在吉林北境明時置海蘭衛地無可攷疑即金時海蘭

路皆與今之海蘭泡異地惟元史地理志云合蘭府即海蘭水達達等路土地曠濶人民散居元時置軍民萬戶府五分鎭混同江南北之地無市井城郭逐水草爲居以射獵爲業案元史所云即打牲部落之俗今海蘭泡地在混同江北或即元時海蘭府所轄歟黑龍江外紀呼倫貝爾通稱海蘭兒案其地有凱喇爾河即海蘭兒之音轉與此異地輪船自黑龍江口一水可達黑龍江或稱混同江蓋松花江一名混同其下流會黑龍以入海互受通稱見金史世紀遼史聖宗紀太平四年詔改鴨子河曰混同江契丹國志又謂太宗時改名鴨子河亦松花江之異名又名松阿哩河松阿哩國語謂天河也此三名皆見金史地理志而誤分爲三水即魏書之速末水也新唐書作粟末俄復欲造鐵路於琿春則不出半月可由陸路徑達其國都矣圖們江與朝鮮連界其扼我綏芬河口者

曰海參崴 盛京通志綏芬河在甯古塔東南四百四十里入圖們江案 國初本為綏芬路屬窩稽部遼金之率賓府當在其地金史世紀有蘇濱水即率賓水亦即綏芬水之轉音俄割得此地後屯重兵築礮臺通商招墾遂成巨鎮迤北如巖杵河雙城子等處皆設官置戍期漸與伯利聲勢聯絡以窺我吉林朝鮮滿洲源流攷引元一統志自南京而南曰海蘭府又南曰雙城復引明實錄永樂四年七月因溫託琿等部人吉里納入朝置雙城等五衛疑皆今雙城子之地也遼史地理志雙州亦有雙城縣遼雙州在今鐵嶺與此異地故俄之有海參崴猶英之有新加坡也英得新加坡而經營之南洋遂以多事俄得海參崴而經營之北洋亦漸起風波今且欲句結朝鮮以為屬國

朝鮮有事則旅順危北洋之門戶也鐵路若成則黑龍江與內外蒙古均將疲於奔命　京師之藩籬也俄地既廣而北負冰洋無虞後路遂日以蠶食爲事歐洲諸國常視俄爲輕重德與法戰必先結俄今俄德之交漸離則法益親俄以圖報復俄覬歐地而苦無隙可乘也亦樂挑諸國使自鬥而坐收漁人之利其國勢本注重歐洲故久思滅土目基據歐洲之腰膂以求逞其大欲英法諸國出而救土俄既不得志於西則思啟其東封英之救土爲自救計也然俄轍既東印度仍當其衝中國亦受其敝二百年來俄未與中國寒盟蓋地勢阻之今吉黑邊境既爲所割浩罕鄰封又爲所併東西萬餘里在在與之接界其首衝在新疆其次即在吉林而吉林實爲根本重地故東三省之

綢繆不可緩者此也至於中俄交涉山川形勢卡倫鄂博諸制

則　盛京通志海國圖志朔方備乘諸書具載之

仿遼史例作元史部族表　評曰以部爲族外藩多如此猶中

土之以國爲氏也　欽定元史語解分析部族最淸錢竹

汀氏族表詳於族而畧於部蓋其作書本旨不同故體例亦異

畏吾兒卽回鶻之轉音或稱畏兀亦稱偉兀又稱衞吾陶南邨

輟耕錄列爲色目人非蒙古也兀良罕卽今烏梁海乾隆時始

編佐領本與俄國分屬近頗爲俄所誘在喀爾喀蒙古之北者

曰唐努山烏梁海康熙時來屬在烏里雅蘇臺科布多之北者

曰阿爾泰烏梁海乾隆時來屬尼布楚亦有之皆采捕爲生元

祕史所謂林木中百姓也尼布楚本茂明安舊地故有蒙古種

人昔寶赤養禽鳥人合剌赤亦作哈剌布瞭望人貴由赤亦作貴赤善跑人見元史語解輟耕錄均非部族名

劉奉璋字璿甫全州人讀漢書藝文志曰漢不立左氏學雖劉歆表請立之格於羣議旋立旋廢而藝文志乃以左氏冠公穀鄒夾上　評曰左傳平帝時嘗立學光武時又立學班志自不得遺之其首舉春秋古經卽左氏經也自博士李封病卒遂不復立今左傳正義經典釋文皆以爲和帝元興十一年鄭興父子奏立非也錢竹汀答問已辨之古經傳本皆單行作傳者以先後爲次自當首邱明公穀著於竹帛時已在後卽高赤二子傳經初祖亦不能先於邱明班氏以是爲次非有他意也鄒夾二家又次於後此五家皆正傳其左氏微以下乃傳之旁出者

猶後世之有經解故別自爲次其總錄中云云當卽劉歆原文

利建侯字冠伯平樂人問方望溪集有與鄂少保書論喪服注疏之誤三事一辨圻外之民於天子無服一辨卿大夫之妻於王后無服一辨諸侯之士於天子無服皆不曲護舊說左證似覺詳明　答檀弓三月天下服鄭注諸侯之大夫爲王繐衰依據禮經確不可易使并圻外之民言之經何不云天下男女服使與上文一律乎望溪未知古聖王公天下之心諸侯有各臣其國之義而以秦漢後郡縣之天下律之誤矣其引漢文帝事正是郡縣之天下不可以律古封建之制臣爲君服斬妻爲夫之君服齊衰期傳曰何以期也從服也賈疏謂夫人命亦由君來故臣妻於夫人無服　欽定義疏謂從服者直一從而

已不累從也等殺秩然義據明確方氏自誤會耳古者婦爲舅姑齊衰期而女子子在室則爲父斬婦人不二斬在家從父之義也父爲長子斬母爲長子齊衰三年父所不降母亦不敢降之義也封建之世諸侯卿大夫各有土地人民故重大宗大宗者當先祖之正體尊祖故敬宗敬宗故長子服重使以後世郡縣之制律之則婦爲舅姑但服期爲長子轉服三年不幾輕重倒置乎方氏之所疑蓋亦類此其作喪服或問謂婦爲舅姑期乃稱情以立文尤害經義周官肆師大喪令內外命婦序哭當序哭時自必服衰以往此弔服耳豈可竟謂之有服亦何至以吉服將事爲疑稽諸禮經命婦弔於大夫服錫衰豈命婦於大夫亦有服乎且王與后與世子之喪皆稱大喪內府世婦內司

服同后即有服世子亦有服乎固不得執此以相難也諸侯之大夫以時接見乎天子故爲天子服士位卑於大夫故絕於天子尊尊之義也若士亦有服經何以不云諸侯之大夫士而云諸侯之大夫方氏引象胥次事上士以證士得接見天子不知上士者乃王之上士與諸侯之士無涉安得據爲左證乎周官掌客凡介行人宰史皆有牢方氏亦引爲士接見天子之證案聘禮賓之卿上介之大夫士介四人是衆介固當以士充其數但禮經所云接見天子者謂承君命以聘於天子之大夫非謂衆介也春秋二百四十年曾無以士聘天子者況禮經注疏皆甚明瞭而方氏誤以衆介當之然則敵櫝授圭又有賈人豈賈人亦得謂之接見天子乎行人宰史乃從行者并非衆介尤不

得以爲接見之證望溪釋經往往輕改舊說其集中又有答禮館纂修書亦論此事足見當時共事諸人均不以其論爲然也

劉志光字耀廷平樂人吳康齋學術論曰康齋姿禀英異氣質高邁且通時務兵法陰陽易卜無不諳悉則固不欲畎畝終而時思一試也　評曰古之君子未有炫玉以求售者也自惜其才而輒思輕試此豪傑之事非學道者所宜爲康齋爲石亨而出與蔡京之薦龜山畧同龜山猶多建白惜其時已無可爲康齋則未免虛此一出恐枉尺未能直尋也昔賢進退固非後學所敢輕議究亦不無可疑

韋得琛字獻卿柳州人問待朋友宜以和平爲主然必先從看得自己不是處看得朋友是處克治纔好　答朋友亦未必果

是不必徇之惟看得自己不是極有意思凡事往往有兩家皆不是而逞意見之私乃各自以爲是苟平心觀之則眞是出而我與人之所爭者皆倚於一偏矣然卽灼見此理之是亦不必儘與人爭天下惟大者當辨小者何可勝辨辨之究有何益我但當求一眞是而不爲俗所惑耳欲求眞是宜有定識欲求定識宜先之以讀書窮理東塾讀書記謂讀書窮理卽實事求是其說甚確凡事皆有是有非衡之以理是非乃見窮理者所以求其是而去其非也天下本有同然之理我惟淆於私見斯其眞不出證以聖賢之言理自顯然特患平時無體認之功耳易言虛以受人友有見理明而學識勝於我者其言必深味之否則置之所謂尊賢而容衆汎愛而親仁也自謂無過其過必多

友有直言見規者其性情識見必皆可取縱使言之不當猶須容受以來善言況中我之失乎試思己有不善於友何與而苦口諫諍非深愛者其孰能之平一時之意氣可免他日無窮之悔尤人貴益友得力正在斯時否則求友何爲也天下惟聰明人最喜文過當其飾非拒諫意氣凌厲旁觀有竊笑者有嘆惜者有侮弄者人苦不自知耳使能容受直言則他人之才智皆可取以爲我之才智智孰有大於此者而徒矜一己之聰明致陷大戾非天下之至愚而何故好逞聰明者必非大智慧取友之道亦可以是卜之

李桂齡字月莊鬱林人問齊人獻戎捷何注春秋王魯見王意古者方伯征伐獻捷於王夫獻捷豈由孔子所使乎　答獻捷

非孔子所使其詞則孔子所修何意此非舊史之文君子修春秋乃書曰獻戎捷以見王魯之義蓋獻捷本非諸侯相爲之禮也此之所云未足以難之

賓光華字丹廷鬱林人問易納甲先天異同　答先天出於納甲納甲出於納音納音出於緯書其見於古籍者歷有明徵近儒之所駁詰皆昧其源流不足據也隋蕭吉五行大義引樂緯孔子曰某吹律定姓一言得土曰宮三言得火曰徵五言得水曰羽七言得金曰商九言得木曰角亦見南齊書樂志案京君明曾推律定姓蓋其治易用納音故也此納音之法與抱朴子僊藥篇引玉策記開名經正同與禮記月令正義引易林亦合蕭吉闡其說甚詳納甲之出震見丁盈甲退辛消丙滅乙義本

諸此後儒惟沈存中夢溪筆談卷五論納音卷七論納甲錢竹汀潛研堂集卷一納音說惟以納音爲出於納甲則未免顛倒能明其故焦理堂易圖略知之而又疑之蓋欲斥漢儒以自張其學耳其論納甲皆未達虞氏之意近惟張皋文能明虞氏家法惠定宇周易述頗龎雜其誤處則陳氏讀易漢學私記已言之納甲之法詳見虞仲翔易注李氏集解引及魏伯陽參同契案京氏易傳云甲壬配外内二象陸績注乾爲天地之首分甲壬入乾位分天地乾坤之象益之以甲乙壬癸震巽之象配庚辛坎離之象配戊己艮兌之象配丙丁又云三者東方之數東方日之所出四者西方之數西方日之所入言日月終天之道奇耦之數取之於乾坤乾坤者陰陽之根本坎離者陰陽之性

合其言與參同契皆合是納甲出於京氏無疑鼎卦注言納辛即納甲之法惠氏易漢學曾引以爲證是已焦理堂王伯申强生分別非也太平御覽引京氏易說云月與星至陰也有形無光日照之乃有光喻如鏡照日即有影見月初光見西方望以後光見東方皆日所照也朱子答袁機仲書云參同契言納甲今所傳火珠林是其遺說參同契之言尤與虞注及先天圖若合符節邵子觀物外篇震始交陰而陽生巽始消陽而陰生兌陽長也艮陰長也震兌在天之陰也巽艮在地之陽也故震兌上陰而下陽巽艮上陽而下陰乾坤定上下之位坎離列左右之門天地之所闔闢日月之所出入春夏秋冬晦朔弦望晝夜長短行度盈縮莫不由此此即納甲之義熊氏朋來經說胡氏

渭易圖明辨陳氏壽熊讀易漢學私記皆已言之陳氏疏證尤明確邵子謂圖皆自中起卽京氏易傳所謂坎離之象配戊己也乾南坤北卽陸績注所謂乾坤分甲乙壬癸陰陽之終始也乾南坤北之位惠半農易說誤以方位爲方向而反疑邵圖爲誤錢竹汀養新錄亦然果如半農竹汀之說將言天象者鶉火必易置北方而後爲向南元武當易置南方而後爲向北乎離東坎西卽參同契所謂坎離匡廓運轂正軸爲乾坤二用也其方位不盡同者卽參同契所謂二用無爻位周流行六虛往來旣不定上下亦無常朱子攷異託名鄒訢作所謂甲乙丙丁庚癸以月之昏旦出沒言之非以分六卦之方也不然虞注旣言乾坤列東艮兌列南震巽列西坎離列中繫辭八卦成列注何

又言震春兌秋坎冬離夏兩儀生四象注惠定宇輩以此爲疑則虞義先不可通乃獨疑邵子耶朱子語類先天圖傳自希夷希夷又自有所傳蓋方士技術用以修鍊參同契所言是也又云伯陽參同契恐希夷之學有些是其源流又云先天圖直是精微不起於康節希夷以前原有只是祕而不傳次第是方士輩相傳授參同契中亦有些意思相似又云先天圖與納音相應故季通言與參同契合魏華父亦云先天之學推魏伯陽窺見此意至華山陳處士始盡發其蘊朱子明知此圖傳自道家而仍用以注易者蓋欲備一家之學爲占驗設也王白田李孝臣皆謂本義前列九圖非朱子之舊白田集朱子年譜考異羣經識小用意固善然咸淳乙丑吳革刊本已有此九圖易學啟蒙言之尤詳且繫辭說卦傳本義皆曾用先天以釋

之矣白田又謂家禮非朱子作顧訪溪悔過齋續集曾引北溪文集以辨之其言極確案朱子注參同契與注楚辭意同楚辭注爲趙忠定而作參同契注爲蔡季通而作皆寓身世之感非徒注其書也先天本於納甲宋儒固明言之其傳自道家宋儒亦並未諱言之西河竹垞之徒不喜宋儒借此以肆攻訐無足深辨或又謂仲翔曾注參同契因引以注易不知參同契特借納甲以明丹訣耳非其所剏爲也京焦之學雖云傳自孟長卿而班史儒林傳已著疑詞謂延壽黨獨得隱士之說託之孟氏所云得諸隱士者與先天圖得自陳希夷略同皆教外別傳非易本旨田何之易今雖不可見然班史稱孟長卿得易家候陰陽災變書詐言師田生且死時獨傳喜上聞喜改師法遂不用據此知孟氏之學已非盡易之本旨況京焦乎但易無象數無以命占故自來言象數者能合於

占驗卽可自爲一家之學若卦氣若九宮若納甲若爻辰若先天皆易之支流餘裔推衍繁密附會閎多先儒取其說之近理者以爲易家占候近人好言象數而不能施之於占候特重儓目此外言數者惟河洛所託最尊其數亦出自然故太乙九宮明堂則之見大戴禮盛德篇宋儒言圖書者本之大戴記注言九室法龜文而劉牧互易圖書之數蓋以圖與書同爲九宮故也五行大義引黃帝九宮法曰戴九履一左三右七二四爲肩六八爲足五居中宮總御得失其數則坎一坤二震三巽四中宮五乾六兌七艮八離九太乙行九宮法從一始乾鑿度鄭注略同舊唐書禮儀志天寶九載術士蘇嘉慶請於京東朝日壇東置九宮貴神壇東南曰招搖正東曰軒轅東北曰太陰正南曰天一中央曰天符正北曰太一西南曰攝提正西曰咸池西北曰青龍五爲中戴九履一左三右七二四爲上六八爲下符於遁甲案戴

九履一之文子華子大道篇又云天一之行始於離宮太乙之
亦有之但是僞書不具引　隋志有九宮經一卷孫淵如問字堂集引唐會要
行始於坎宮　路史注以證九宮始於黃帝不知衞數之書皆出
依託要是六朝　案此篇皆據洪範九疇以立說九疇先儒以爲
以前古籍耳
即洛書　孔安國劉歆馬融皆有　故盧注大戴記明堂篇謂九室
此說蓋古文家言也
法龜文徐岳數術記遺有九宮算甄鸞注與五行大義所引說
同宋人之圖自有所本孫淵如謂宋人誤以太乙九宮爲洛書
非也　近人言河洛者惟孫氏尚能得其大略　而駁宋人之說則誤餘家皆謬不足辨　五行大義又云天
一地二天三地四天五地六天七地八天九地十天地之數合
五十有五九宮用者天除一地除二人除三餘四十九以當著
策之數又四時除四餘四十五五者五行四十者五行之成數
乾鑿度云易變而爲一一變而爲七七變而爲九九者氣數之

究也乃復變而爲一與列子天瑞篇同又云陽以七陰以八爲象易一陰一陽合而爲十五之謂道陽變七之九陰變八之六亦合之十五則彖變之數若一陽動而進變七之九象其氣之息也陰動而退變八之六象其氣之消也故太一取其數以行九宮四正四維皆合於十五鄭注亦引天一地二以釋之謂一變爲七是今陽爻之象七變爲九是今陽爻之變二變爲六是今陰爻之變六變爲八是今陰爻之象七在南方象火九在西方象金六在北方象水八在東方象木其言方位進退與宋人所言河圖之數一一脗合後漢書劉瑜傳謂河圖授嗣正在九房九房者明堂九室也蓋天一地二以下二十字爲河圖之數聖人則之以演易初一曰五行以下六十五字爲洛書之數聖人則之

以演疇故孔安國謂河圖則八卦是也洛書則九疇是也見易繫辭正義又書洪範孔注洛出書神龜負文而出列於背有數至於九劉歆云伏羲氏繼天而王受河圖而畫之八卦是也禹治洪水錫洛書法而陳之九疇是也河圖洛書相爲經緯八卦九章相爲表裏見漢書五行志案此即宋儒書亦可爲易圖亦可爲範之說也又禮運疏引中候握河紀云伏羲氏有天下龍馬負圖出於河遂法之畫八卦龜書洛出之宋書符瑞志伏羲受龍圖畫八卦所謂河出圖者也禹時洛出龜書六十五字是爲洪範所謂洛出書者也漢儒栝傳古義如斯宋儒不取緯書故不得二圖之來歷而其圖則遠有端緒並非宋人所臆造也關子明易傳言圖書與乾鑿度五行大義皆同關易世以爲阮逸僞作然阮逸亦是宋仁宗時人在邵子前鄭君注易謂河圖有六篇洛書有九篇此乃後人衍河洛之義以成書隋志尚存其目凡二十卷開元占經多引之日行度篇引河圖曰天元十一月甲子夜半朔日月俱起牽

牛乃用太初術蓋太初以後人所爲耳漢人言河洛括之於太乙九宮故張平子以九宮與律厤卦候並稱而云河洛六藝篇錄已定見後漢書本傳蓋亦以河洛爲九宮其是否圖書本旨不可知要之漢宋諸儒初無異說朱子答蔡季通書云鄙意但覺九宮之圖意義精約故疑其先出而八卦十數九疇五行各出一圖自不相妨故有虛中爲易實中爲範之說自謂頗得其旨大抵治易者不言象數則已言象數則易流於術數當西漢時卦變之說未興其言易以陰陽災變爲主故卦氣之學流傳最遠自時厥後言易而近術數者三家卦氣主日納甲主月爻辰主星皆言天象以明人事揚子雲用三統衍太玄以明易漢儒家法本自如此近惟焦里堂欲通厤於易漢宋而外自成一家而能合占驗與否未可知也世儒多尊定宇而斥里堂里堂固鮮師法吾謂與其爲

定宇之皮傳古義尙不如里堂之自闢町蹊其易通論專比附經文以求大義亦勝於諸家之逐末忘本然其源皆出於緯書緯書多漢人附益非盡七十子後學者所記也漢儒以卦氣納甲明消息而以消息爲伏羲十言之教其說亦出於緯與康節之先天託諸伏羲意同凡言數學者皆如此卦氣見易緯稽覽圖爻辰之法詳見五行大義謂天有九星地有九州以二十八宿分繫於九宮其星則天蓬天輔等名今太乙壬遁所用者是也楚辭九辯序天有九星以正機衡劉向九歎訊九魁與六神王逸注九魁北斗九星也素問天元紀大論引太始天元冊文云九星懸朗王冰注亦引天蓬等名以釋之又見素問刺法論抱朴登涉篇引遁甲中經舊唐書禮儀志及五行大義引蓋斗爲帝車運乎中央黃帝九宮經章俊卿山堂攷索羣書門

臨制四鄉測算家用七星占驗家則用九星以應九州其術流傳頗古而每爲後世道家所篡取逸周書小開武解云三極一維天九星二維地九州三維人四佐成開解略同惟九星作九列孔晁注九星謂四方及五星與此異義蓋此乃術家之說故孔注不取耳南齊書高帝紀論太乙九宮之法與今術士所用正同隋志有費長卿周易分野一卷卽爻辰所從出錢竹汀荅問已言之納甲本於納音爻辰本於九宮九宮納音之法今太乙壬遁星卜堪輿時日小數無不用之蓋術數家皆自託於易本古法以爲推衍故能流傳後世繆悠之言宜爲儒者所弗道但九宮貴神諸說乃術家所附會固不得因此而并疑河洛也焦里堂謂揚筠松術士且以納甲爲非不知筠松所用貪狼破軍之類皆九

宮星名古人以之言分野故筠松以之相地此亦唯之與阿而可據以難納甲乎疑龍經有河圖分九宮之語與劉瑜傳五行大義正同術家本無異辭而儒家反昧所從出以致聚訟漢書翼奉傳已有貪狼廉貞之名但非指九星五行大義言遁甲九神皆與筠松說同惟天蓬天內天衡三神皆居破軍星筠松則以左輔右弼當之為不同耳開元占經引洛書云北斗第一星曰破軍第七星曰貪狼此洛書當即鄭注所云有九篇者足見術士之所傳亦皆漢人之遺法也繫辭五位相得而各有合虞注云云正與先天說同以天地定位四語合於納甲不自邵子始惟虞注於帝出乎震章亦以納甲釋之兌西坎北義不可通因釋以二三爻失位未免牽湊邵子知其然乃分先後天以圓其說用意甚巧而復託諸伏義致啟後人之疑然謂易無先後天之分可也謂先天之學無與於象數不可也謂本義不當冠以九圖可也謂九圖不源於漢儒不可也先天圖宋儒如楊龜山陸象

山林黃中袁機仲黃東發等已疑之（朱子答王子合書亦謂康節言八卦之位大抵近於穿鑿附會）象山謂非聖人本意要知言象數者何一是聖人本意古人卜筮用蓍龜左傳載其繇辭但取互體曷嘗有如後世紛紜之說左氏謂筮短龜長而聖人贊易則明蓍德可知象數之學固隨時而變也宋潛溪集有廖應淮傳謂其得先天之術神驗與管郭略同先天本義不過如斯即卦氣納甲亦何嘗不如斯觀范史列傳可見矣漢學家非不知先天納甲同出一源第惡宋儒而尊虞氏遂諱言之豈知卦氣飛伏九宮納甲爻辰先天皆非易所本有昔人特爲占驗而設故其法每爲術士所篡王輔嗣程叔子專明義理易道始尊至今立於學官從之者自無流弊世謂輔嗣以老莊說易此特韓康伯繫辭注爲然耳輔嗣

於乾之羣龍无首但明剛柔相劑之義並未敢以老氏言無之旨汩之其他言涉老莊若復卦注之寂然至无以有爲心者亦不多見朱子本義以易重卜筮故繫辭說卦傳注間及先天要其義理仍一本諸程傳也象數之學田楊丁將軍舊法未知何如自孟長卿以陰陽災變言易兩漢之世其學大行流於術數諸家千支百派改頭換面大抵不出卦氣九宮納甲之範圍近儒嚴斥先天謂非易之本旨是已乃復附會爻辰推尊納甲左右佩劍庸有異乎至河洛圖書即非作易本旨亦是漢儒相傳古義近人之所辨難皆不知而作者也

祁永膺字伯福鬱林人問學者好言命將毋爲畢生之誤　答不知命無以爲君子得之不得曰有命聖賢非不言命也但古

人居易以俟之義理之命也今人先事而推之禍福之命也禍福之心勝斯義理之心微非委心任運則行險徼倖而已矣不信命者好行險過信命者多任運其惑於禍福則一也君子終日乾乾盡其在我而禍福定之於天者不敢計亦不必計故曰修身以俟居易以俟

問古人重氣節而耐煩子細學者似亦不可少不耐煩則有初鮮終不子細則鹵莽滅裂雖講氣節仍未盡善　答此固最要第子細不可太過太過則流於畏葸是以夫子有慎而無禮之戒凡事太過則弊生故曰過猶不及如耐煩是最好事然太過亦有瑣屑之弊能講氣節豈非極美然析理不精往往誤以意見爲氣節斯惑之甚矣君子貴窮理貴養氣蓋爲此也惟養氣

乃有眞氣節配義與道集義所生非是則皆意見之私大者誤國小者禍身而及其當見氣節時仍苶然無有也眞氣節必不若是不當避者人詭避之避之者爲趨利也不必爭者人競爭之爭之者爲釣名也瑣屑爭論必無實際徒使聽者生厭雖有正言不能入矣故古人進言之道必以積誠爲本好利爲欲好名亦爲欲無欲則剛剛非徒恃意氣之謂也三代下惟恐不好名此爲中材以下言之若讀書明理之君子固當有進乎此者矣宋史辥季宣傳謂好名特爲臣子學問之累人主爲社稷計惟恐士不好名陸清獻問學錄謂好名之嫌不可避好名之心不可有是二說者義實相成非相悖也明史羅洪先傳洪先嘗言儒者學在經世而以無欲爲本其言甚精惟澹泊乃能寧靜

澹靜乃能致遠諸葛君眞名士自與畫地作餅不同不求聞達豈敢名者哉意氣意見無非好名之一念所生陸象山語錄云此道與溺於利欲之人言猶易與溺於意見之人言卻難又集中與鄧文範書云愚不肖者之蔽在於物欲賢者智者之蔽在於意見高下污潔雖不同其爲蔽理溺心而不得其正則一也等而下之則且有以立名爲罔利之媒者事事違心而出是又與於無恥之甚者也乞於墦間而諱於妻妾羞惡猶未盡泯也若後世之小人肆壟斷之術且以驕其妻妾矣豈其性與人殊哉名利可以兼取天下事孰有便於此者習慣自然妻妾且從而奉之賓客亦從而歸之積久遂成風俗五季之所以極亂也故正人心當自辨義利始辨義利當自知恥始以利爲利可恥

也以名爲利尤可恥也疾没世而名不稱名固君子之所甚重惟實至則名歸無實而市名鬼神瞰之不祥孰甚而欲稱於没世得乎王文成傳習錄謂稱當讀去聲固鞭辟近裏之意但如實不稱名則生前已當疾之奚待没世不若從舊說爲安顧氏日知錄云疾名之不稱則必求其實矣君子豈有務名之心哉晁氏客語宋晁說之著謂名利皆不可好然好名者比之好利差勝好名則有所不爲好利則無所不爲案晁氏之言甚當但此惟眞好名者爲然名本美稱好名則有美有惡無所不爲之徒人猶得而指摘之至於名有所不爲實則無所不爲斯藏身甚固人無不墮其術中矣顧亭林謂不能使天下人以義爲利而猶使之以名爲利雖非純王之風亦可救積污之俗云云是率天下而僞也有激之言流弊甚大汪鈍翁集有名論一篇命意與亭林略同而持論較平固自無弊日知錄又言古人求没世之名今人求當世之名

吾自幼及老見人所以求當世之名者無非爲利也名之所在則利歸之故求之惟恐不及苟不求利亦何慕名以此說證之則知前說特有爲而發非定論也故聖賢惡同流合污惡色厲內荏惡居之不疑惡訐以爲直若此者皆假好名以爲藏身之固者也夫名利者帝王持世之大權使士皆不好利不好名雖聖王不能驅策羣力然好利者易察好名者難察好利者易馭好名者難馭苟以聖賢之所惡者察之則觀人之道可得其大凡苟以其人之所嗜者馭之則殉名之徒亦無不歸驅策天下嗜利者必不好名而僞爲好名者則無不嗜利故欲辨義利先辨誠僞誠則公公則義矣

問宋史劉忠肅傳云士當以器識爲先一命爲文人無足觀矣所謂文人當即程子云詞章訓詁之學所謂器識當即程子云

儒者之學　答文以明道古來名儒多由文人入者文人元無弊命爲文人則有弊耳忠肅之言卽先器識後文藝之意然博學於文正欲以充其器識離器識與文而二之斯所以爲後世之文人也

問朱陸皆可入道否　答豈獨朱陸皆可入道卽無垢慈湖龍溪泰州之徒純以禪宗提倡者苟去其偏而專取其長亦何嘗不可入道但天下中材多而上智少頓悟之說旣非中材所能領會而才智者又樂其簡易可以恣其胸臆遂至盡抉藩籬故程朱之學歷元明數百年而無弊卽弊亦不過迂拘弇陋而已姚江之學不及百年諸弊叢生其卒也弇陋與宋學末流等而踰閑蕩檢猖狂恣肆則什百過之故與其爲陸王毋寧爲程朱

也然以此集矢於陸王則不可陸王說雖過高要自有眞面目王與陸亦不盡同象山之言最足激發志氣使人興起第取簡捷以立教則其言多有過當者故朱子辨之恐貽誤後學耳王學流弊泰州爲甚龍溪次之泰州本非文成之所喜而流衍獨廣蓋人心樂縱恣而憚拘檢也其徒多赤手捕長鯨之人故決裂尤甚嚴嵩罪大惡極何心隱獨能以祕計去之事見明儒學案又周櫟園書影載陳士業答張譎宿書亦及此事而心隱之見忮江陵亦由於此此輩才氣非常惜其不軌於正張文定謂儒門淡泊收拾不住惟其不甘淡泊乃入於異端故學者必以淡泊明志爲先務也淡泊明志之言與文定語意稍別而病根則同近人治經力求新異欲以駕古儒者之上皆不甘淡泊者也泰州之學流衍粤中者有楊文懿其作三經序送劉布衣序牽合三教恣意滅裂

王龍溪集中三教堂記不二齋說諸篇皆與楊說略同彼時講學之徒半多如是高顧諸公乃起而救之敦尚名節力障狂瀾為功最鉅故東林者所以結明三百年養士之局而開　國初風氣之先者也

問李二曲云學在反身道在守約功在悔過自新而必自靜坐觀心始當即程子學始於不欺暗室之意　答靜坐觀心與延平觀喜怒哀樂未發氣象白沙靜中養出端倪意同特其言又加甚焉竟與釋氏之觀心無別釋氏觀心亦非竟無所得者也第認心為性與吾儒異耳若程子之言乃大學誠意之謂非謂觀心一主靜言一主敬言悔過自新乃喫緊為人處人當終日膠擾雖有過不自知靜則知之但二曲立言不善流弊頗多朱子有觀心說辨析最精言靜不如言敬敬則不期靜而自靜矣

問吳康齋嘗謂宦官釋氏不除天下不治何如　答宦寺之禍英宗時固有之若僧徒橫於成化間康齋已不及見永樂以後貴重番僧別有柔遠深意非可一律同譏所過驛站誠多騷擾京師亦受其害然於天下大勢無與明之患初不在此康齋此言疑近於講學家門面語

問春秋矢魚於棠董生以觀魚爲譏邵公以遠觀爲譏其義孰長　答與民爭利無論遠近皆當譏董以觀魚爲譏義塙不可易何注譏使若以遠觀爲譏蓋因傳有譏遠之文而見內小惡諱之義耳然不若董義之正大穀梁禮尊不親小事卑不尸大功魚卑者之事也公觀之非正也義勝公羊

問公羊論紀季事董主美紀侯何主美紀季孰是　答繁露玉

英篇紀侯謂其弟曰我宗廟之主不可以不死汝以酅往服罪于齊請以立五廟此董必有所本紀季之服罪紀侯使之美紀季卽美紀侯也董何雖若異義而大旨則同後漢書賈逵傳注逵以爲紀季不能兄弟同心以存國乃背兄歸仇書以譏之案賈說非但與二傳義違與左氏亦不合其義甚短故孔疏不引近儒輯賈服注者亦不之及蓋爲賈諱也

問紀效新書論兵法至詳而總以鴛鴦陣爲主然今世洋礮利害似尤當以制礮爲急不然恐雖有好陣法無從而設　答戚氏書多詳擊刺之法與今用鎗礮者不甚合若其束伍審敵之方及首卷所載諸論無古今一也禦礮無善策曾文正集中嘗言之西人亦但有避礮之法無禦礮之法若暗臺斜坡鋭角牆

太平蓋之類皆爲避礮而設諸書所言絮綱糖包各物均不足恃非得地勢以自蔽則直以血肉相薄而已西人嘗言堅壘可以避鎗近山近林皆可避礮但依林木以結營只可自固擊人亦不便也然鎗礮雖爲要物用之仍在其人近日後膛鎗礮無國無之而勝負不同可思其故矣用兵之道將欲其智卒欲其愚純樸未漓乃能致死巧者多滑若巧而不滑則將校之材非徒士卒之選也後膛鎗近式頗多其機括太繁者非操練純熟手法極靈鮮不委以資敵洋鎗如士乃得林明頓來福茅瑟之類皆中國所常用前膛有用散子者後膛多用單子命中較難中國擡鎗重滯而裝子甚多發無不中南省兵丁頗喜用之今之鎗礮款式不同子藥亦異中國陸續購置宜於此或不宜於

彼外洋有官廠有民廠中國官事不世其業難以專精若聽民開廠官收其稅而不與聞其事則富商衣食於斯不能不精益求精官可省費而物之良窳易見卽如擡鎗之重滯者亦未嘗不可變通盡利也西國教戰之書多未見僅見津滬製造局繙繹諸書論火攻水戰頗詳論陸路陣法者尚少布國人著有臨陣管見九卷論布與奧法兩國戰事之得失大旨以攻兵爲長守兵爲短又有比國人著營壘圖說謂戰事能築堅壘者不致大敗其說與湘軍諸將所見略同惟築法加詳亦有繁瑣不適用者中數篇頗精末篇則算法耳然按諸歐洲戰事大抵以嚴整取勝嚴肅則將心歛整齊則士氣戢此中外之所同未有氣矜之隆甚囂塵上而能制勝者也而火器之烈宜散不宜整又

其用兵只分一兩路專攻要隘專打硬仗所謂多方以誤之亟肄以疲之者亦不多見其論戰亦以游兵為要包抄為長但無中國兵書之變化或未見其精者耳古兵書存於今者惟孫子義蘊閎深餘多後人附益非但六韜三略為偽書也兵者氣也當及其銳而用之故兵書雖多一言以蔽之曰審機而已審機莫精於孫子吳子已遠不及尉繚尤以多殺立威不足盡信也事事最忌紛擾故韜略皆用道家言以靜制動其理甚微而其言尚淺宋以後書頗龐雜要不出前數書之範圍惟守城制陣等法加詳近世多野戰舊陣未必適用即戚武毅之陣法亦仍得力於束伍程子謂韓信多多益善只是分數明即束伍之說今西人教戰亦皆束伍之法也孫子兵勢篇凡治衆如治寡分數是也魏武注部曲為分什伍為數程子之言蓋本於杜牧之見十家注紀效新書束伍篇亦引孫子此言古來言陣法者始於握奇經李衛公問對之六花陣即本握奇八陣而小變之二者皆偽書要皆言之成理握奇舊題風后撰漢

志有風后十三篇云出依託握奇當卽在其中其陣法今亦用之若今之包抄卽握奇所謂蛇蟠也今之張兩翼卽握奇所謂鳥翔也　將者智仁信勇嚴孫武子言之岳忠武遞之今且未暇論古人之精微但以忠武不愛錢不惜死六字爲師則粗材皆可學而能而已有制勝之道士不用命由於將之專利故治軍者可以千金養死士不可以一錢入私囊威令不行雖精通韜略亦無所用惟其志專一而好勝事不輕發發則期於必成而籌餉之權操之議院其不能輕舉者以此其上下一心以敗爲恥者亦以此從前騷擾海疆半招黑夷及沿海奸民爲之非其正兵萬一俄夷有事與此頗異我當以陸師與之角勝而諸國耽耽海防仍不能弛財用不足尤可慮耳

問昔人言非科舉累人人累科舉良然　答程子言科舉之學

不患妨功惟患奪志士能眞爲科舉之學者必不爲科舉所累爲所累者只是無志耳無志則可累者甚多何必科舉藉口於科舉豈不冤哉以今制言四書文義理之學也二三場考據詞章經濟之學也學問根柢卽在科舉中豈有恃兔園冊子而能爲佳文者乎讀書多積理富才識旣充文藝自進今之爲制藝者吾惑焉庸爛惡俗者無論已一二才士誤於歧趨喜爲別解文義至不可通　功令亦所不恤一切訓詁名物山經地志傳奇小說之言無不納諸制藝中光怪陸離披之實無所有豈知科舉之文有關運會固不容率爾也贋鼎紛陳人心日僞防僞者割裂四書以命題非侮聖言而何

施獻璜字璠玉南寧人問伊犁邊界　答同治三年之約伊犁

西北自薩爾巴克河而南沿奎屯河亦作奎峒譯言冷也其傍有奎塔斯山以山頂爲界徐星伯西域水道記曰撒瑪勒河西十里爲奎屯河自北山南流入夏暴漲涉者往往滅頂南流達葦蕩葦蕩者東西百八十餘里南北八十餘里是曰都爾伯勒津喀喇烏蘇案慶綏城之東亦有奎屯河與此名同地異圖爾根河在奎屯河西三十里發源都闌哈喇山入小葦蕩逾伊犁河南至特穆爾里克河源發源察奇爾山陰西北流九十里匯於格根河又南至格根河源爲界元史語解格根明也西域水道記格根河上流爲鹽池口水其下流會察林河以入伊犁河在惠遠城西五百餘里其時新疆未爲賊擾約中所舉諸卡倫皆承平時舊制卡倫之外爲哈薩克左部近年役屬於俄故俄

與我鄰至光緒七年定約西以霍爾果斯河爲界即西域圖志之和爾郭斯河在奎屯河東百餘里與奎屯皆列秩祀乾隆時曾移達呼爾種人於此達呼爾或稱打狐狸其族本居黑龍江之布哈爾等處一統志云索倫達呼爾二部乾隆二十九年移二千一十八人駐伊犁置領隊一人轄之左翼四旗逐水草爲索倫在奎屯河撒瑪勒河岸右翼四旗廬舍居爲達呼爾在和爾郭斯河科河岸距拱宸城不及三十里即九城之一有參將駐此今城爲回逆所燬距惠遠城亦僅百二十餘里伊犁將軍所駐徐星伯新疆賦注塔勒奇城在惠遠西三十里又西八十里曰拱宸城其西北以別珍島山爲界霍爾果斯河源所出中圖無之當即西域水道記之松山西南以烏宗島山爲界在特克斯河北百餘里中圖亦無之伊犁距敵太近故左文襄奏建省會於烏魯木齊而烏坦距回疆之西四城甚遠控扼殊不

易耳

問新疆造鐵路利病　答鐵路之利誰不知之第中西政俗不同辦法亦異西俗以商立國重商務故重工務凡礦工織工之屬莫不畢力講求有是貨則有運貨之路商賈之道在乎爭先取利苟事事居人後則利爲捷足者所得故必造鐵路以期利用焉歐洲方不過數千里而有大小數十國錯居其閒畫界分疆儼同周制此國之貨銷於彼國則此國得利矣中國大一統四海之民皆吾民也以彼省之貨運之此省楚弓楚得何利之有奪外洋之利以利中國乃謂之利奪秦晉之利以利吳楚可謂之利乎中國自通商以來銀之流於外洋者歲不下二千萬出口之貨絲茶大宗兩項歲値銀五六千萬然尙未抵洋藥紗

布進口之數其他零物亦略相當而進口呢絨值五六百萬銅鐵六七百萬及絲茶抵款不敷數百萬則皆無可取償此海關有數可稽者也凡此滔滔去而不返皆吾民之脂膏也海禁之弛已五十年中國安得而不貧然其中出於東南者十之七八出於西北者不過二三西北輪船所不通西人覬中國開鐵路以通之彼欲暢銷洋貨耳黃河垂濁海口高仰故輪船不能行否則早與長江一律通商矣而名不正言不順乃以爲中國興利爲詞夫使有利可興何憚而不爲中國大利在絲茶絲乃輕賫之物茶市在廈門漢口一水可通不待鐵路以行鐵路若成運費可減是獲利者在西人非吾民也北五省所出皆粗笨之物西人所不用其利吾民者安在若天津所銷草帽緶之類以

徵物而積成巨款者或偶有之要必不敵洋貨之數也得非以煤鐵之礦乎絨布之工乎使我製造果精則西人雖不購我絨布未必不購我煤鐵即絨布亦可敵進口之數此收回利權之說也荀卿有言有治人無治法得人則袪弊以制法失人則借法以行弊非我族類其心必異士夫之明理者多鄙夷而不屑談其攘臂而談西法者往往熏心於利慾詢以事之曲折而道聽途說初未深求也驗以理之是非而捕風捉影茫無實際也又其甚者借礦務織務以爲名攫千百人之囊橐肥一二人之身家中國公司之所由不競也夫誠欲收利權則絨布爲首礦利次之中國礦雖充牣然地學未精尚無把握進口之貨洋藥而外呢布最多苟經理得人可奪外洋之利權仍不甚朘小民

之生計乃以確有可憑之利而遷延歲月轉覬不可知之寶藏欲使山靈畢獻其菁英爲計已左況貨尚未籌而先籌運貨之路毋乃尢左乎卽曰礦務能振興矣然礦苗多在深山窮谷鐵路六通四闢然後可以取利西國每造至數十百萬里而罄中國之力不及萬里其去煤礦不知幾何未必能運銷外國也且西人辦法不同其每歲出入度支皆有常數遇大事則舉國債開公司以辦舉之於其民非舉之於他國也西俗取息甚輕民債償子金而不償母主國計者例於歲前核明歲之國用苟有贏餘乃償宿逋否則置之故無國不負債億萬萬者名爲舉債實與加徵無異西俗君民共主君與民相維以立國故債雖多而無所累否則不爲諺臺之續者幾希中國行此釐金可減然

官與民不相信不能行也西國有議院其下議院皆民間公舉之人衆議僉同則糾資易集又俗重商務其富商即其達官與民近公司之利弊易見故民樂爲之國亦便之中國事歸官辦民不得與聞商賈惟利是圖難罔以非其道苟至潰敗決裂而猶欲其踴躍以從事也能乎不能今中國所舉以辦鐵路者非他乃帑藏之財也財之出於民者無窮聚於上者有限以有限之財辦無窮之事勢必不給無已其借洋債乎洋債雖只取息七八釐在西國已爲極重而易兩爲磅磅價臨時驟漲一出一入視取息之數或且倍蓰又以海關稅項爲抵十年内外皆須淸償非比西國之民債償子而不償母也洋銀行雖託名外國而中國所借之款實多出自中商本與民債無殊乃取息之

厚立限之嚴大與民債相反上下相蒙以爲利而欲興數千年未興之利也能乎不能或謂鐵路開則食力者益衆無慮小民之失業是也然南中自輪船開行繁富之區僅在通商口岸其腹地城鄉市鎮昔爲舟車輻輳者今則莫不蕭索道咸以前十室之邑千金之家所在多有今則莫不凋敝豈非勢趨於江海數大口而內地釐金繁重中飽者多散商多所折閱之故歟夫藏富於民其富也無形商賈折閱其耗也亦無形南方之民外强中乾久矣幸而差足自立者江浙有絲皖楚有茶閩粵有出洋招工爲之盈虛消息於其間也北地於此數者皆無之工務礦務多未講求縱改絃更張其獲利亦在數十年後而目前之利則已爲西人所刮矣況鐵路與輪船互爲消長火車若行輪

船勢必衰耗恐鐵路之利未可必而招商局已先不能支耳且語其究竟非獨中國無所利即西國亦無所利也礦政本中國常行之事自周官後各史志及通考皆詳言之西人乃用服洋藥之法以采之卻疾而服洋藥者聚數日之力於崇朝開礦而用機器者發終古之藏於一旦菁華既竭褰裳去之海涸山枯雖天地不能給其所欲更數百年殆不至天柱折地維缺不止彼欲取財於他國他國則既貧矣欲取財於山川山川則既竭矣天地皆窮彼安得獨富然則彼之所謂富者亦恣睢一時之富耳昔周末文勝憂世者莫不思返之於質而卒不能至七雄而澌滅殆盡至秦政而掃蕩無餘漢興乃能斲雕爲樸用黄老以致治百年而禮樂興漢武乃能黜百家以崇儒術故夫陰陽

消長之機有小闔闢焉有大闔闢焉歷數千載而始一闔一闢者固非旦夕之效也戰國諸子紛紛藉藉蓋莫不應運而生為儒敎之驅除者也西夷欲謀人國則必先之以通商通商之法亦服洋藥之法也財也者百姓養命之源財力竭矣精髓空矣欲求恆幹之存其可得乎哉有懨懨待斃已耳於是乎見微知著之士乃亟思自強之策以救之自強之策奈何曰開鐵路也鐵路何以自強曰利懋遷也利轉輸也利徵調也懋遷之利亦既略言之矣所謂轉輸者何南漕百萬皆出江浙有警則海運不能通也然鐵路無論造於何地漕艘必不能飛渡鎮江夷若以四五兵輪陳於圌山內外吾之糧艘其敢銜尾以達瓜洲乎抑敢連檣以上金陵乎竊恐轉輸之利亦託空談耳北人不慣

食稻漕米又多陳腐旗兵得之貫諸米肆貧者乃食焉佳米無多非有力者莫能得也畿輔水利舊有四案近有淮軍之屯田於津沽左文襄之小試於近畿亦未嘗不著成效而仍無利於旂兵果使南漕不逹則先期和買曷嘗不可救權宜天津百貨所萃京東稻米所出皆可和買第須得人耳徵調之利則誠有之然不就地練兵而徒恃徵調其勢已不可恃近時惟邊疆海疆乃有精兵夷若有警各須戒嚴爲督撫者自顧不遑安肯聽調抑亦不可輕調也腹地雖曾改勇營爲制兵而承平有年間染綠營舊習兵不選者不可與爭鋒以此禦夷未覩其利卽有可用之師而鐵路非如西國之六通四闢仍不能朝發夕至也且用兵者必聞警而始調兵乎必聞警而始調兵則其用兵之

方略可知瞶瞶者恐不可以應敵也阻鐵路者或慮便敵人之深入則又過計用兵自有不易之道有鐵路必有要隘有要隘必有重兵使敵攻要隘未下而先輕入以陷重地欲進不得求退不能是自送死也況鐵軌大小不同車轍難以適合毀之易而復之難敵亦豈能咄嗟立辦西國無處無鐵路當有事時先毀敵人之路以阻其捷運軍火者有之矣若舍要隘不攻置敵軍不顧而但欲就鐵路以利馳驅者未之聞也夫鐵路無利於民既如彼之著矣其有利於國者又如此之徵茲事其終不可行乎非也天下大勢之所趨雖聖人莫能遏自西自東自南自北環我疆而處者莫不興建鐵路以迫我我不自謀人將越俎而謀至於越俎而謀則其害尢烈矣天下事有理不可行而勢

不能不行者此類是也然則謀之之策奈何曰無策自清江浦以達　京師自　京師以達東三省復自河南以達關隴自關隴以達天山南北計程二萬餘里爲費在億萬外苟歲支海關數百萬而罷一切冗費期以二三十年亦可告成然此二三十年中外夷之有事與否不得而知海關之能支與否不得而知也其次則用西人民債之法然民之願借與否不得而知官之抑勒與否不得而知也中國經粵捻回之大亂民心固結而不散者何恃乎恃二百餘年之輕徭薄賦深仁厚澤淪浹於人心而不自知也今邊患日深防務曰亟辦防不能不用財用財不能不取民取民不能不歛怨民怨咨則內憂作內憂作則外患更深二者勢常相因彼族覘之久矣彼族以商立國取民輕而

征商重往往逾中國倍蓰而商不怨者一則法制相沿如是習見不以爲奇一則度支出入共見共聞無所容其隱匿也夫中國之富强豈果不及外夷哉是二者皆不能行最下則借洋債而已借洋債而得法則爲日本不得法則爲埃及日本自以爲得法矣然日積月累何以償之計非償以國不可也埃及借英債而受英虐土之於俄亦然不待智者而知其非也故曰無策也新疆地廣人稀回民嗜欲不同其日用之需資於內地者有限惟人情尚新異洋貨暢銷則有之承平時屯田未廣而乾隆末年積穀已五十餘萬石自後存儲均與此不相上下見新疆識略兵燹後舊儲固不可問若大修屯政行之十年兵食不待外求是鐵路之必不可少於新疆者獨徵調及運軍火耳雍正

六年三月塔爾巴哈台請開金礦　諭禁之蓋地近金山而是時準夷未平慮開邊釁也乾隆後曾開采其地在達爾達木圖河旁一名布克圖河又新疆金鐵銅鉛出產頗多若慶綏城東之奎屯河城西之濟爾噶朗河皆產金之地東三省與北洋勢易相聯新疆則鞭長莫及爲救急計莫若先開局於吐魯番以造軍火若造鐵路非合關內外以達於燕豫揚徐之郊不可果使帑項可籌豈非當務之急然而中國之財力如是中國之習俗如是竊恐鐵路之成非可以歲月期也故曰無策也

余運貞字起元平南人藩鎮論　評曰自秦漢以來垂二千年中國久統於一郡縣之治聖王復起不易斯言紛紛封建徒自擾耳而邊陲則有不盡同者元代以郡縣治中土以封建固邊

陲宜可以久安長治而享年不永則爲郡縣者虐民已甚後人馭失其道之故也且元代幅幀最廣邊警無聞西北諸王各擁重兵遂阻聲教而至今遺裔遍於西北未始非當日封建之效所謂百足之蟲死而不僵也假使元之邊疆有事諸王外禦强敵不得不內藉王靈必不敢阻兵以叛而藩籬永固亦不至國家獨受其害金人建劉豫爲屏藩欲以儆宋蓋即此意亭林棃洲論方鎭雖有偏激之詞要未嘗不持之有故在人用之何如耳日知錄明夷待訪錄所論皆鑒於明季土崩之勢而云然但方鎭之勢非成於一日臨渴掘井無所用之邊疆以禦大敵者尤非倉猝所能奏效也

朱永觀字光甫南匯人問崑山顧氏桐鄉張氏平湖太倉二陸

氏之學同歟　答亭林桴亭雖皆重實學皆主經世然其為學宗旨不同平湖桐鄉尤與亭林異趣桴亭學問淹貫於宋儒中兼取東萊永嘉之長思辨一編言經濟者甚多而不為迂遠難行之論天文輿地律呂禮樂河漕兵制農田水利無不究心而一歸於儒術蓋朱子為學之方本自如此觀語類文集可見也

國初諸儒宗朱子而得其精意者在上則李文貞在下則桴亭皆非佔畢與空疏可比天算音韻律呂之學桴亭雖不及文貞之深而踐履純懿尤過之清獻論學之正律己之嚴致用之醕實固不待言至硏窮義理剖毫析芒則諸儒皆不能逮其學專宗程朱即濂溪明道亦不甚取蓋有鑒於明末心學流弊故辨別至嚴此乃其時為之後人不得以是為疑也楊園宗旨甚

正操履甚粹經正錄備忘錄諸編多自得之言集中若與何商隱唇子高沈德孚諸書議論皆透闢惟精博稍不逮二陸亭林敦尚風節與夏峰同論學頗重事功略與永嘉相近生平史學深於經學而剛介之節得諸孟子者尤多其書沾溉藝林爲功甚大但持論閒有觕疏偏激處讀者亦不可不知後來漢學家重其書但取其能考訂耳此則葉公之好龍鄭人之買櫝 國初儒術極盛自諸儒外若浙東之有黃梨洲湖南北之有王船山胡石莊乾嘉以來求如其比者邈不可得矣梨洲淹洽猶在亭林之上心得處亦過之而偏激殆有甚焉吾浙繼梨洲而興者後惟全謝山其學其人皆可敬石莊遺書僅見繹志讀書說讀書說卽繹志之餘其中精理名言尙復不少一二書自比於徐

氏中論顏氏家訓家訓安能及此中論或庶幾耳至如顏李之學雖多偏駁劉繼莊雖以聞見為主尚少内心而氣象博大皆非後來所及繼莊書只見廣陽雜記多識國初遺事有論學者精博過於顏李第顏李之書未見元本今本乃戴子高所訂恐未免以己意為去取耳羅臺山集中有答楊邁公書論雍乾以前儒術臺山好治釋典言不雅馴而此獨確當

無邪堂者南皮張孝達尚書督粵時闢廣雅書院以課士而因以名其堂者也己丑孟冬余自端溪移主斯院院規先讀書而後考藝重實行而屏華士仿古顓家之學分經史理文四者延四分校主之而院長受其成焉諸生人賦以日記冊記質疑問難之語於其中而院長以次答焉顧迫於時日諸生未及遍觀也今年春分校馬君貞榆偕其弟子龍君約遊西樵三人者舟中無事縱談舊聞連日夕不輟語次遂及諸生學業馬君謂余盍作一書以導之余感其言而意以謂學之成就視乎其時非其時而語焉莫之應也若辨章學術以端諸生之趨向則不佞與有責焉乃簡舊所爲答問之辭輯其稍完整者而益其所未備釐爲五卷庸示諸生烏虖自羲軒以逮今茲自東海放乎西

海理之本諸大同者無弗同也而其間道術分歧蠭午旁出人自以爲許鄭家自以爲程朱許鄭程朱之在聖門誠未知其能相說以解否也而世之爲許鄭程朱之學者支別派分壹若終古不可溝合則未知許鄭程朱之學之果歧歟抑未知爲其學者自歧之歟而況東海西海之遙又安知無歧之又歧者歟聖哲不作孰從取正後生小子奚所適從然則余之爲是言也擿埴索塗其敢自信乎哉己不自信而欲見信於人余戾茲大矣雖然吾聞古之君子蘄至於道者無他焉反經而已矣經之不正而欲民之無邪猶卻行而求步弗可得也若狂者若狷者皆載道之器若漢學若宋學皆求道之資分茅設蕝既已臨其耳目而似是而非者亂焉好爲新異者復亂焉鹵莽滅裂以求之

則亦鹵莽滅裂以報之當是時也士而蘄至於聖人之道蓋亦甚難誠知其難而不敢安於苟且士之倘志所爲異於凡民也邪懸之作作於士夫之心凡民蚩蚩庸足責焉則夫明六經之恒言返而求諸聖凡共由之大道抑亦志士所不容自已者也余誠謭陋無所藉以導諸生顧念天下之大碩彥之衆豈無人焉躬行心得以漸復乎經正民興之盛俾無憒乎斯道之大閑庶幾陽儒陰墨之風無自而熾余日望之而獨余之私望也耶於庠誦詩三百蔽以一言諸生登斯堂者倘其顧名思義而毋或晢於歧趨以自隘其量哉光緒十有八年秋九月義烏朱一新識

無邪堂答問卷五